KB041505

영국 경험론 연구

데카르트에서 리드까지

영국 경험론 연구

데카르트에서 리드까지

이재영 지음

서광사

영국 경험론 연구

데카르트에서 리드까지

이재영 지음

펴낸곳 · 서광사
펴낸이 · 김신혁
출판등록일 · 1977. 6. 30
출판등록번호 · 제5-34호

(130-072) 서울시 동대문구 용두 2동 119-46
대표전화 · 924-6161 팩시밀리 · 922-4993 천리안 · phil6161

제1판 제1쇄 펴낸날 · 1999년 10월 20일
2 3 4 5 6 7 8 9 10 11 12 09 08 07 06 05 04 03 02 01 00

ISBN 89-306-1036-6 93160

지은이의 말

이 책은 영국 경험론을 대표하는 로크, 버클리, 흄, 그리고 리드의 철학을 그들의 추상 관념 이론을 중심으로 구성한 것이다. 1부는 필자의 박사 학위 논문인 "영국 경험론의 추상 관념 문제", 2부는 "영국 경험론에서 수학의 필연성 문제"(《범한 철학》, 12집, 1996년 4월)와 "토머스 리드의 추상 관념 이론"(《범한 철학》, 15집, 1997년 7월)으로 이루어져 있다. "영국 경험론에서 수학의 필연성 문제"는 학위 논문을 쓰면서 추상 관념의 문제가 영국 경험론자들의 수학관과 밀접한 연관이 있다는 것을 알게 되었지만, 논의의 전개상 함께 다룰 수 없었던 것을 나중에 별도의 주제로 삼아 쓴 것이다. "토머스 리드의 추상 관념 이론"은 학위 논문 심사 과정에서 토머스 리드의 철학과 연결시켜 연구해 보라는 권고에 따른 결과물이다. 두 글에는 박사 학위 논문과 겹치는 내용이 있지만 논문의 완결성이라는 특성 때문에 삭제하지 않고 그대로 실었다. 아울러 단행본으로 내기 위해 부분적으로 표현을 바로잡은 것 말고는 여기에 실린 글들은 원래의 모습 그대로의 것임을 밝혀 둔다.

필자의 박사 학위 논문과 그것의 연장이라고 할 수 있는 두 편의 논문을 한데 묶어서 한 권의 책으로 내는 이유는 두 가지다.

첫째, 이 책이 연구자의 수가 적고, 따라서 연구 성과도 미약한 영국 경험론 분야의 연구를 활성화하는 계기가 되었으면 하는 필자의 바람 때문이다. 이 책에서 논의된 것들이 비판되고 극복되어서 언젠가는 더 넓은 철학적 지평 위에서 발전된 모습으로 나타날 것을 기대한다.

둘째, 필자의 학문적 성과에 대해 공개적인 평가를 받음과 동시에 앞으로 더 나은 연구 성과를 보이겠다는 다짐을 하기 위해서다. 이 책은 이제까지의 연구를 일단락 짓고, 제2, 제3의 영국 경험론 연구서를 향한 새로운 출발을 알리는 이정표다.

이 새로운 출발이 있기까지 도움을 주신 분들께 감사의 말씀을 드리고 싶다. 우선 필자의 석사 과정과 박사 과정에서 지도를 맡아 주셨을 뿐만 아니라 지금도 격려와 질책을 아끼지 않으시는 신일철 선생님, 박사 학위 논문 심사를 맡아 주셨던 표재명, 이초식, 정대현, 김효명 선생님께 다시 한 번 머리 숙여 감사의 말씀을 드린다. 그리고 필자를 이끌어 주신 고려대학교의 은사님들, 언제나 서로 격려를 아끼지 않는 조선대학교의 동료 선생님들, 이 책의 출판을 선뜻 수락해 주신 김신혁 사장님을 비롯한 서광사 편집부 여러분께 감사의 말씀을 드린다.

1999년 5월
이재영

차례

제2부

약호표

PRL	The Art of Thinking: Port Royal Logic 본문에서는 《포르 루아이얄 논리학》으로 표시함.
M	Meditations on First Philosophy 본문에서는 《성찰》, 데카르트 전집은 HR로 표시함.
OR	Objections and Replies, HR 2. 본문에서는 《반대 견해와 그에 대한 데카르트의 반박》으로 표시함.
PP	The Principle of Philosophy, HR 1. 본문에서는 《철학의 원리》로 표시함.
N	Notes directed against a certain Programme, HR 1.
AT	Oeuvres de Descartes, C. Adam and P. Tannery(Paris: Cerf, 1913).
E	An Essay Concerning Human Understanding 본문에서는 《인간 지성론》으로 표시함.
P	A Treatise concerning the Principles of Human Knowledge 본문에서는 《인간 지식의 원리론》으로 표시함.
NT	An Essay Toward a New Theory of Vision 본문에서는 《새로운 시각 이론》으로 표시함.
PC	Philosophical Commentaries 본문에서는 《비망록》으로 표시함.
FD	First Draft of the Introduction to the Principles
A	Alciphron or The Minute Philosopher
S	Siris
DM	De Motu 본문에서는 《운동론》으로 표시함.

AN The Analyst
본문에서는 《분석자》로 표시함.

T A Treatise of Human Nature
본문에서는 《인성론》으로 표시함.

EU Enquiries concerning Human Understanding and concerning the Principles of Morals
본문에서는 《인간 지성 연구》로 표시함.

I An Inquiry into the Human Mind on the Principles of Common Sense
본문에서는 《상식의 원리에 따른 인간 마음에 관한 탐구》로 표시함.

IP Essays on the Intellectual Powers of Man
본문에서는 《인간의 지적 능력에 관한 시론》으로 표시함.

AP Essays on the Active Powers of Man
본문에서는 《인간의 능동적 능력에 관한 시론》으로 표시함.

제1부

제1장 서론

제2장 데카르트와 아르노의 개념론

제3장 로크의 개념론

제4장 버클리의 심상론

제5장 흄의 온건 유명론

제6장 결론

제1장 서론

영국 경험론은 중세 스콜라 철학과 근세 대륙 이성론의 형이상학을 논박하기 위해서 지식의 유일한 원천이 감각 경험임을 증명하려는 노력의 과정이다. 경험론자들은 그때까지 당연히 옳다고 믿어 온 많은 형이상학적 개념들을 그대로 받아들이기를 거부하고, 모든 것을 관찰과 실험을 근거로 해서 인식하고자 했다. 그들이 올바른 인식의 근거를 관찰과 실험에 둔 것은 물론 갈릴레이 · 케플러 · 뉴턴에 의해 보편적으로 확립된 당시의 자연 과학의 영향 때문이다. 어떤 새로운 것도 창출해 내지 못하는 추상적 사변과 추론에 의한 무한한 논증은 더 이상 그들의 관심사가 아니었다. 그들에게 관찰과 실험에서 벗어난 형이상학적 개념은 그 이전에 누리던 절대적인 지위를 유지할 수 없었다. 그들은 모든 지식이 감각 경험에서 유래할 수 있다는 자신들의 주장을 입증하기 위한 탐구의 방법으로 내성의 방법(introspective method)을 공통으로 사용한다. 자신들의 주장의 중요성과 그 증거를 확립하는 가장 확실한 길은 자기가 갖고 있는 관념의 기원을 되돌아보는 것이라고 생각하는 것이다. 로크의 '단순 관념과 복합 관념의 구분 원리'(simple-complex division principle), 버클리의 '존재하는 것은 지각되는 것'

(esse est percipi)이라는 원리, 흄의 '관념에 대한 인상의 선행'(the priority of impression to idea)이라는 원리가 바로 이러한 생각의 반영이다. 여기에 따르면 모든 인식은 그것이 타당한 것으로 인정받으려면 그것의 경험적 기원이 밝혀져야 하며, 만약 어떤 표현이 어떻게 경험으로부터 이끌어내어졌는지 설명되지 못한다면 그것의 의미는 단지 허구적인 것으로 볼 수밖에 없다. 곧 관념의 기원을 되돌아봄으로써 어떤 표현의 증거를 발견하는 내성의 절차를 옹호하는 경험론자들의 지배적인 목적은 인간을 무익한 형이상학적 사변으로부터 해방시키려는 것이다.

그러나 경험론자들은 그 출발점에서부터 비감각적인 개념들의 파생 문제에 부딪치며, 특별히 언어의 대부분을 차지하고 있는 일반어(general word)[1]의 의미를 설명하는 데 어려움을 느꼈다. 그들에 따르면 존재하는 모든 것은 개별자들(particulars 또는 individuals)이며, 따라서 우리의 관념이나 인상은 모두 구체적인 것이다. 그렇다면 일반어가 나타낸다고 상정되는 추상 관념(abstract idea)은 도대체 어떻게 가능한가? 이것은 경험적이고 개별적인 지식으로부터 어떻게 추상적이고 일반적인 지식이 성립할 수 있는가 하는 물음이며 이성론에서는 결코 문제가 되지 않는, 경험론이 직면한 물음이다. 일반어의 의미에 관한 설명은 플라톤이 '하나와 여럿의 문제'(one over many problem)로 제기한 이래 많은 철학자들이 형이상학의 중심 문제라고 믿어 왔으며, 중세와 근세에 이르기까지 줄기차게 논쟁을 불러일으켜 온 보편자(universals)의 문제와 직결된다.[2] 플라톤 이후 많은 철학자들이 보편자의 본성과 그 지위

1) 나는 보편자 문제를 불러일으키는 것이 단지 보통 명사뿐만 아니라 형용사·동사·부사처럼 고유 명사를 제외한 거의 대부분의 낱말임을 나타내기 위해서 일반어라고 표현했다.

에 관한 견해를 제시했지만 아직까지 보편적인 동의를 얻어낸 설명은 제시되지 않았다. 이것은 제시된 설명들에 대한 의견의 불일치뿐만 아니라, 우리가 대답하려고 하는 문제들이 정확히 무엇이냐 하는 근본적인 것에 관해서도 의견의 불일치가 있음을 말해 준다. 철학자들의 견해가 불일치하기 시작하는 것은 바로 개별자 집단에 공통적인 것은 어디에 있는가, 또는 '개별자 집단에 공통적'이라는 구절이 의미하는 것은 무엇인가 하는 물음에서부터다.[3)]

보편자 문제에 관한 논쟁들은 대체로 실재론(realism), 개념론

2) 엄밀한 의미에서 추상 관념 문제는 보편자 문제와 동일시될 수 없다. 전자는 인식론의 문제이고, 후자는 인식론적인 문제이기도 하지만 우선적으로 존재론적인 문제이기 때문이다. 애당초 플라톤은 보편자의 존재가 우리가 감각적인 것들로 경험하는 세계의 본성을 설명하기 위해서 존재론적으로 요구될 뿐만 아니라, 세계에 관한 우리 경험의 본성을 설명하기 위해서 인식론적으로도 요구된다고 믿었다. 그러나 고대와 중세의 보편자 문제는 주로 존재론적인 데 초점이 맞추어졌던 반면에 근세 철학에서는 거의 인식론적인 문제로 국한되고 있다. 특히 영국 경험론자들은 보편자나 개별자를 보편 관념이나 개별 관념과 동일시하며, 그들의 저서에서는 주로 후자가 사용되고 있다. 또한 보편적(universal), 일반적(general), 추상적(abstract)이라는 용어는 각각 개별적(particular), 수적으로 유일한(numerically unique), 구체적(concrete)이라는 용어와 서로 대조적인 뜻으로 사용되지만, 영국 경험론자들은 특별히 구별되는 뜻으로 사용되는 경우(예를 들어 버클리에서 추상 관념과 일반 관념)가 아니면 보편 관념, 일반 관념, 추상 관념을 구별하지 않는다. 이 글에서 나는 추상 작용의 능력과 관련시켜 추상 관념이라는 용어를 주로 사용한다. 그리고 보편자 문제가 추상 관념 문제보다 더 넓은 뜻을 갖고 있지만, 영국 경험론에서는 두 표현을 같은 의미로 사용할 수 있다고 보고 별다른 구별 없이 사용한다. A.D. Woozley, "Universals", *The Encyclopedia of Philosophy*, 제8권(N.Y.: Macmillan, 1967), 194면 참조. 이 책은 앞으로 EP로 표시함.

3) A.D. Woozley, *Theory of Knowledge*(London: Hutchinson Univ. Library, 1949), 72면.

(conceptualism), 유명론(nominalism)의 옹호자들 사이에서 벌어진 것으로 볼 수 있다. 그것은 먼저 이 문제를 보편자가 존재하든가 존재하지 않든가 둘 중 하나에 관한 것이라고 본다면 이 논쟁은 크게 실재론과 유명론으로 나눌 수 있으며, 보편자의 존재를 인정하지만 그것을 마음과 독립해서 존재하는 것으로 보느냐 아니면 마음속에 존재하는 것으로 보느냐에 따라 실재론과 개념론으로 나눌 수 있기 때문이다. 또한 우리가 이 문제를 철학사적으로 본다면 대체로 실재론에서 개념론을 거쳐 유명론에 이르는 경향이라고 할 수 있다.

보편자 문제를 제기한 플라톤은 존재론적으로는 경험적 사물들이 갖고 있는 성질들의 원인의 역할을 하며 경험 세계의 규정성의 근거라고 할 수 있고, 인식론적으로는 경험 세계의 다양성에도 불구하고 우리가 단일한 의미를 가진 것으로 사용하고 이해하는 많은 낱말들의 의미의 근거가 되며, 지식의 대상으로서 학문적 인식의 기초를 제공해 주는 존재로서 형상(form)들이 경험 세계와 분리되어 초월적으로 실재한다고 주장했다. 아리스토텔레스에 의하면 형상, 즉 본질은 개별자들과 독립적으로 존재하는 실체가 아니라, 개별자들 안에 공통 특성으로서 존재하는 것일 뿐이다. 그리고 우리는 개별자들로부터 추상 작용[4]에 의해 이 공통 특성의 개념에 도달한다. 개별자들은 이 공통 특성을 공유함에 따라 종류로 구분

4) 추상 작용(abstraction)이란 글자 그대로 한 대상의 어떤 한 면(象)을 주목하여 그것을 드러내는(抽) 일이다. abstract라는 낱말은 아리스토텔레스가 사용한 aphairesis에서 온 것이다. 실재에서는 다른 성질들과 붙어 있어서 떨어지지 않는 것을 머릿속에서만 억지로 따로 떨어진 것으로 취급할 때 '추상적'이라는 낱말을 쓰며, 이것과 대조되는 concrete(구체적)라는 낱말은 "함께 붙어 있다"는 뜻을 갖고 있다. 이태수, "추상", 《철학과 현실》(1990 봄), 327~335면 참조.

되며, 종류들은 더 한정적인 속성들 사이의 차이에 의해서 유(genus)와 종(species)으로 나누어진다. 아리스토텔레스에서 자연철학의 주된 과제 중의 하나는 바로 이 유와 종에 의해 자연 대상들을 나누고 분류하는 것이다.[5] 우리가 사용하는 일반어들에 대해 윤곽이 뚜렷한 자연적 특성들이 있으며, 자연은 모든 사물들이 그 안에서 만들어지는 분리된 틀들을 제공하므로 사물의 분류에서 불확정성이나 임의성은 있을 수 없다는 것이 그의 생각이다. 플라톤과 아리스토텔레스에서 보편자는 우리의 마음에 의해서 창조되는 것이 아니라 단지 파악되고 발견되는 것이다. 그들은 보편자를 설령 그것을 파악할 마음들이 존재하지 않는다 해도 그것 자체로 존재하는 것으로서 마음과 전적으로 독립된 실재 세계에 속한다는 의미에서 객관성을 갖는다고 보았다는 점에서 실재론자들이다.

중세 스콜라 철학에 이르러서는 보편 개념의 실재 여부에 관한 이른바 보편 논쟁이 절정에 이르렀다. 이 논쟁의 핵심적 문제는 "유와 종 같은 보편자는 그 자체로 존재하는가, 또는 구체적 사물들을 경험하고 얻은 사고의 내용을 추상화한 개념으로서 우리의 마음속에만 존재하는가, 그것이 그 자체로 존재한다면 물질적인 것인가 아니면 비물질적인 것인가, 또 그것은 감각적 사물에서 분리되어 존재하는가 아니면 감각적 사물 안에 존재하는가" 하는 것이었다.[6] 잘 알려져 있는 것처럼 보편 논쟁은 삼위 일체설을 비롯한 기독교의 중심 교리들에 대한 해석 문제와 관련되어 단순히 이론적인 타당성의 문제를 넘어선 것이었다. 보편 논쟁에서 보편 개념

---

5) Woozley, 앞의 책(1967), 197면.

6) F. Copleston, *A History of Philosophy*, 제2권(Westminster: The Newman Press, 1962)), 《중세철학사》, 박영도 옮김(서울: 서광사, 1988), 190면 참조.

이 실제로 마음의 밖에 존재하는지 여부에 관한 물음에 긍정적으로 대답한 사람은 실재론자, 부정적으로 대답한 사람은 유명론자라고 불렀다. 따라서 실제로는 개념론자였던 사람들이 유명론자로 불린 경우도 종종 있었다.[7] 개념론과 유명론의 차이가 낱말과 그것의 지시체로서 추상 개념의 존재를 상정하는 것과 추상 개념의 필요성을 부정하고 보편자는 단지 낱말에 불과하다고 주장하는 것이라고 할 때 두 이론을 정확하게 구별한다는 것은 쉽지 않았을 것이다.

근세 초기에는 이성론자와 경험론자를 막론하고 실재론을 거부하고 개념론의 경향을 띤 것은 공통적인 현상이었다. 그것은 데카르트 이래 근세 철학자들은 직접 지각되거나 사고의 대상이 되는 것은 무엇이나 관념이며, 그것은 심적 존재라는 것을 전제로 하기 때문이다. 이성론자들은 심적 존재는 마음에 의해서만 설명되어야 한다는 그들의 확신에 따라 보편자의 근원이 마음 자체라는 개념론을 받아들일 수밖에 없었다. 물론 그들도 어떤 관념들은 물질적인 외부 세계의 사물의 표상(representation)이며, 따라서 어떤 보편자들은 의심의 여지 없이 감각 경험에 주어진 자료로부터 구성되었다는 것을 인정했다. 그러나 그들은 인간 지식의 기초가 되는 보편자들이 모두 감각 경험으로부터 유래할 수 있는 성격의 것은 아니라고 보기 때문에, 지나치게 단순화된 경험론자들의 입장에 동의할 수 없었다. 한편 모든 지식의 기원을 감각 경험에 두고 전통적인 형이상학을 논박하려는 경험론자들도 그 출발점에서는 이성론자들과 마찬가지로 개념론의 입장에 선다. 개별적인 대상 하나하나에 대한 관찰과 실험을 강조하며 구체적인 사물들을 정확히 아는 것을 올바른 인식의 전형으로 삼는 그들이 실재론을 거부하는 것

7) R.I. Aaron, *The Theory of Universals*(Oxford: Clarendon Press, 1952), 20면.

은 당연하다. 그러나 경험론자들은 모든 보편자들이 경험에서 유래한 자료로부터 형성된 것이라고 주장하거나, 아니면 보편자는 없으며 단지 개별 관념이 그 기능을 수행할 뿐이라는 유명론으로 나아간다. 경험론의 창시자인 로크는 데카르트와 마찬가지로 개념론을 주장하지만, 실재론에서 완전히 벗어나지 못하고 있음을 보여 주는 여러 요소들을 간직하고 있다. 유명론은 더 철저한 경험주의의 원칙을 따르려는 버클리와 흄에 이르러서야 분명하게 나타나기 시작한다.

내가 추상 관념의 문제를 주제로 삼은 것은 이 문제가 영국 경험론의 특징과 한계를 잘 드러내 주며, 로크·버클리·흄이 각각 앞선 사람의 견해를 직접 거론하면서 논의를 전개했던 문제로서 영국 경험론의 연속성과 일관성을 가장 잘 볼 수 있는 것이라고 생각하기 때문이다. 영국 경험론의 문제를 연속성과 일관성의 관점에서 고찰하고자 한다는 점에서 나는 일단 전통적으로 서양 근세 철학을 대륙 이성론과 영국 경험론의 양대 사조로 구분하는 입장에 서 있다고 할 수 있다. 과거에는 양대 사조의 차이가 과장되었다면 오늘날에는 그 차이를 축소하려는 경향이 지배적인 것은 사실이다. 양 사조가 이성론자와 경험론자들 스스로가 깨달았던 것보다 훨씬 공통적인 측면을 많이 갖고 있다는 것은 명백하다. 하지만 양 사조의 차이는 여전히 있다. 나는 가장 중요한 차이가 바로 보편자 문제에 대한 양 사조의 태도에 있으며, 그것은 그들의 실체 개념과 밀접한 관련을 맺고 있다고 본다. 나는 특히 이성론자들의 실체 개념을 단지 지각된 관념의 다발(bundle of ideas)이라고 설명하려는 버클리와 흄의 주장의 밑바닥에는 '실체'라는 일반어는 그 지시체로서 객관적 실재나 추상 관념을 갖지 않는 무의미한 낱말에 불과하다는 유명론의 입장이 깔려 있다고 본다. 즉 나는 영국 경험론의 출발점에서부터 유명론이 지배적이었던 것은 아니며, 데카르트와 로크의 실체 개념을 부정하는 과정에서 버클리와 흄은 실체가 개념론에서 인정하는 추상 관념에 상응하는 존재로 상정된 것으로 여기고 차츰 추상 관념을 부정하는 유명론의 경향을 띠기 시작한다고 보는 것이다.

영국 경험론의 보편자 이론이 변화해 가는 과정을 논의하면서 나는 영국 경험론자들의 공통점과 차이점에 주목하고자 한다. 먼저 그들은 다음과 같은 공통의 패러다임 속에 놓여 있다.

첫째, 그들은 지각과 사고의 대상을 모두 관념이라는 용어로 표현한다. 데카르트 이후 모든 근세 철학자들은 그들이 세계라고 생각했던 것과 데카르트적 자아라고 생각했던 것 사이에 유사한 공유 영역을 마련하고 그것을 관념이라고 불렀다. 자아는 내부 세계와 외부 세계를 매개하는 관념을 가지며, 이 관념은 어떤 인위적 종류의 실재물(entity)이 아니다. 그것은 정의할 수 없으며, 상상할 수 있는 가장 기본적인 종류의 실재물이다. 자아는 자신 속에 존재하는 것을 생각할 수 있음으로써 자기 외부에 있는 것을 생각하게 된다. 곧 관념이란 자신의 존재를 제외한 어떤 것에 대한 존재론적 가정이 없이도 사고하는 존재에 의해 생각될 수 있는 어떤 대상이다.[8] 따라서 그들은 관념이 감각 경험에서 유래한다고 주장하지만, 무엇에 대한 감각 경험이냐는 물음에 대해 불가지론(agnosticism)의 입장을 취하거나 또는 전혀 고려하지 않는다. 그들에게 존재론적인 고찰은 거의 없으며, 그들은 단지 인식론적 대전제인 관념이나 인상만 갖고 문제의 해결을 시도한다.

둘째, 그들은 자신들의 확신의 증거를 수립하기 위해 관념의 기

---

8) I. 해킹,《왜 언어가 철학에서 중요한가》, 선혜영 · 황경식 옮김(서울: 서광사, 1987), 41면.

원을 되돌아보는 방법으로서 내성을 강조한다. 그들은 마음속에 있는 관념에 대해 생각하는 일을 마치 시각 작용과 같은 것으로 여긴다. 심적 시각으로 관념을 응시한다는 이러한 생각은 데카르트에 의해 《포르 루아이얄 논리학》에 전해졌으며, 경험론자들은 이것을 거의 전부 그대로 받아들이고 있다. 일반적으로 영국 경험론은 관념의 기원에 관한 심리학적인 문제와 확실한 지식의 본성과 같은 인식론적 문제들을 명확히 구별하지 못했다는 평가를 받는데, 이처럼 영국 경험론이 심리주의적인 것으로 해석될 수 있는 계기를 제공하는 것이 바로 그들이 내성의 방법으로 모든 것을 설명하려고 한다는 점이다.

이와 같은 공통의 패러다임 속에 놓여 있으면서도 영국 경험론자들의 보편자 이론이 조금씩 다른 것은 다음과 같은 이유에서다.

첫째, 그들은 관념이라는 용어를 서로 다른 의미로 사용한다. 로크에서는 데카르트와 마찬가지로 표상적 지각(representative perception)과 개념적 사고(conceptual thinking)의 대상 모두를 의미하던 관념이라는 용어가 버클리에서는 감각적 대상과 동일시되는 구체적 심상(concrete image)이라는 제한적 의미로 사용되며, 흄에서는 인상의 모사물(copy)로서 심상과 거의 같은 의미로 사용된다. 로크에서 버클리를 거쳐 흄에 이르기까지 경험론이 심화되면서 관념의 외연(extension)이 축소되어 가는 것은 '단순 관념과 복합 관념의 구분', '존재하는 것은 지각되는 것', '관념에 대한 인상의 선행'이라는 그들 각자의 대전제와 밀접한 관련을 맺고 있다. 다시 말해서 각 철학자에서 관념의 외연은 그들의 대전제로부터 오는 논리적인 귀결이며, 대전제의 차이가 관념의 외연의 차이를 가져오는 것이다. 또한 그들이 추상 관념의 문제를 집중적으로 거론하는 것도 그 문제의 해결에 그들의 대전제의 성립 여부가 달려 있다고 생각했기 때문이다. 나는 경험론자들이 추상 관념의 문제를 마치 사실의 문제인 것처럼 서술함으로써 심리주의에 빠졌다는 인상을 준다는 것은 인정하지만, 그렇다고 해서 그들이 그 문제를 실제로 사실의 문제로 여겼다고 볼 수는 없다고 생각한다. 철학과 심리학이 미분화된 당시의 상황에서 철학적 주제를 심리학적 형태로 제시했다는 것은 어떤 의미에서 당연한 것일 수도 있다. 아울러 동일한 관점에서 나는 그들의 대전제 자체도 경험과 부합되는 사실적인 것이 아니라 논리적인 것으로 여겨야 한다고 생각한다.[9)]

둘째, 그들의 철학을 관통하는 의미 이론이 변화의 과정 속에 놓여 있다는 점이다. 올스턴(Alston)은 의미 이론을 지시론(referential theory), 관념 작용론(ideational theory), 행태론(behavioral theory)의 세 유형으로 나누고 그것들을 각각 언어적 표현의 의미를 그 표현이 지시하는 대상이나 지시 관계와 동일시하는 이론, 그 표현이 연상시키는 관념과 동일시하는 이론, 그 표현의 발언을 유발하는 자극과 이 발언이 청자에게 일으키는 반응으로 보거나 아니면 이 둘 중의 어느 한 가지 것과 동일시하는 이론으로 정의한다.[10)] 로크와

---

9) A.J. Ayer, *British Empirical Philosophers-Locke · Berkeley · Hume · Reid and J.S. Mill*(London: RKP, 1952), Intro., 12면 참조.

10) W.P. 올스턴, *Philosophy of Language*(N.J.: Prentice-Hall, 1964), 《언어 철학》, 곽강제 옮김(서울: 민음사, 1992), 34~35면. 일반적으로 'referential theory'는 지칭론으로, 'denotative theory'는 지시론으로 옮긴다. 지칭(reference)은 사람이 할 수 있는 것이고, 지시(denotation)는 낱말의 몫이다. 예를 들어 '연필'은 나의 연필을 지시하지만, 나는 연필을 지시하는 낱말을 사용함으로써 나의 연필을 지칭한다. 만약 지칭이 화자가 지시하는 표현을 사용할 때 발생하는 것이며, 낱말의 의미가 그것과 관련된 대상과의 지시 관계에 의해 밝혀져야 할 것이라면, 올스턴이 말하는 이론은 사실상 지시론이라고 불러야 한다. A.C. 그렐링, 《철학적 논리학 입문》(1981), 이윤일 옮김(서울: 자유사상사, 1993), 249면 참조.

버클리, 흄은 우리가 사용하는 낱말이 마음속에 있는 관념의 기호라고 여기므로 그의 분류에 따른다면 영국 경험론의 의미 이론은 관념 작용론인 셈이다. 그러나 나는 영국 경험론의 의미 이론이 기본적으로는 관념 작용론이면서도 지시론과 행태론의 요소를 간직하고 있으며, 로크에서 버클리를 거쳐 흄에 이르는 동안 지시론의 비중이 작아지면서 상대적으로 행태론의 비중이 커지는 것으로 본다. 그것은 내가 이 세 가지 의미 이론이 각각 실재론·개념론·유명론과 관련된 것으로서, 영국 경험론은 실재론에서 벗어나면서 개념론에서 유명론으로 변화해 간다고 보기 때문이다. 내가 이런 관점에 서는 이유는 추상 관념의 존재를 인정하는 개념론도 그 지시체의 종류만 다를 뿐이지 결국 추상 관념을 일종의 실재물로 여기고 있다는 점에서는 실재론과 마찬가지로 지시론을 바탕으로 하고 있다고 생각하기 때문이다. 지시론은 모든 낱말을 일종의 이름으로 여기며, 낱말의 기능을 주로 명명(denomination)에 국한시킨다. 따라서 일반어가 의미를 갖기 위해서는 그것의 지시체로서 일반적 사물이나 특성, 또는 개념이 어떤 식으로든 있어야만 한다. 로크는 일반어가 의미를 갖기 위해서는 그것의 지시체로서 추상 관념이 있어야 한다고 주장함으로써 지시론에서 벗어나지 못하고 있다. 중세의 보편 논쟁도 사실은 사고는 개념을 낳고 개념은 존재론적 실재물을 설정하게 하는 이러한 지시론을 토대로 삼음으로써 발생한 것이다. 나는 낱말이 명명 이외의 다른 많은 기능들을 가지며, 낱말이 의미를 갖기 위해서 그것의 지시체를 반드시 가져야 할 필요는 없고, 낱말의 의미를 그것의 용법이나 마음의 성향(disposition)과 습관으로 설명하려는 새로운 시도가 버클리와 흄에서 나타난다고 본다. 버클리는 추상 관념을 부정하는 과정에서 낱말이 지시하는 것이 반드시 관념으로서 존재해야 하는 것은 아니라는 것을 강조함으로써 행태론적 의미 이론이 등장하고 있음을 시사해 준다. 이러한 행태론적 의미 이론은 낱말을 습관을 활성화시키는 일종의 자극으로 여기는 흄에 이르러서 뚜렷하게 나타난다. 여기서 나는 개념을 실재물로 보느냐, 아니면 일종의 성향으로 보느냐에 따라 크게 실재물 이론(entity theory)과 성향 이론(dispositional theory)으로 나누고 로크를 전자에, 버클리와 흄을 후자에 놓고자 한다.[11] 요컨대 나는 영국 경험론의 보편자 이론의 변화 과정은 지시론에서 행태론으로 넘어가는 의미 이론의 과도기적 현상을 잘 드러내 주고 있다고 본다. 물론 이것은 앞서 말한 관념이라는 용어의 의미 변화와도 뗄래야 뗄 수 없는 밀접한 관련을 갖고 있다.

나는 관념의 외연의 축소와 의미 이론의 변화를 축으로 해서 영국 경험론의 추상 관념 이론이 개념론에서 유명론으로 나아가는 과정을 고찰하고자 한다. 논의에 들어가기에 앞서 나는 로크·버클리·흄의 이론을 개념론, 심상론(imagism),[12] 온건 유명론(moderate

11) P.L. Heath, "Concept", EP, 제2권(1967), 177~180면 참조.

12) 프라이스는 이 이론에 일반적으로 받아들여진 명칭이 없었기 때문에 영국 경험론자들이 실재론에 반대했다는 이유만으로 철학사에서 대체로 유명론자로 분류되어 올 수밖에 없었다고 주장한다. 그는 이 이론에 심상론이라는 명칭을 부여하고, 그것의 대표자는 버클리며, 흄의 이론은 심상론과 유명론이 혼합된 것이고, 로크의 이론은 심상론적으로 해석될 여지가 있는 개념론이라고 보아야 한다고 말한다. H.H. Price, "Image Thinking", *Proceedings of The Aristotelian Society New Series*, 제52권(1952), 135~166면. 어쨌든 심상론은 마음속의 추상 개념을 인정하지 않는다는 의미에서는 유명론의 한 종류라고 할 수 있다. 내가 버클리의 이론을 심상론으로 규정하려는 이유는 버클리는 낱말이 대표적인 기능을 하는 관념(심상)의 기호가 됨으로써 일반적인 것이 된다고 주장하는 반면에, 흄은 관념이 일반어에 수반됨으로써 일반적인 것이 된다고 주장하기 때문이다. 곧 나는 버클리와 흄에서 심상의 역할과 낱말의 역할이 차이가 있으며, 버

nominalism)으로 규정하며, 특별히 그들이 보편자 문제의 존재론적 토대로 언급하는 유사성 문제의 중요성에 주목해서 그것을 유사성 이론(resemblance theory)[13]이라고 부르는 것과 관련하여 각 이론들을 다음과 같이 정의한다.

첫째, 개념론은 보편자가 존재하며 그것은 인간의 사고에 대해서만 어떤 지위를 가질 수 있다고 주장하는 이론이다. 실재론에서 보

클리에서는 전자가, 흄에서는 후자가 더 큰 비중을 차지하고 있다는 점에 주목하고 두 이론을 구별하기 위해서 각각 서로 다른 명칭으로 규정한 것이다.

13) 존재에 관한 논의가 관념에 관한 논의로 환원되고, 인간의 마음의 밖에 있는 존재의 본성에 관한 탐구보다는 인간의 인식 능력의 범위나 한계에 대한 논의가 철학의 중심 문제가 되기 시작한 근세부터 보편자 문제는 대체로 인식론적인 것이었다. 특히 경험론자들에게는 보편자의 존재론적 지위에 관한 문제는 그다지 심각한 논의거리가 아니었다. 따라서 "어떻게 한 낱말로 다수의 사물들을 서술할 수 있는가" 하는 물음에 대해 일단은 단지 사물들 사이에 어떤 유사성이 지각되기 때문이라고 대답할 수 있다. 그러나 약간의 차이는 있지만 그들은 결코 "자연은 유사하며, 그것은 관찰될 수 있다"고 말하는 데서 그치지 않는다. 특히 "서로 다른 단순 관념들은 공통적인 세부 사항을 동일하게 갖지 않고서도 일반적인 현상과의 비교에 의거한 무한한 유사성을 허용한다"(T, Appendix, 637면)는 흄의 주장은 "우리는 겹치고 엇갈린, 때로는 전체적이고 때로는 세부적인 유사성의 복잡한 그물망을 보게 된다. 나는 가족 유사성(family resemblance)보다 이 유사성을 더 잘 특징짓는 표현을 생각할 수 없다"는 비트겐슈타인의 주장과 다를 바 없다. 나는 유사성의 문제에 대한 영국 경험론자들의 언급을 기본적으로 사물에 내재한 객관적인 공통 특성을 주장하는 아리스토텔레스의 실재론으로 되돌아가지 않으려는 시도라고 본다. 곧 내가 로크·버클리·흄에서 빠짐없이 유사성의 문제를 거론하는 것은 그것이 아리스토텔레스의 본질주의에서 벗어나는 과정을 보여 준다고 생각하기 때문이다. L. Wittgenstein, *Philosophical Investigations*, trans. G.E.M. Anscombe (Oxford: Basil Blackwell, 1953), 66~67면.

편자는 결코 심적 존재가 아니며 마음과 전적으로 독립해서 그것 자체로 존재한다. 반면에 개념론에서 보편자는 마음의 추상 작용에 의해 형성되는 심적 존재로서 마음에 의존한다. 세계에는 단지 개별자들만 있으므로 보편자는 우리 마음속에 발생하는 개념이며, 고유 명사를 제외한 모든 일반어는 바로 이러한 개념의 이름이다.

개념론의 난점은 "서로 다른 사람들이 그들의 마음속에 동일한 개념을 공유할 수 있는가 아니면 유사하지만 서로 다른 개념을 갖는가" 하는 물음에 대답하기 쉽지 않다는 것이다. 소위 '다른 사람들의 마음의 문제'(problem of other minds)라고 불리는 이 문제는 데카르트 이후의 서양 근세 철학의 유아론(solipcism) 또는 사적 언어(private language) 이론이 안고 있는 근본적인 난점이다. 나아가 우리가 동일한 낱말을 둘 이상의 사물들에 적용하는 것을 정당화하려는 설명이 단지 우리가 이 사물들을 어떤 하나의 개념에 연관시키는 것이라고 말하는 것에 그칠 수는 없다. 이렇게 말하는 것은 사물의 분류가 전적으로 임의적이라고 말하는 것이 되며, 이것은 사물의 분류에 전혀 임의성이 없다는 아리스토텔레스의 견해보다 더 설득력이 없다.[14] 따라서 개념론은 실재 세계에 객관적으로 존재한다는 아리스토텔레스의 공통 특성으로 되돌아가지 않으면서 "심적인 개념에 대응하는 어떤 것이 세계에 있는가, 또는 우리의 개념은 무엇의 개념인가" 하는 존재론적인 물음에 대답하기 위해서 항상 "개별자들은 아마도 다양하게 서로 유사하며, 우리는 이 자연적인 유사성의 어떤 것에 주목함으로써 사물들을 분류하는 것"이라는 유사성 이론과 결합되며, 결코 하나의 순수한 형태로 주장되지 않는다.

---

14) J.L. Mackie, *Problems from Locke*(Oxford: Clarendon Press, 1976), 130면.

둘째, 극단적인 유명론(extreme nominalism)은 어떤 개별자들의 집합이 동일한 이름으로 불린다는 것 이외에 그것들에 공통된 것은 아무것도 없다고 주장하는 이론이다. 실재론에서 어떤 대상들은 플라톤적인 형상을 분유하거나 아리스토텔레스적인 공통 특성을 가지기 때문에 이를테면 책상이라고 불린다. 극단적인 유명론에서는 그것들이 책상이라고 불리기 때문에 책상이다. 그러므로 만약 동일한 이름으로 불리는 개별자들이 공통적인 것은 아무것도 갖지 않으면서 단지 동일한 이름으로 불린다면, "왜 다른 것들이 아닌 바로 그것들만 그렇게 불리느냐" 하는 물음에는 어떠한 대답도 있을 수 없다. 극단적 유명론에서 한 대상을 어떤 집합에 포함하거나 또는 그 집합에서 배제하는 결정은 전적으로 임의적이고 약정적일 수밖에 없으므로 그 주장의 객관성 확보가 어렵다.[15)]

온건 유명론은 낱말들만이 보편적이라는 견해는 유지하면서 낱말의 사용 근거를 사물들 사이의 유사성에 둠으로써 극단적 유명론의 주관성에서 벗어나려는 입장이다. 여기에 따르면 대상이나 성질들은 모두 개별적이지만 그것들 사이의 유사성 때문에 하나의 보편적인 이름이 다수의 대상들에 주어진다. 오직 낱말만이 보편적이라고 주장하는 유명론의 유일한 이유는 사물의 보편성을 부정하기 때문이라는 것이었다. 그러나 이제 온건 유명론은 낱말의 보편성을 설명하기 위해서 사물들 사이의 유사성에 의존하게 됨으로써 유사성 이론의 도움을 필요로 하게 된다.

셋째, 심상론은 세계에는 단지 개별자들만 있으며, 우리의 사고는 개념에 의한 것이 아니라 심상들의 연속 작용으로서 한 심상은 마음의 습관적인 성향에 의해 다른 심상으로 옮겨간다고 주장하는

---

15) Woozley, 앞의 책(1949), 86면.

이론을 말한다.[16] 심상론에 따르면 예를 들어 우리가 삼각형을 생각할 때 우리는 어떤 개별적인 삼각형의 심상을 마음속에 갖는다. 우리가 삼각형 일반(triangularity)에 관해 생각하는 것은 같은 종류의 다른 심상들로 움직여 갈 성향을 가지면서 어떤 개별적인 삼각형을 마음에 떠올리는 것이다.[17] 우리는 이등변·등변·부등변 삼각형의 그 어느 것도 아닌 하나의 삼각형의 심상을 형성할 수는 없다. 그러나 우리가 삼각형 일반에 관해 말할 때 우리는 어떤 삼각형이든지 간에 그것을 대표하거나 나타내는 데 우리가 가진 개별적인 삼각형의 심상을 사용한다. 곧 우리가 어떤 것을 삼각형으로 인식하는 것은 삼각형에 관해서 우리 마음속에 있는 어떤 표준적이거나 대표적인 삼각형의 심상과 그것을 대조함으로써 이루어진다.[18]

심상론은 우리가 '무한'이나 '백만 개의 변을 가진 도형'과 같이 결코 지각되지 않는 것들을 사고할 수 있는 능력을 갖고 있다는 것을 설명할 수 없다.[19] 무엇보다도 심상론의 난점은 이를테면 한 삼각형의 심상이 같은 종류에 속하는 모든 삼각형들을 대표하게 된다고 할 때 '같은 종류'가 의미하는 것이 무엇이냐 하는 것이다. 우리가 한 심상을 같은 종류에 속하는 다른 모든 개별자들을 나타내는 대표적인 기능을 하는 것으로 사용할 수 있기 전에 우리는 '종류'가 무엇인지 알아야 한다. 우리가 개별자들을 어떤 종류로 분류

16) B. Aune, "Thinking", EP, 제8권(1967), 101면.

17) J. Hospers, *An Introduction to Philosophical Analysis*(London: RKP, 1967), 362~363면.

18) I. 벌린, 《계몽 시대의 철학》, 정병훈 옮김(서울: 서광사, 1989), 98면 참조.

19) Aune, 앞의 책, 102면.

할 수 있기 위해서는 먼저 그 종류에 관한 보편 개념을 갖고 있어야만 하는 것이다. 그러나 우리가 일반어를 사용하며 그것에 상응하는 개념을 가질 때 심상이 우리 마음에 현전할 수도 있지만 개념을 갖는다는 것과 심상을 갖는다는 것이 꼭 같은 것은 아니다. 개념을 갖는다는 것은 마음속에 이를테면 삼각형들을 규정짓는 특성들을 갖는다는 것이다. 이러한 추상적인 개념을 갖는다는 것은 개별적인 하나의 심상을 갖는다는 것과 같지 않다. 그것은 어떤 심상들을 갖는다는 것을 필연적으로 함축하지 않으며, 많은 사람들은 심상을 수반하지 않으면서도 개념을 갖는다. 예를 들어 과학자들은 자외선이나 방사선의 심상을 갖지 않고서도 그 개념을 가질 수 있으며, 붉은 사물을 본 적이 없는 장님은 붉은 심상을 가질 수는 없지만 그렇다고 해서 반드시 붉음의 개념을 가질 수 없다고 볼 수는 없다.[20] 이와 같이 사고의 대상을 개별자들에만 적용되는 개별성과 구체성을 지닌 심상으로 국한시키는 심상론은 보편자 문제를 설명할 수 없다는 것을 보여 준다. 또한 그것이 아리스토텔레스의 실재론으로 되돌아가지 않기 위해서는 개념론과 마찬가지로 한 심상은 유사성에 의해 그 종류의 대상들과 관계를 맺는다는 유사성 이론의 도움을 필요로 할 수밖에 없다.

마지막으로 유사성 이론이란 우리의 일반어 사용이 궁극적으로 의존하는 것은 사물들 사이에 유사성이 있다는 사실이라고 주장하는 이론을 말한다. 세계는 그것을 토대로 우리가 개념을 형성하는, 서로 다른 측면에서 서로 다른 유사성과 차이점을 가진 개별적 사물들과 사건들의 그물과 같은 조직이다.[21] 사물들은 단지 닮음과 닮지 않음의 정도에 따라, 그리고 우리가 어디서 어떻게 사물들을

20) Hospers, 앞의 책, 106~110면 참조.

21) Mackie, 앞의 책, 138면.

어떤 집합의 구성원으로 결정하느냐에 따라 분류될 수 있다.[22] 유사성 이론에 대해서 다음과 같은 두 가지의 반론이 제기될 수 있다.

첫째, 유사성 이론은 아리스토텔레스적인 보편자가 있다는 것을 부정하는 의미에서 유사성 자체가 보편자여야 한다는 것을 요구하므로 다른 이론들을 거부할 근거가 없다. 유사성에 의해서 다른 보편자들을 정의할 수는 있으나 그것을 그것 자체에 의해서 정의할 수는 없으므로 유사성은 전통적 의미의 보편자로 여겨진다. 즉 보편자의 정의가 무한 후퇴하는 것을 피할 수 있는 유일한 길은 유사성을 모든 유사한 관계들이 그것의 예인 하나의 특별한 보편자로 여기는 것인데, 이것은 바로 실재론적인 의미의 보편자인 것이다.[23]

둘째, 만약 유사성 이론이 두 사물 사이의 유사성의 정도는 그것들 사이의 질적 동일성의 범위에 의존한다고 주장하는 것이라면, 이것은 변형된 아리스토텔레스의 실재론이다. 서로 닮은 두 대상들은 어떤 측면에서 유사해야 하는데, 이 측면은 그것들에 공통된 특성임에 틀림없다. 그렇다면 아리스토텔레스의 '공통 특성'과 유사성 이론에서 '어떤 측면에서 서로 정확히 닮음'이라는 것은 순전히 문자적인 불일치이며, 선호하는 용어들에 관한 논쟁에 불과하고 사실상 동일한 것을 말하는 두 가지 방식이라고 할 수 있다. 다만 아리스토텔레스 이론은 공통 특성과 같은 새로운 존재자들의 범주를 도입함으로써 어떻게 그것들이 여러 곳에 동시에 있을 수 있는가 하는 동일성의 규준에 관한 불필요한 문제에 얽매인다는 점에서 유사성 이론이 더 경제적이라고 할 수 있다.[24]

---

22) Woozley, 앞의 책(1949), 91면.

23) 같은 책, 96면.

24) Mackie, 앞의 책, 135면.

실재론은 우리의 일반어 사용의 토대를 객관적인 세계에서 구함으로써 얼핏 보기에는 가장 설득력이 있는 것처럼 보인다. 그러나 "왜 또는 어떻게 책상은 의자가 아니라 책상인가" 하는 물음에 대해 "책상은 그것의 적절한 보편자를 예시하는 것이기 때문에 책상이다"라고 말하는 것은 사실상 진정한 대답이 못 된다. 보편자와 개별자를 연결하는 제3의 존재 범주를 추론해야 하는 것이다. 실재론은 "우리가 어떻게 종류와 일반성을 경험할 수 있으며, 개념을 형성하고 의사 소통을 하기 위한 언어를 개발하느냐" 하는 우리 자신에 관한 것을 설명하지 못한다.[25] 사물의 내재적 일반성이 우리의 일반어 사용을 궁극적으로 가능하게 하는 것이라고 할지라도 어느 공통 특성이나 유사성, 어느 유사성과 상이성의 그물과 같은 조직이 그것들에 붙여지는 낱말을 갖느냐 하는 것을 결정하는 것은 우리의 독립된 사고와 언어 사용의 전통이다.[26] 보편자는 단지 발견된다는 실재론과는 달리 유사성 이론은 보편자의 형성에서 마음의 작용을 강조함으로써 보편자의 궁극적인 토대로서 세계를 기술하는 문제에 치우치지 않고 적절한 대답을 제공하려는 하나의 시도이다. 다시 말해서 유사성은 마음의 산물이 아니라 자연에 존재하지만, 자연의 분류는 우리의 관심에 의존하므로 결국 분류는 자연과 우리의 공동 작업이라는 것이 유사성 이론이 말하려고 하는 것이다.[27]

이 글의 순서는 다음과 같다. 2장에서는 로크의 개념론에 들어가기에 앞서 데카르트와 아르노(Arnauld)의 개념론을 함께 검토한다. 그것은 데카르트가 보편자 문제를 체계적으로 다루지 않았기 때문

25) Woozley, 앞의 책(1967), 205면.

26) Mackie, 앞의 책, 138면.

27) Hospers, 앞의 책, 367면.

이기도 하지만, 영국 경험론자들이 직접 영향을 받은 것은 《포르루아이얄 논리학》이기 때문이다. 따라서 논의의 초점은 로크의 개념론이 데카르트와 아르노의 개념론을 그대로 이어받으면서 그것을 경험주의적으로 설명하려는 시도라는 것을 밝히기 위해서 그들의 관념 이론과 추상 작용 이론을 드러내는 것에 맞춰질 것이다. 특별히 추상 작용 이론에 주목하고자 하는 것은 버클리와 흄이 추상 관념의 존재를 부정하기 위해서 그것을 형성하는 추상 작용의 능력을 인정하지 않으려 하기 때문이며, 로크는 데카르트의 추상 작용 이론을 이어받으면서도 거꾸로 그것을 무기 삼아 본유 관념 이론을 공격하는 데 사용하고 있기 때문이다.

3장에서는 로크가 본유 관념을 부정하고, 단순 관념과 복합 관념을 구분함으로써 추상 작용을 설명하려 하지만, 철저하지 못한 경험주의의 결과로 그의 개념론에는 적어도 네 가지 서로 다른 견해들이 섞여 있게 된다는 것을 드러내고자 한다. 나는 이러한 결과가 관념이라는 용어를 일관되게 사용하는 것이 불가능할 만큼 그 외연이 넓으며, 단순 관념과 복합 관념의 구분이라는 그의 대전제가 사실적인 측면과 논리적인 측면을 함께 갖고 있다는 점에서 비롯하는 것이라고 생각한다. 이러한 혼란은 보편자 문제를 경험주의적으로 설명하는 데 근본적인 한계가 있다는 것을 일찌감치 드러내 보여 주고 있는 것이며, 버클리와 흄의 논박의 실마리를 제공해 주는 동시에 그들의 이론 전개의 방향을 예고해 주는 것이기도 하다.

4장과 5장에서 버클리와 흄은 로크의 네 가지 견해 중에서 하나의 개별 관념이 동일 종류의 다른 모든 개별 관념들을 대표하게 됨으로써 일반적인 것이 된다는 견해만을 받아들인다. 관념을 구체적 심상에 국한시키는 그들의 대전제에 따르면 추상적 일반 심상(abstract general image)을 형성하는 것은 불가능하다. 따라서 그들이 낱말이나 관념의 기능에 주목하는 방향으로 나아가는 것은 당연하다. 그러나 한 개별 관념이 그러한 대표적 기능을 한다는 것은 '같은 종류'라는 보편자에 대한 인식을 전제로 한다는 점에서 그들은 근본적인 한계에 부딪친다. 4장에서는 버클리가 로크보다 훨씬 일관되게 경험주의를 고수하지만 보편자 문제의 핵심인 종류에 대한 분석이 미흡하고, 유사성의 문제가 소홀히 다루어지고 있으며, 추상 작용을 완전히 배제하지 못한다는 점이 드러날 것이다. 5장에서는 흄은 습관과 마음의 성향을 내세움으로써 해결책을 제시하지 못한 버클리보다 한 걸음 더 나아가지만, 추상 작용을 완전히 배제하지 못하고 습관 자체가 무엇인지를 설명하지 못함으로써 결국 경험론의 한계를 드러낸다는 것을 보여 주고자 한다.

이러한 논의를 통해서 나는 관념의 외연을 축소시키고 개념적 사고를 배제함으로써 순수한 지성에 의해 파악되는 관념을 인정하지 않으려는 경험론은 보편자 문제를 만족스럽게 설명할 수 없다는 것을 보여 주고자 한다.

제2장 데카르트와 아르노의 개념론

고대로부터 17세기에 이르기까지 과학 사상을 지배해 온 것은 형상과 질료 개념을 중심으로 하는 아리스토텔레스의 형이상학 체계였다. 17세기부터는 빈 공간과 그 안에서 움직이는 미립자 개념을 중심으로 하는 미립자 철학(corpuscular philosophy)이 아리스토텔레스의 철학을 대신하기 시작했다. 미립자론자들 가운데 일부는 물질을 미립자로 쪼개는 과정이 더 이상 나눌 수 없는 자연의 최소단위를 드러내리라고 생각했다는 점에서 원자론자들이기도 했다.[1] 이 미립자 철학의 대표적인 사상가들이 바로 갈릴레이·데카르트·가상디·로크·보일·뉴턴이다. 미립자 철학의 이론적 토대가 되는 것은 무엇보다도 제1성질(primary quality)과 제2성질(secondary quality)을 구분하는 이론이다. 이 이론은 많은 성질들이 지각자의 주관적 상태의 변화에 따라서 변하므로 과학적 탐구에서는 주관적 상태의 변화에 따른 변동이 없는 객관적인 성질들을 택해야 된다는 생각에서 비롯된 것이다. 인간의 인식 대상을 수학적

1) R. 하레, *The Philosophies of Science-An Introductory Survey*(Oxford: Oxford Univ. Press, 1972), 《과학 철학》, 민찬홍·이병욱 옮김(서울: 서광사, 1985), 171면.

으로 측정 가능한 이성적 대상과 거기서 야기되는 감각적 대상으로 구분하는 표상적 실재론(representative realism)이 바로 이러한 생각을 반영하는 것이다.

미립자 철학의 존재론은 신, 물질(물질적 실체), 관념, 마음(정신적 실체)이라는 네 가지 요소를 포함한다.[2] 여기에 따르면 감각적 사물은 미립자들이 밀집된 것일 뿐이며, 우리가 사물을 지각한다는 것은 그것을 이루고 있는 미립자들의 발산에 의하여 우리 마음에 어떤 관념들이 발생한 것일 뿐이다. 여기서 관념은 우리 마음에 의존하지 않는 외부 대상 세계의 표상이라는 의미에서 마음과 외부 대상 세계의 매개물로서 작용하며, 감각적 사물은 사실상 존재론적 지위를 갖지 못한다. 미립자론자들은 감각적 사물을 구성하는 미립자들의 집합으로부터 미립자들이 방출되는 방식에 대해 역학적 인과론을 적용시킨다. 미립자들은 눈을 비롯한 감각 기관에 충돌하여 말초신경에 충격을 가함으로써 신경에 포함되어 있다고 추측되는 생기(animal spirit)에 운동을 일으키며, 신경에서 일어난 생기의 운동이 뇌에 전달된다는 것이다. 그러나 관련된 뇌의 부분을 이루는 미립자들의 운동이 어떻게 마음속에 관념을 발생시키는가 하는 것은 충격만이 어떤 것이 다른 것에 영향을 미칠 수 있는 유일한 방식이라고 인정하는 역학적 설명에 의해서는 해명되지 않으며, 그것은 결국 신의 직접적인 섭리로 돌려질 수밖에 없었다. 미립자론자들에 의하면 능동적인 최초의 원인 또는 세계의 창조자로서 신이 존재해야만 한다는 주장이 설득력을 갖게 하기 위해서는 물질은 수동적이며 비활성적인 것이어야 한다. 만약 물질에 능동적이거나 창조적인 힘이 있다고 한다면 신에 대한 그러한 주장의 설득력을

2) J.O. Urmson, *Berkeley*(Oxford Univ. Press, 1982), 20~22면.

반감시킨다는 것이다.[3] 즉 미립자 철학에서는 신이 물질을 창조했으며, 이 물질이 지각 능력이 있는 존재들의 내부에 관념을 생기게 하는 인과적 매체라고 주장된다.

영국 경험론의 창시자라고 불리는 로크는 대륙 이성론자들의 본유 관념(innate idea)을 부인하고 신의 관념마저도 감각 경험에서 유래한 단순 관념들이 지성에 의해 결합된 복합 관념으로 설명한다는 점에서 경험론자임에 틀림이 없다. 그러나 그는 단순 관념의 원인으로서 경험에 의해서는 알 수 없는 물질의 세계를 인정하며, 자아를 직관적으로 확실히 알 수 있다고 주장함으로써 데카르트의 물심 이원론을 그대로 받아들이고 있다. 또한 그는 인간의 지식이 모두 감각 경험에서 유래한 것임을 밝히려 한다는 점에서는 데카르트와 차이가 나지만, 인간의 의식의 대상이 되는 모든 영역을 관념이라고 주장하는 점에서는 데카르트를 그대로 따르고 있다. 따라서 나는 로크의 개념론을 고찰하기에 앞서서 데카르트의 이론을 살펴볼 필요가 있다고 생각한다. 그런데 데카르트는 사실상 추상 관념의 문제를 체계적으로 다루지 않았으며, 오히려 추상 관념 이론이 잘 드러나 있는 것은 데카르트주의자인 아르노가 쓴《포르 루아이얄 논리학》이다. 데카르트의 물리학, 형이상학, 그리고 관념 이론을 추종하는 데카르트주의자들 가운데서도 데카르트의 관념 이론을 가장 잘 물려받은 것이 바로 아르노다.[4] 따라서 나는 데카르트의 주장과《포르 루아이얄 논리학》에 나오는 내용을 한데 묶어서 고찰하고자 한다. 그러나 데카르트와 아르노의 관념 이론을 정합적으로 짜 맞추기란 매우 곤란하며, 보편자 문제도 마찬가지다. 따라

3) R.L. Armstrong, *Metaphysics and British Empiricism*(Lincoln: Nebraska Univ. Press, 1970), 130~132면.

4) W. Doney, "Cartesianism", EP, 제2권(1967), 37~42면.

서 나는 여기서 단지 로크의 개념론에 들어가기 위한 예비적 단계로서 데카르트와 아르노에서 그러한 문제들이 어떻게 다루어지고 있는지 검토하려고 한다. 다만 내가 강조하고자 하는 것은 그들이 사용하는 관념이라는 용어가 나중에 버클리나 흄이 그랬던 것처럼 심상만을 의미하는 협소한 것이 아니었다는 점과 본유 관념 이론이 애매하기는 하지만 어쨌든 그들의 관념 이론에 따르면 보편자 문제에 관한 데카르트와 아르노의 공식적 입장은 개념론이라고 할 수 있다는 것이다. 마지막으로 이성의 구별을 포함한 추상 작용 이론을 논한 것은 이것이 그들의 개념론의 면모를 잘 보여 주고 있을 뿐만 아니라, 특별히 흄이 추상 관념을 논하는 마지막 부분에 가서 이 문제를 거론하기 때문이다.

1. 관념 이론

서양 근세 철학자들에게 관념이라는 용어는 그들의 철학 체계에 대단히 중요한 전문적 용어였다. 관념은 철학자들에 따라서 서로 다른 여러 가지 의미로 사용되었으나, 마음속에 있는 어떤 것을 의미하거나 또는 마음과 관련된다는 점은 공통적이었다. 이처럼 관념이 인간의 마음속의 내용물을 가리키는 것으로 사용된 것은 데카르트에서 시작하여 로크를 통해서 보급된 것이며, 데카르트는 이전의 철학자들과는 달리 새로운 의미를 관념에 부여했다.[5] 원래 관념은 "보다"를 뜻하는 그리스어의 idea를 글자 그대로 따온 것으로서 어원적으로 시각과 관련된 것이었다. 시각적 형상을 의미하던 이

5) A. Kenny, "Descartes on Ideas", in W. Doney, *Descartes : A Collection of Critical Essays*(Notre Dame : Univ. of Notre Dame Press, 1967), 227면.

낱말은 플라톤에서는 본질이나 본성과 같은 뜻으로 사용되어 지각의 대상이 아닌 지성의 대상, 변화하는 대상이 아닌 진정으로 존재하는 것, 생성 소멸하는 세계가 아닌 영원한 세계를 의미하게 되었다.[6] 무엇보다도 플라톤은 관념이 마음속에 있는 것이라는 견해에 반대했다. 그리스 후기와 중세의 저작들에서 관념은 그 의미가 변형되어 신의 사고, 또는 신의 지성 안에 있는 원형들(archetypes)을 가리키거나 나아가 신의 마음속뿐만 아니라 행위자의 마음속에 있는 계획이나 청사진을 가리키는 것으로 사용되었다.[7] 16세기 영국과 프랑스 학자들은 관념을 본보기나 원형, 마음속에 있는 사고라는 두 가지 요소를 담고 있는 것으로 사용하였으나, 곧 심적 표상이라는 두 번째 요소가 관념의 주된 의미가 되었다. 데카르트도 처음에는 심상이나 표상이라는 의미로 받아들여지고 있었던 당시의 관념의 용법을 그대로 따랐다. 그러나 그는 우리의 모든 사고를 심상으로 설명하는 것이 적절하지 않다는 것을 깨닫고 관념을 마음이 생각할 때 그것의 대상이 되는 모든 것, 즉 감각적 지각뿐만 아니라 상상할 수 없는 것을 포함한 일체의 것이라는 의미로 확장해서 사용했다.[8]

이처럼 데카르트는 표상적 지각, 개념적 사고의 대상 모두에 관념이라는 용어를 사용함으로써 혼란을 일으킨다. 그 자신도 관념이

---

6) J.O. Urmson, "Ideas", EP, 제4권(1967), 118면.

7) 같은 책, 119면.

8) 관념이라는 용어가 의미하는 것들을 열거해 보면 다음과 같다. 감각 자료와 감각, 내성, 기억이나 상상의 대상과 같이 사고나 경험 속에서 마음 앞에 놓여 있는 것. 경험하고 난 뒤 마음에 남아 있는 잔여물이나 인상. 특수한 경험이나 반성으로부터 일반성에 도달하는 추상 작용. 마치 하나의 정의와 같이 낱말들에 부착된 개념. 낱말들로부터 환기된 주관적 연상. 마음속에 현전하는 사물들에 대한 표상. 그렐링, 앞의 책, 262면 참조.

라는 용어가 애매하다고 말하고 있는데 우리는 《성찰》의 '독자에의 서언' 에서 그 대표적인 경우를 발견할 수 있다. 《성찰》의 '독자에의 서언' 은 그것보다 3년 전에 출판된 《방법서설》에서 그가 신과 영혼을 다룬 것에 대한 비판자들의 두 가지 반론에 대한 그의 답변을 포함하고 있다.

> 두 번째 반대 의견은 내가 나 자신 속에 나보다 더 완전한 어떤 것의 관념을 갖고 있다는 사실로부터 이 관념이 나보다 더 완전하다는 결론이 되지는 않으며, 나아가 이 관념에 의해 표상되는 것이 존재한다는 결론은 더욱 불가능하다는 것이다. 그러나 나는 여기서 이 관념이라는 용어에는 두 가지 뜻이 있다고 대답한다. 왜냐하면 그것은 한편으로 질료적으로(materially) 나의 지성의 행위라고 여길 수도 있고, 이 의미에서는 그것이 나보다 더 완전하다고 할 수 없지만, 다른 한편으로 그것은 객관적으로(objectively) 이 행위에 의해 표상된 것이라고 여길 수도 있으며, 이 경우에는 비록 우리가 그것을 나의 지성의 외부에 존재하는 것으로 상정할 수는 없어도 그것의 본질 때문에 나보다 더 완전한 것일 수 있기 때문이다(M, 138면).

질료적 의미에서 관념은 마음속에서 일어나는 심적 행위나 사건이며, 객관적 의미에서 관념은 마음이 향하고 있는 심적 대상으로서 후자는 마음의 밖에 존재하는 것으로 상정될 필요가 없고, 전자에 의해서 표상된 것이다. 데카르트가 관념을 그것의 대상이 있든지 없든지 간에 그 대상을 표상하는 심상으로서 지성의 대상이라는 의미와 마음의 내적인 행위라는 의미로 구별하는 것은 《성찰》의 다른 곳에서도 볼 수 있다.

> 나의 생각들 가운데 어떤 것들은 소위 사물들의 심상들이며, 오직 이것들에만 '관념'이라는 이름이 적절하게 적용된다. 사람이나 키마이라, 하늘, 천사 또는 심지어 신에 대한 나의 생각이 그 예들이다. 그러나 다른 생각들 역시 다른 형상들을 가지고 있다. 예를 들어 무엇을 의욕하고, 두려워하고, 긍정하고 부정할 때 나는 항상 어떤 것을 내 마음의 행위의 주체로 지각하지만, 이 행위에 의해서 나는 내가 그러한 것에 관하여 가지고 있는 관념에 항상 어떤 다른 것을 더한다. 이 종류의 생각들 가운데 어떤 것들은 의지나 감정이라고 불리고, 다른 것들은 판단이라고 불린다(M 3, 159면).

그런데 위의 인용문에서 볼 때는 마치 관념이 무엇을 의욕하거나 두려워하는 것과 같은 마음의 행위의 요소가 덧붙여지지 않은 더 단순한 사물들의 그림과 같은 것을 뜻하는 것으로 해석되기 쉽다.《성찰》에 대한《반대 견해와 그에 대한 데카르트의 반박》의 세 번째에 해당하는 데카르트와 홉스의 논쟁에서 홉스는 바로 이 구절을 근거로 데카르트를 공격하고 있다. 그는 데카르트가 든 예 중에서 사람이나 키마이라, 하늘과 같은 것은 별 문제가 없지만, 우리는 결코 천사나 신의 관념을 가질 수 없다고 주장한다(OR, 66~67면). 이에 대해 데카르트는 "나는 관념이라는 용어를 마음이 직접 지각하는 것은 무엇이나 나타내기 위해서 사용하며, 따라서 내가 무엇을 의욕하거나 두려워할 때 동시에 나는 내가 무엇을 의욕하고 두려워한다는 것을 지각하기에 그 의지 작용과 불안이 내 관념들에 속하게 된다"(OR, 67~68면)고 반박함으로써 관념이 결코 심상과 동일시될 수 없음을 분명히 한다.

데카르트가 가장 분명하게 관념을 설명하고 공식적으로 정의하고 있는 내용은 다음과 같다.

> 내가 자신이 말하는 것을 이해할 때 내가 이 낱말들이 의미하는 것의 관념을 갖고 있다는 것을 확실하게 하는 바로 그 사실이 없다면 어떤 것도 낱말로 표현할 수 없는 것처럼, 관념은 그것에 의해 내가 어떠한 사고의 형태라도(나는 사고의 형태의 직접적 인식에 의해 그 사고를 의식한다) 이해하는 낱말이다. 따라서 내가 관념이라고 부르는 것은 단지 상상력 속에 묘사된 심상들만은 아니다. 나는 여기서 그런 심상들이 물질적 상상력, 즉 뇌의 어떤 부분 안에 있는 그림들인 한 그것들에 관념이라는 이름을 붙이는 것을 단호히 거부한다. 그것들은 오직 그것들이 뇌의 그 부분을 향해 있는 마음 자체의 형태를 구성하는 한에서만 관념들이다.[9)]

이 정의에 의하면 우리는 모든 사고를 직접 인식하며, 그렇게 인식되는 사고의 모든 형태가 관념이다. 데카르트는 관념을 정의하기 바로 전에 사고를 "우리가 직접 그것을 의식하는 방식으로 우리 안에 존재하는 모든 것을 포함하는 낱말이므로 의지, 지성, 상상력, 그리고 감각 기관들의 모든 작용들"[10)]이라고 정의한다. 마찬가지로 《철학의 원리》에서도 "나는 사고라는 낱말에 의해서 우리가 자신 안에서 작용하는 것으로 의식하는 모든 것을 이해한다. 이것이 이해하고, 무엇을 의욕하고, 상상하는 것뿐만 아니라 느끼는 것도 역시 사고와 같은 것인 이유"(PP, 222면)라고 사고를 정의하고 있다. 이에 우리는 데카르트에서 관념은 '우리 의식의 대상이 되는 모든 형태의 것'이라고 규정할 수 있다.[11)]

---

9) *Arguments demonstrating The Existence of God and The Distinction between Soul and Body, drawn up in geometrical Fashion*, Definition 2, HR 2, 52면.
10) 같은 책, Definition 1, 52면.
11) 케니는 "데카르트가 어떤 관념이 존재한다고 말할 때 우리의 불분명한

심상은 우리가 관념이라고 부르는 유일한 것이 아니라는 데카르트의 견해는 《포르 루아이얄 논리학》에 더 명확하게 나타난다(PRL, 31~33면). 아르노에 따르면 우리는 우리 안에 있는 관념들의 매개에 의하지 않고서는 우리 밖에 있는 것을 알 수 없으며, 관념은 마음의 모든 작용 속에 포함되어 있다. 또한 이 관념이라는 낱말은 너무나 명료해서 그것보다 더 명료하거나 단순한 낱말은 없기 때문에 다른 낱말들에 의해 설명될 수 없다. 따라서 이 낱말을 사용하는 데 실수를 피하기 위해서 할 수 있는 것은 오직 그릇되게 해석될 수 있는 것들을 지적하는 길뿐이며, 그러한 오류의 대표적인 것이 바로 '관념을 생각한다'는 것이 '관념을 상상한다'는 것을 전적으로 의미한다고 여기는 것이다. 그러나 우리는 마음속에서 발생하는 것을 반성해 보자마자 심상들이 없이도 많은 것들을 생각하며, 상상력과 순수한 지적 작용의 차이를 깨닫게 된다. 아르노는 상상할 수는 없으나 사고할 수 있는 것의 차이를 보여 주는 예로서 두 경우를 들고 있다.

> …1,000각형을 생각할 때 우리는 종종 우리가 물질적 사물을 생각할 때 상상력을 사용하는 습관 때문에 혼란스러운 방식으로 어떤 도형을 마음에 그린다. 그러나 이 도형은 확실히 1,000각형이 아니다. 상상된 도형은 만약 내가 10,000각형을 생각한다면 마음에 그릴 도형과 어떤 점에서도 다르지 않으며, 1,000각형과 어떤 다른 다각형과의 차이를 구성하는 특징을 드러내는 데 조금도 도움이 되지 않는다.

능력으로부터 개별적이고 실제적인 경험에 이르기까지 모든 것을 지시하려는 것처럼 보이며(113면), 데카르트의 관념은 물질적 상, 정신적 심상, 그리고 개념의 요소를 모두 조금씩 포함하고 있다"(123면)고 말한다. A. 케니, 《데카르트의 철학》, 김성호 옮김(서울: 서광사, 1991).

> 그렇다면 나는 1,000각형을 올바르게 상상할 수 없다. 내가 나의 상상력 속에서 그릴 심상은 아주 많은 각을 가진 어떤 다른 도형도 역시 표상할 것이다. 그러나 나는 1,000각형을 아주 명석 판명하게 생각할 수는 있다. 왜냐하면 예를 들어 그 도형의 각의 합이 1,996 직각이라는 것과 같은 그것의 모든 특징들을 증명할 수 있기 때문이다(32면). … 우리가 생각하고 있을 때 우리는 우리 자신의 사고보다 더 명석하게 무엇을 생각하는가? 사고를 상상하거나 그것의 심상을 뇌에 그릴 수는 없다. 긍정도 부정도 심상을 허용하지 않는다. 지구가 둥글다고 주장하는 사람과 둥글지 않다고 주장하는 사람은 둘 다 그들의 뇌 속에 묘사된 동일한 것—지구, 둥긂—을 갖는다. 그러나 한 사람은 어떤 물질적 상도 수반하지 않는 그의 마음의 작용인 긍정을 덧붙이고, 다른 사람은 심상을 갖기가 더 불가능한 그 반대의 행위인 부정을 덧붙인다(33면).

아르노는 "우리는 우리가 어떤 방식으로든 한 사물을 생각한다고 전적으로 말할 수 있을 때 마음속에 있는 어떤 것이라도 역시 관념이라고 부른다"고 말을 맺고 있다.

이처럼 데카르트에서 우리의 의식의 대상이 되는 모든 것으로서 행위로도 대상으로도 해석될 수 있는 관념이라는 용어의 애매함은 보편자 문제에서도 그대로 이어진다.

2. 본유 관념과 보편자 문제

데카르트는 보편자 문제에 관한 그의 견해를 상세히 전개하지 않았으며 일관된 입장을 보이고 있지도 않다. 그러나 그의 저서

《철학의 원리》에서 그는 보편자는 사물 안에 있지 않고, 그 존재가 사고에 기인하며 사고와 별도로 존재하지 않는다고 말함으로써 뚜렷하게 개념론의 경향을 보여 주고 있다.

> 수와 모든 보편자들은 단순히 사고의 양태들이다. 마찬가지로 우리가 수를 피조물들 속에서가 아니라 추상적이거나 일반적으로 고려할 때 수는 단지 사고의 한 양태다. 그리고 스콜라 철학에서 보편자라고 불리는 모든 것들에 대해서도 마찬가지의 것이 해당된다(PP, 242면).

보편자의 기원에 관한 그 다음 절에서도 우리는 개념론의 특징을 잘 볼 수 있다.

> 보편자들은 우리가 어떤 유사성을 가진 모든 개별적인 사물들을 생각하기 위해서 전적으로 동일한 관념을 이용한다는 사실로부터만 발생한다. 그리고 우리가 이 관념에 의해서 표상된 모든 대상들을 동일한 이름 아래 파악할 때 그 이름이 보편자다. 예를 들어 우리가 두 개의 돌을 보면서 두 개가 있다는 것을 주목하는 것 이외에 그것들의 본성에 관해 더 이상 생각하지 않을 때, 우리는 둘이라고 부르는 어떤 수의 관념을 자신 안에 형성한다. 그리고 그 뒤에 우리가 두 마리의 새나 두 그루의 나무를 보면서 그것들의 본성에 관하여 더 이상 생각하지 않고 관찰할 때 우리는 앞서 가졌던 동일한 관념을 다시 갖게 되며, 그 관념은 보편적이다. 그리고 우리는 이 수에 둘이라는 보편적 이름을 부여한다. 같은 방식으로 우리가 세 변을 가진 도형을 고찰할 때 우리는 삼각형의 관념이라고 부르는 어떤 관념을 형성한다. 그리고 나중에 우리는 세 변을 가진 모든 도형들을 자신에게 표상할 때 하나의 보편자로서 그것을 사용한다. 그러나 우리가 세 변

을 가진 도형들 중에 어떤 것은 직각을 갖고, 어떤 것들은 그렇지 않다는 것을 더욱 특별히 알아챌 때 우리는 직각 삼각형의 보편 관념을 형성하게 되며, 이것은 더 일반적인 것에 관해서는 앞의 삼각형의 관념과 관계되므로 종이라고 불릴 수 있다. 그리고 직각은 그것에 의해서 직각 삼각형들이 다른 모든 것들로부터 구별되는 보편적 종차(universal difference)다. 더 나아가 만약 우리가 직각에 대하는 변의 제곱이 다른 두 변들의 제곱과 같으며, 이 특성은 이 종류의 삼각형에만 속한다는 것을 알게 된다면, 우리는 이 특성도 그 종의 보편적 특성(universal property)으로 부를 수 있다. 마지막으로 만약 우리가 삼각형들 중 어떤 것은 움직이고 다른 것들은 그렇지 않다고 상정한다면, 우리는 그것을 삼각형들의 보편적 우유성(universal accident)으로 여길 것이다(PP, 242~243면).

보편자나 일반적 이름은 동일한 관념에 의해 마음속에 표상된 유사한 대상들의 집단을 나타내며, 지성이 파악하는 실재적 보편자를 나타내지 않는다는 데카르트의 주장은 그가 《성찰》에서 삼각형의 본질에 관해서 언급할 때는 다소 모호해진다.

…나는 내 생각 밖에서는 어디에도 존재하지 않으면서도 단순한 무(pure negations)로 여길 수 없는 어떤 것들의 무수한 관념들이 나 자신 속에 있다는 것을 발견한다. 그것들을 생각하고 안 하고는 내 자유지만 그것들은 내가 만들어낸 것이 아니라 참되고 불변하는 본성을 지니고 있는 것들이다. 예를 들어 내가 한 삼각형을 생각할 때 아마도 내 생각 밖의 세상 어디에도 그런 도형이 없을지라도, 또는 지금까지 한 번도 있은 적이 없다고 할지라도 이 도형 안에는 어떤 일정한 본성이나 형식, 또는 본질이 있다. 그것은 불변하고 영원하며,

> 내가 발명한 것도 아니며, 결코 나의 마음에 의존하지도 않는다. 이것은 그 삼각형의 다양한 특성들, 즉 그것의 세 각의 합은 2직각과 같다는 것, 가장 큰 각에는 가장 큰 변이 대응한다는 것과 같은 것들이 논증될 수 있다는 사실로부터 명백해진다. 내가 처음에 삼각형을 상상했을 때 전혀 그러한 문제에 대해서 생각하지 않았을지라도 지금은 내가 원하건 원하지 않건 간에 나는 이 특성들이 그것에 속하는 것으로 매우 명석하게 인식하며, 따라서 그것들은 내가 발명했다고 할 수 없다(M 5, 179~180면).

기하학의 대상인 삼각형에는 감각과 무관하게 알려지는 영원하고 불변하는 본성이 있다는 데카르트의 주장은 플라톤의 실재론을 연상시킨다. 데카르트는 어떤 속성들을 삼각형에 속한 것으로 여기게끔 하는 필연성이 우리의 사고가 아니라 삼각형 그 자체로부터 생겨난다고 말하고 있다. 그래서 우리는 영구적이며 불변하는 본성을 지닌 것이 삼각형에 대한 관념이 아니라 삼각형 그 자체라는 결론에 도달하며, 증명 가능한 속성들을 지니고 있는 이 삼각형은 어느 누가 삼각형에 대한 관념을 지니고 있건 그렇지 않건 간에 주어진다. 그러나 그는 자신이 플라톤의 실재론을 주장하는 것이라고 보는 견해에 항변한다. 이와 같은 데카르트의 반박은 《성찰》에 대한《반대 견해와 그에 대한 데카르트의 반박》 중 다섯 번째에 해당하는 가상디(Gassendi)와 벌인 논쟁에서 잘 볼 수 있다. 먼저 가상디의 주장부터 살펴보자(OR, 182~190면).

가상디는 자신과 데카르트가 보편자라고 여긴 기하학적 삼각형은 우리가 다른 보편자들을 아는 것과 같은 방식으로 알려진다고 주장한다. 곧 우리는 개별 삼각형들이 어떤 특성들을 공통으로 가짐으로써 서로 닮았다는 것을 감각을 통해 관찰하고 공통 특성을 추상해서 보편자를 형성한다. 따라서 우리가 삼각형들에 대한 모든 경험에 앞서서 이상적 삼각형의 지식과 함께 출발한다고 상정하는 것은 불필요하다. 가상디는 우리가 개별 삼각형들을 볼 때 그것에 의해서 개별 삼각형들을 인지하는 하나의 표준으로서 보편적 삼각형을 사용한다는 것을 데카르트와 마찬가지로 받아들이지만, 이것이 보편자는 선험적으로 알려진다는 것을 의미하지는 않는다고 주장한다. 또한 가상디는 보편자는 하나의 심적 규칙(mental rule)이라는 이론을 제기하며, 데카르트는 그것의 기능에 관한 이 견해를 받아들이리라고 가정한다.

> 삼각형은 어떤 것이 삼각형으로 불릴 가치가 있는지 발견할 때 당신이 사용하는 심적 규칙의 일종이다. 그러나 그것 때문에 우리가 그런 삼각형은 지성(우리가 물질적인 삼각형을 보는 것으로부터 그 삼각형을 형성하고 하나의 공통 개념으로 정교화한) 너머에 있는 실재적이고 참된 본성을 가진 것이라고 말할 필요는 없다(OR, 184면).

요컨대 가상디의 주장의 핵심은 경험적으로 파생된 보편자가 이른바 선험적 보편자와 마찬가지로 규칙으로서 효과적인 기능을 하리라는 것이다.

가상디의 반대 의견에 대한 반박에서 데카르트는 자신이 플라톤의 실재론을 주장하는 변증론자(dialectician)라는 시사에 항의한다(OR, 226~229면). 그가 가상디가 말하는 방식으로 얻어진 경험적 보편자를 받아들이리라는 것은 명백하다. 그러나 그는 모든 보편자가 이 종류의 것은 아니라고 확신했다. 그래서 그는 자신이 《성찰》에서 어떤 보편자들은 비경험적인 방식으로 알려지며, 그것들은 불변하는 본성이라고 말했던 것을 되풀이한다. 그는 이러한 보편자들의 예로 수학적 대상을 들고 있으며, 그의 논거는 대체로 다음의 두 가지로 요약할 수 있다.

첫째, 우리는 사실상 진정한 삼각형을 결코 관찰하지 못하기 때문에 관찰된 삼각형들에서 보편적인 삼각형을 끌어내는 것은 불가능하다. 우리는 엄밀한 직선 도형을 감각적 인식에서 지각한 적이 없으며, 직선을 본 적도 없다. 실제로 똑바른 직선의 어떤 부분도 우리의 감각 기관에 영향을 끼치는 것은 전혀 불가능하다. 왜냐하면 우리에게 가장 똑바르게 보이는 직선들을 확대경으로 검사할 때 우리는 물결치는 식으로 어느 곳에서나 불규칙하고 굽어 있는 것을 발견하기 때문이다.

둘째, 기하학적 삼각형에 관한 우리의 지식은 단순 본성에 관한 순전히 지적인 직관이다. 삼각형은 변과 각들을 갖지만 전체로서 보이거나 직관되기 때문에 단순하다. 만약 우리가 단순 본성, 세 변 직선 도형을 이런 식으로 직관한다면, 우리는 이미 기하학적 삼각형의 개념을 갖고 있는 것이다. 삼각형의 대상이 실재 세계에 존재하든 존재하지 않든, 우리가 그런 대상들을 볼 기회가 있든지 없든지 그것은 문제가 되지 않는다. 직관된 삼각형의 내각들은 2직각 이상도 이하도 될 수 없고 등각 삼각형은 등변이어야 한다는 것과 같은 본질은 필연적인 것이다. 그러나 만약 삼각형이 이 종류의 직관에 의해서 알려진다면, 그것은 관찰된 삼각형의 대상들의 공통 특성들을 추상해서 경험적 보편자를 형성함으로써 알려지지 않는다는 결론이 된다.

데카르트는 보편자를 획득하는 방법에 대한 가상디의 설명을 불만족스럽게 생각하지만 그 자신의 설명도 그다지 분명하지 않다. 그러나 그는 우리 지식에서 감각으로부터 유래할 수 없는 요소, 즉 단지 사고 자체로부터만 이끌어낼 수 있는 보편자들을 가상디가 무시하고 있다고 주장한다. 이와 같은 데카르트의 반박에서 핵심적인 것은 그가 삼각형에 관한 지식을 경험적인 것이 아니라 직관적인 것, 또는 다른 곳의 표현[12)]에 따른다면 본유적인 것이라고 여긴다는 점이다. 본유적 지식에 대한 데카르트의 이론에 대한 일관된 설명을 제시하기는 힘들지만 우선 《성찰》에서 그가 본유 관념은 마음 밖에서 발생하지 않으며, 나의 판단 작용의 산물도 아니고, 나 자신의 내적인 인식 능력으로부터 발생한다고 말하고 있는 것을 볼 수 있다.

> 관념들 중 어떤 것들은 본유적인 것이며, 어떤 것들은 밖으로부터 내게 온 외래적인(adventitious) 것이고, 또 다른 어떤 것들은 나 자신이 만들어낸(formed or invented) 것이라고 생각된다. 왜냐하면 나는 사물이 무엇이고, 진리가 무엇이며, 사고가 무엇인가를 이해하는 능력을 갖고 있으며, 이 능력을 나 자신의 본성이 아닌 어떤 다른 원천으로부터 갖게 되는 것은 아닌 것 같기 때문이다(M 3, 160면).

관념들을 그 기원에 따라 세 가지로 나누어 본 이 분류에 따르면, 본유 관념은 마음에 의해 창조되지는 않았지만 마음 안에 그 기원을 둔다는 것은 명백하다. 이러한 데카르트의 본유 관념 이론은 신의 존재 증명을 포함한 여러 동기를 가진 것으로서 감각 경험

---

12) "일반적으로 우리가 태양을 보고 갖게 되는 관념과 같은 것은 외래적 관념, 천문학자들이 추론을 통해 구성한 태양의 관념은 인위적 관념, 신, 정신, 물체, 삼각형의 관념 등은 본유적인 것, 이것들은 일반적으로 참되고 변화하지 않는 영원한 본질을 나타낸다." Letter to Mersenne, AT, 제3권, 303면. A. 케니, 앞의 책, 116~117에서 재인용.

에서 유래하지 않은 것으로 보이는 관념들의 발생을 설명하기 위해 제시된 것이다. 그러나 본유 관념은 순간적 상태가 아니라 마음의 지속적인 능력, 실제로 발생하는 것이라기보다는 잠재력이나 성향을 의미한다. 곧 앞 장에서 살펴본 관념의 두 가지 의미 중에서 질료적 의미의 관념에 해당하는 것이라고 할 수 있다.[13] 이처럼 본유 관념을 어떤 조건이나 자극 아래 한정적인 개념을 형성하는 마음의 성향으로 보는 데카르트의 견해는 다음의 인용문들에 뚜렷하게 나타난다.

> 내가 우리 안에 어떤 관념이 본유적이라고(또는 날 때부터 우리 영혼에 새겨져 있다고) 말할 때 그것이 항상 우리에게 현전한다는 것을 의미하지는 않는다. 이것은 어떤 관념도 본유적이지 않게 할 것이다. 나는 단지 우리가 이 관념을 불러일으키는 능력을 갖고 있다는 것을 의미할 뿐이다(OR, 73면).

> 나는 결코 마음이 그것의 생각하는 능력과 어느 정도 다른 본유 관념들을 필요로 한다고 쓰거나 결론 내린 적이 없다. 그러나 내가 외부 대상들이나 내 의지의 결정으로부터가 아니라 나 자신 안에 있는 사고의 능력으로부터만 오는 어떤 사고들의 존재를 내 안에서 관찰했을 때, 나는 이 사고들의 형식인 관념들이나 개념들을 외래적이거나 인위적인 다른 사고들로부터 구별하고, 그것을 본유적이라고 불렀다. 같은 의미에서 우리는 어떤 가족들은 관대함이 본유적이고, 어떤 가족들은 통풍이나 신장 결석과 같은 병들이 본유적이라고 말한다. 그것은 이 가족들의 어린아이들이 그들의 어머니의 태내에 있을

13) V. Chappell, "The Theory of Ideas", in A.O. Rorty ed., *Essays on Descartes' Meditations*(Berkeley: Univ. of California Press, 1986), 179면.

때부터 이 병들로 고생한다는 것이 아니라, 그들은 그 병들에 걸릴 어떤 기질이나 성향을 갖고 태어나기 때문에 본유적이라고 말하는 것이다(N, 442면).

데카르트가 마음의 성향으로서 본유 관념을 끌어들이는 것은 근본적으로 그가 수학과 과학에서 사용되는 고도의 일반 개념이 감각 경험에서 유래한다고 할 수 있는 경험적 개념의 종류로 환원되거나 분해될 수 없다고 보기 때문이다.[14] 그는 수학이나 과학적 지식은 어느 곳에서 어느 때나 적용되는 지식으로서 결코 감각적인 개별자들로부터 추상에 의해서 도달될 수는 없는 것이라고 여겼다. 그렇다고 해서 그는 그런 지식이 초월적이고 비감각적인 실재를 직접 지각하거나 지성적으로 직관함으로써 얻어진다는 실재론자의 입장을 취할 수도 없었다. 그것은 무엇보다도 그가 실재는 감각적 개별자와는 구별되며, 실재에 대한 지식은 직접 주어지는 것이 아니라 표상을 통해 주어진다고 보는 표상적 실재론자였기 때문이다.[15] 곧 데카르트는 필연적 진리와 논리적 진리는 감각과 무관하게 마음의 작용에서 스스로 발견할 수 있는 본유 관념에 의해서만 설명이 가능하다고 생각했으며, 따라서 기하학적 삼각형의 관념은 경험을 통해 모든 삼각형의 모양으로부터 추상함으로써 갖게 된 것이라는 가상디의 견해에 동의할 수가 없었다.

본유 관념에 대한 데카르트의 견해는 한 걸음 더 나아간다. 《성찰》에서는 관념을 그 기원에 따라 외래적 관념, 인위적 관념, 본유 관념의 세 가지로 나누었는데, 이제 그는 외래적 관념은 어떤 의미에서 본유적일 수 있다는 주장을 편다.

---

14) B. Williams, "Rationalism", EP, 제7권(1967), 71면 참조.
15) J.O. Nelson, "Innate Idea", EP, 제4권(1967), 196면 참조.

감각 기관의 한계, 그리고 감각 기관을 통해 우리의 사고 능력으로 뚫고 들어올 수 있는 것이 정확히 무엇인지 올바르게 관찰하는 사람은 누구나 사물의 어떤 관념들도 우리가 사고에 의해 그것들을 마음 속에 그리는 형태로 감각 기관에 의해 우리에게 현전하지 않는다는 것을 인정하지 않을 수 없다. 이처럼 우리의 마음 또는 사고 능력 안에 있는 관념들에는 오직 경험을 가리키는 상황들(예를 들어, 외부 사물들은 감각 기관을 통해 우리 마음에 관념들 자체를 전하는 것이 아니라 마음이 본유적 능력에 의해 이 관념들을 형성할 계기를 주는 어떤 것을 전하기 때문에, 우리는 지금 사고에 현전하는 관념이 어떤 외부 사물에 관련되는 것이라고 판단한다는 사실)을 제외하고는 본유적이지 않은 것은 아무것도 없다. 왜냐하면 어떤 물질적 운동 이외에 감각 기관을 통해서 외부 사물들로부터 우리 마음에 도달하는 것은 아무것도 없기 때문이다. 그러나 이 운동과 그것들로부터 발생하는 형태조차도 그것들이 감각 기관에 나타내는 형식으로 우리에 의해 생각되지 않는다. 따라서 운동과 형태 관념들 자체는 본유적이라는 결론이 된다. 우리 마음은 어떤 물질적 운동들의 경우에 고통·색깔·소리 따위의 관념들을 마음에 그릴 수 있는데 그것들은 물질적 운동을 전혀 닮지 않았기 때문에 본유적인 것들임에 틀림없다. 우리 마음에 내재하는 모든 공통 개념들이 이 운동들로부터 발생하며 그것들 없이는 존재할 수 없다는 것보다 더 터무니없는 것은 없다. … 왜냐하면 이 모든 운동들은 개별적이지만 공통 개념들은 결코 운동들과 닮거나 관계를 갖지 않는 보편적인 것이기 때문이다(N, 442~443면).

《포르 루아이얄 논리학》에서도 비슷한 구절을 발견할 수 있다.

> 극소수의 관념들만 그것의 유일한 기능이 뇌를 자극시키는 것인 감각 기관에 기원을 둔다. 뇌 속에 있는 어떤 감각 유도적 자극이 마음으로 하여금 어떤 관념을 형성하게 할 때만 관념은 감각 기관에 기원을 둔다. 그러나 그런 관념이 감각 기관이나 뇌 속에 발생하는 것을 희미하게나마 닮은 것은 거의 없다(PRL, 38면).

가상디나 로크와 같은 경험론자들은 우리가 우리에게 주어진 색깔이나 형태와 같은 특징을 추상한다고 주장한다. 그러나 위의 인용문에서 볼 수 있는 것처럼 데카르트가 볼 때 그런 특징은 결코 우리에게 주어질 수 없는 것이다. 우리에게 주어진 것은 어떤 물질적 운동과 그에 따른 감각적 자극일 뿐이며, 어떤 관념도 그것과 유사하지 않기 때문이다. 따라서 데카르트는 뇌의 충격으로부터 이를테면 색깔 관념으로의 변화를 설명할 수 없는 것이라고 생각했기 때문에 우리는 색깔의 관념을 불러일으키는 본유적인 능력을 갖고 있다고 가정했다. 이처럼 데카르트의 본유 관념 이론은 추상 작용의 가능성에 대한 근본적인 회의에서 비롯한 것이라고 할 수 있다.[16)]

그러나 데카르트는 추상 작용을 전면 부정하지 않는다. 데카르트와 같은 이성론자들은 대체로 우리가 학습의 선결 조건으로서 본유적인 능력을 갖고 있음을 강조하는 데 비해, 로크와 같은 초기 경험론자들은 그와 같이 앞서 존재하는 요소를 가정할 필요가 없다고 주장한다. 대신에 그들은 본유적 능력과 같은 원초적인 요소의 결여를 메우기 위해 마음이 매우 공들인 작용들을 할 수 있다고 주장하는데, 그 중에서도 대표적인 것이 추상 작용이다.[17)] 그렇다면

16) I. Hacking, 앞의 책, 83면.
17) Williams, 앞의 책, 71면.

외래적 관념까지도 본유 관념이라고 할 수 있다고 주장하는 데카르트는 어떠한 이유에서 추상 작용을 긍정하는가? 나는 데카르트가 추상 작용을 긍정한다는 것은 그가 그 자체로는 실제로 구별되지 않는 사물들이 어떻게 사고에서는 구별될 수 있는가 하는 것을 설명하고, 따라서 보편자들이 마음에 의존한다는 것을 강조하기 위한 것이라고 생각한다.[18] 게다가 이미 앞에서 본 것처럼 그는 《철학의 원리》에서는 삼각형의 보편 관념도 마음이 형성하는 것이라고 주장하고 있다. 나는 이러한 것들이 모두 그의 관념 이론의 혼란에서 비롯한 것이라고 생각하며 다음과 같이 정리하고자 한다.

데카르트는 보편자 문제에 관한 자신의 견해를 상세히 전개하지 않았으나, 그에게 수학의 대상인 참되고 불변하는 본성을 가진 보편자를 예외로 한 나머지 종류의 보편자가 동일시될 수 있는 관념은 객관적 의미의 관념이다.[19] 그리고 수학의 대상들은 설령 그런 대상들이 존재하지 않는다 하더라도 일정하고 영원한 본성을 가지며, 그것은 감각 경험에서 추상한 것이 아니고 마음 자체의 능력에서 온 것으로서 그것과 동일시될 수 있는 것은 질료적 의미의 관념이라고 할 수 있다.

이제 마지막으로 데카르트와 아르노의 추상 작용 이론에 대해서 살펴보자. 보편자 문제와 마찬가지로 데카르트는 그것과 밀접한 관련이 있는 이 문제에 관해서도 상세히 논의하지 않았다. 그러나 그의 관념 이론처럼 이 추상 작용 이론도 《포르 루아이얄 논리학》을 통해서 17, 18세기의 철학자들에게 전해졌다. 특히 로크는 《포르 루

18) M.R. Ayers, "Locke's Doctrine of Abstraction: Some Aspect of its Historical and Philosophical Significance", in R. Brandt ed., *John Locke: Symposium Wolfenbüttel* 1979(Berlin: Walter de Gruyter, 1981), 5면.

19) Chappell, 앞의 책, 190면.

아이얄 논리학》의 이론을 거의 그대로 이어받은 것으로 보이며, 추상 작용을 부정하는 버클리나 흄도 바로 이 책에서 전개된 추상 작용 이론을 염두에 두고 논박하고 있다.

3. 추상 작용 이론

데카르트는 질료적 의미의 관념은 지성의 행위라고 여길 수 있으며, 객관적 의미의 관념은 그 행위에 의해 표상된 것이라고 여길 수 있다고 했지만, 두 항목이 어떻게 관련되는지, 서로 구별되는 실재인지 아닌지 지적하지 않는다. 그러나 이 두 항목은 결코 서로 다른 실재는 아니며, 단지 동일한 것의 한 측면으로서, 그의 용어를 빌리자면 오직 이성의 구별(distinction of reason)에 의해서만 서로 다르다.[20] 이성의 구별이란 무엇인가? 데카르트는 《철학의 원리》에서 실재적 구별(real distinction), 양태적 구별(modal distinction), 이성의 구별이라는 세 가지 구별에 관해서 논하고 있다(PP, 243~245면).

먼저 실재적 구별은 둘 이상의 실체들 사이에서 발견되는 것으로서, 두 실체는 우리가 그 중 하나를 다른 하나 없이도 명석 판명하게 생각할 수 있다는 단 하나의 사실로부터 실재적으로 서로 구별된다. 이것은 추상 작용에 의해서가 아니라 그 본성에 관한 적극적인 이해에 의해서 구별되는 것이며, 한 실체가 그 자체의 본질에서 적어도 분리된 존재일 수 있다고 보여질 수 있음을 의미한다.[21]

20) 같은 책, 179, 193면.

21) J. Collins, *The Continental Rationalists-Descartes · Spinoza · Leibniz*(Milwaukee: The Bruce Publishing Co., 1967), 43면.

이 실재적 구별은 《성찰》의 원래 제목[22]에 나타난 것처럼 그의 철학의 두 가지 중심 이론 중 하나다. 곧 그의 물심 이원론은 "나는 본질이 사고인 실체며, 이 실체는 내가 가진 어떤 물리적 육체로부터도 실재적으로 구별된다"는 원리를 바탕으로 하는 것이다.[23]

다음으로 양태적 구별에는 두 종류가 있는데, 하나는 실체와 그것의 양태 사이의 구별이며, 다른 하나는 동일한 실체의 두 양태 사이의 구별이다. 전자는 우리는 양태가 없이도 실체를 명석하게 생각할 수 있는 반면에 실체를 지각하지 않고서는 이 양태를 지각할 수 없다는 사실로부터 인식된다. 후자의 특징은 우리는 그 중 한 양태를 다른 양태 없이도 인식할 수 있지만, 그 둘이 하나의 공통 실체 안에 존속한다는 것을 인식하지 않고서는 그 어느 것도 생각할 수 없다는 것이다.

마지막으로 이성의 구별, 곧 사고에 의해 창조된 구별(distinction created by thought)은 실체와 그것의 속성들 중 어떤 하나, 또는 동일한 실체의 두 속성들 사이의 구별이다. 이 구별은 만약 우리가 실체로부터 그러한 속성을 배제한다면 우리는 그러한 실체에 대한 명석 판명한 관념을 가질 수 없거나 또는 만약 우리가 한 속성을 다른 속성으로부터 분리시킨다면 두 속성들 중 하나에 관해 명석한 관념을 가질 수 없다는 사실로부터 명백하게 된다. 데카르트는 두 가지 예를 들고 있는데, 하나는 실체가 지속하는 것을 멈출 때 존재하는 것을 멈추지 않는 실체는 없기 때문에 지속은 실체로부터 사고에 의해서만 구별된다는 것이다. 다른 하나는 물체의 연장

---

22) 《신의 존재와 몸과 마음의 실재적 구별을 논증하는 제1철학에 관한 성찰》(*Meditations on The First Philosophy in which The Existence of God and The Distinction between Mind and Body are demonstrated*).

23) B. Williams, "R. Descartes", EP, 제2권(1967), 348면.

과 분할 가능성의 특성과 같이 일반적으로 우리로 하여금 동일한 것에 관하여 다양한 사고를 하게 하는 모든 속성들은 그 물체로부터, 그리고 속성들 상호간에 오직 사고에 의해서만 구별된다는 것이다.

이러한 구별은 《성찰》에 대한 《반대 견해와 그에 대한 데카르트의 반박》의 첫번째인 카테루스(Caterus)와 벌인 논쟁의 맨 마지막 부분(OR, 22~23면)에서도 볼 수 있다. 그러나 이성의 구별을 논하는 마지막 부분에서 데카르트 자신도 밝혔듯이 거기서는 이성의 구별이 양태적 구별과 분리되어 있지 않고, 실재적 구별과 양태적 구별만이 대비되고 있다. 거기서 그는 각각 그 자체로 완전한 실체인 몸과 마음에 관한 실재적 구별에 대해서 양태적 구별(또는 형식적 구별)을 "불완전한 실재에만 적용되는 구별로서 마음이 사물을 부적당하게 생각할 때 마음의 추상 작용에 의해서 한 사물을 따로따로 구별되는 것으로 생각하는 것"이라고 규정하고 있다.

데카르트는 서로 다름의 세 방식을 구별하면서 적어도 그것에 의해 존재의 세 방식을 구별한다. 곧 그가 이러한 구별에 관해 논하는 것은 그의 철학의 출발점인 실체 · 속성 · 양태라는 존재의 세 가지 방식을 구별하기 위한 것이다. 콜린스는 데카르트가 첫째, 각각의 속성들을 통해 정신과 물질의 본성에 관한 적합하고 본질적인 이해를 보장하며, 둘째, 창조된 실체들의 광범위한 집합들 사이의 실재적 구별을 확고히 하기 위한 두 가지 목적을 달성하기 위해서 이러한 구별을 했다고 주장한다.[24] 어쨌든 실체는 오직 이성의 구별에 의해서만 그것의 본질적 속성과 다르다는 그의 주장으로부터 우리는 이성의 구별은 "존재에서 분리되어 있지 않지만 사고에

24) Collins, 앞의 책, 44면.

서 구별될 수 있는 것을 표현하는 것"[25]임을 알 수 있다.

이와 같은 직접적이고 필연적인 결합 관계에 놓여 있는 둘 이상의 관념들 중 오직 하나에만 주의를 기울이는 선택적 주목(selective attention)으로서 추상 작용에 관한 데카르트의 언급은 다른 곳에서도 찾아볼 수 있다.

> 서로 닮은 개별 사물들을 생각하기 위해서 우리가 이용하는 관념 그 자체는 개별 관념이다. … 추상 작용은 예를 들어 우리가 우리 앞에 있는 채색된 조각에서 형태를 추상하려고 시도할 때처럼 매우 어려운 절차다. 그리고 분리는 결코 성공리에 수행되지 않는다. 추상된 형태는 혼란스러운 것이며, 매우 모호하게 색깔이 여전히 거기에 있다.[26]

> …우리는 자신 속에 갖고 있는 더 의미심장하고 완전한 관념으로부터 한 관념을 추상할 수 있다. 지적 추상 작용은 의미심장한 관념의 내용들의 한 부분으로부터 더욱더 우리의 주의를 끄는 다른 부분으로 우리의 생각을 돌려 그것에 주목하는 것이다. 그래서 내가 실체나 연장을 생각하지 않고 그것의 한 형태를 고려할 때 나는 심적 추상 작용을 하는 것이다. … 우리는 다른 하나에 주의하지 않고 하나를 생각할 수 있지만, 둘 다 함께 생각할 때 하나를 부정할 수는 없다.[27]

---

25) S.V. Keeling, *Descartes*(Oxford: Oxford Univ. Press, 1968), 142면.

26) Writing to Regius, AT, 제3권, 66면. Aaron, 앞의 책, 19면에서 재인용. 데카르트 철학의 경험주의적 측면은 이러한 추상 작용에 관한 언급에서 찾을 수 있다.

27) Letter to Gibieuf, AT, 제3권(1642), 474~476면. P.A. Schouls, *The*

한편 데카르트의 추상 작용 이론은 《포르 루아이얄 논리학》의 제1부 5장 "추상 작용에 의한 지식을 포함한, 부분들에 의한 지식"에서 훨씬 상세하게 전개된다. 먼저 서론에서 아르노는 "인간의 마음은 사물의 다른 측면들을 무시하면서 어떤 주어진 측면들에 집중할 수 있으며, 이것이 추상 작용이다. 마음은 추상 작용을 할 수 있기 때문에 하나 이상의 사물들에 적용되는 관념들을 가질 수 있다. 그것은 한 사물이 오직 그 자체와 동일하기는 해도 다른 사물들과 어떤 측면들을 공유할 수 있기 때문이다"(PRL, Intro., 39면)라고 주장함으로써 추상 작용을 인정하고 있다. 그리고 제1부 2장 "그것의 대상에 따라 분류한 관념들"(PRL, 38~42면)에서는 데카르트가 카테루스와 벌인 논쟁에서 실재적 구별과 양태적 구별을 대비시켰던 것과 동일하게 양자를 대비시키고 있다. 여기서 특기할 만한 것은 그가 실체에 대한 양태의 관계는 양태 관념에 포함되어 있어서 그 관계는 양태 관념을 파괴하지 않고서는 부정될 수 없지만, "양태는 그것의 실체를 직접적으로 주목하지 않고서도 생각될 수 있다"(PRL, 40면)고 앞에서와 다르게 주장한다는 점이다. 나아가 제1부 5장에서 아르노는 실체를 명백하게 숙고하지 않고서도 양태를 고려할 수 있는 것이 추상 작용에 의한 지식의 한 예라고 주장한다.

그에 의하면 우리는 우리 마음의 제한된 범위 때문에 단지 약간 복합적인 사물들조차도 그것들을 한 부분씩 또는 그것들의 서로 다른 측면들에 관하여 고려할 수 있지 않는 한 완전하게 이해할 수 없다. 이런 방식으로 사물을 아는 것이 일반적으로 추상 작용에 의해 아는 것이며, 여기에는 세 종류가 있다(PRL, 48~50면).

첫째, 사물들은 여러 방식으로 복합적인데, 어떤 사물들은 실제로

Imposition of Method-A Study of Descartes and Locke(Oxford: Clarendon Press, 1980), 123면에서 재인용.

별개인 구성 요소로서 부분들을 가진다는 의미에서 복합적이다. 사람의 몸에서 팔과 다리는 그러한 구성 요소로서의 부분들이다. 우리는 한 사물의 구성 요소로서의 부분들 중 어떤 다른 것도 고려하지 않고 어떤 한 부분을 고려할 수 있다. 우리는 이러한 방식을 통해서 많은 복합적 사물들을 알게 된다. 그러나 이것은 일반적으로 추상 작용이 의미하는 것은 아니다.[28)]

둘째, 우리가 한 양태를 그것의 실체를 주목하지 않고 고려하거나 또는 한 개별 실체 안에 함께 결합된 두 양태들을 각각 따로따로 고려하는 경우에 발생하는 종류의 것으로서, 연장적인 것을 학문의 대상으로 하는 기하학자가 사용하는 지식이다. 기하학자는 3차원의 연장성을 가진 것을 더 잘 이해하기 위해서 우선 단지 1차원에서 연장된 것인 선을 고려하고, 그 다음에 단지 2차원에서 연장된 것인 면을, 마지막으로 3차원에서 연장된 것인 입체를 고려한다. 이런 점에서 기하학은 자연에서 발견되지 않는 선과 면의 존재를 가정하므로 그 확실성이 의심스럽다는 회의주의자들의 주장은 터무니없는 것이다. 기하학자는 결코 폭이 없는 선이나 깊이가 없는 면이 있다고 상상하지 않는다. 그들은 단지 우리가 폭에 주목하지 않고 길이를 고려할 수 있다고 상정할 뿐이다. 우리는 한 도시에서 다른 도시까지의 거리를 측정할 때 도로의 폭이 아니라 단지 그것의 길이만 기록한다.[29)]

---

28) 버클리는 추상 작용을 부정하는 과정에서 이 첫번째 종류의 추상 작용만 가능한 것으로 인정하고 있다.

29) 흄은 우리가 추상 작용에 의해 폭에 상관없이 길이를 고려할 수 있는 것을 부분적 고려(partial consideration)와 이성의 구별이라고 부른다. 이미 살펴보았듯이 사실상 이성의 구별이라는 용어는 데카르트가 사용한 것이며, 《포르 루아이얄 논리학》에는 나오지 않는다. 그런데도 흄이 추상 작용, 부분적 고려, 이성의 구별을 동일시하고 있다는 것은 그가 논박하려는 이

셋째, 단지 사고에서만 분리될 수 있는 어떤 특성들을 가진 한 사물의 한 특성을 오로지 생각할 때 발생하는 지식이다. 예를 들어 종이 위에 등변 삼각형을 그리고 그것이 그려진 장소와 그것의 모든 우연적 특성들에 주목한다면 나는 오직 그 특정한 삼각형의 관념을 가진다. 그러나 만약 모든 개별적인 세부 사항을 고려하는 대신에 내가 그린 것이 세 개의 동일한 직선에 둘러싸인 도형이라는 것만 고려한다면 나의 관념은 다른 모든 등변 삼각형들을 대표할 것이다. 더 나아가 선의 동일함에 멈추지 않고 내가 그린 것이 세 직선에 의해 한정된 도형이라는 것만을 고려한다면 나의 관념은 모든 종류의 삼각형을 대표한다. 그리고 더 나아가 내가 그린 것이 직선에 의해 둘러싸인 평면이라는 것만 고려한다면 나의 관념은 모든 직선 도형들을 대표한다. 이와 같이 점차로 나는 연장 자체의 관념으로 올라갈 수 있다. 우리는 이 추상 작용에서 더 낮은 각각의 정도는 더 높은 정도의 어떤 특정한 한정임을 안다: 나는 생각하는 사람의 한정, 등변 삼각형은 삼각형의 한정, 삼각형은 직선 도형의 한정. 더 높은 정도는 덜 한정적이어서 더 많은 사물들을 나타낸다. 그러한 추상 작용을 통해서 우리는 개별자의 관념으로부터 더 일반적인 관념으로, 그리고 좀더 보편적인 관념으로 계속해서 나아간다. 이 세 번째 추상 작용 이론에서 제시된 내용은 데카르트가 《철학의 원리》에서 말한 것과 거의 비슷하다. 무엇보다도 눈에 띄는 것은 데카르트가 《성찰》에서 운동이나 연장과 같은 일반 개념은 감각과 무관하므로 본유 관념이라고 했던 것[30]에 비해서 여기서는 연장을 추상 작용에 의한 추상 관념이라고 여기고 있다는 점이

성의 구별이 《포르 루아이얄 논리학》의 추상 작용 이론을 가리킨다는 것을 보여 주는 증거다. T, 1. 2. 4, 43면.

30) 이를테면 밀랍의 예. M 2, 154~157면.

다.

계속해서 아르노는 제1부 6장에서 보편성과 개별성에 따라 구별된 관념들에 관해서 논하고 있는데, 여기에 그의 입장이 한마디로 요약되어 있다.

> 존재하는 모든 사물들은 개별자들이다. 하지만 우리는 추상 작용에 의해 여러 종류의 관념들을 가질 수 있다. 어떤 관념은 각자가 자신에 관해서 갖는 관념처럼 단지 한 개별자를 나타낸다. 다른 관념들은 세 변과 세 각을 가진 도형의 관념이 모든 삼각형들을 나타내는 것처럼 하나 이상의 사물들을 나타낸다. 단지 하나의 개별적 사물을 나타내는 관념은 개별 관념이라고 부르며, 그것이 나타내는 것은 개별자다. 하나 이상의 사물들을 나타내는 관념은 보편·공통·일반 관념이라고 부른다. 개별 관념을 표현하는 낱말은 고유 명사며… 보편 관념을 표현하는 낱말은 보통 명사다. … 보편 관념과 보통 명사는 둘 다 일반 명사(general term)라고 부른다(PRL, 50면).

마지막 구절에서 아르노는 "보편 관념과 보통 명사가 모두 일반 명사"라고 말하고 있으며, 앞에서 살펴본 것처럼 데카르트도 《철학의 원리》(242~243면)에서 이름과 관념이 모두 보편적이라고 말한 바 있다. 나는 보편자 문제에 관한 데카르트와 아르노의 기본 입장은 유명론이라기보다는 낱말과 함께 그것의 지시체로서 추상 관념의 존재를 상정하는 개념론이라고 규정한다.

제3장 로크의 개념론

1. 단순 관념과 복합 관념

2장에서 살펴본 것처럼 관념이라는 용어에 새로운 의미를 부여해서 그것을 인간의 마음속의 어떤 내용물이든지 가리키는 것으로 사용하기 시작한 것은 데카르트였다. 로크는 이러한 데카르트의 관념 이론을 그대로 물려받는다. 그는 자신의 대표 저서인 《인간 지성론》의 두 곳에서 관념을 정의하고 있다. 먼저 서론에서 그는 관념을 "인간이 사고할 때 지성의 대상이 되는 것이면 무엇이든 그것을 나타내기에 가장 적합한 용어이며, 나는 환상 · 개념 · 종에 의해 의미되는 모든 것, 또는 사고에서 그것에 관해 마음이 사용될 수 있는 것이 무엇이든지 그것을 표현하기 위해서 이 용어를 사용했다"(E, Intro., 8, 47면)고 말한다. 다른 한 곳에서는 "나는 마음이 자체 안에서 지각하는 것은 무엇이나, 또는 지각, 사고, 또는 지성의 직접적 대상은 무엇이든지 관념이라고 부른다"(E, 2. 8. 8)고 말한다. 데카르트가 관념이라는 용어를 광범위하게 사용함으로써 본유관념과 보편자 문제에서 혼란을 일으켰듯이 로크도 관념이라는 용어를 다양하게 사용하며 서로 다른 개념들에 적용했기 때문에 우리에게 혼란을 가져다준다. 로크가 관념이라는 용어를 일관되게 사용하지 못했다는 것은 여러 사람들이 주장하고 있다. 암스트롱(Armstrong)은 로크가 관념을 감각적 지각, 고통이나 간지러움 같은 신체적 감각, 심상, 사고와 개념이라는 서로 이질적인 네 가지 것들을 포함한 광범위한 방식으로 사용함으로써 온갖 종류의 오류에 빠져 있다고 지적한다.[1] 아론(Aaron)은 로크에서 관념은 마음속에 있는 순간적 존재인 표상과 같은 개별적인 심적 대상과 보편적이고 논리적인 내용물이나 의미라는 두 가지 뜻을 가진다고 분석한다.[2] 또한 라일(Ryle)은 로크의 관념이 감각 자료, 심상, 무엇을 고려하거나 주목하는 사고 작용, 개념, 그리고 마음속에 존재하거나 발생하는 것으로 상정된 실재물 등을 의미한다고 주장하며,[3] 나단슨(Nathanson)은 로크의 관념의 의미를 지각, 개념, 추상 개념, 신념, 성질의 다섯 가지로 분류하고 앞의 세 가지가 두드러지게 나타난다고 주장한다.[4] 나는 로크의 관념의 의미를 크게 발생적(occurrent) 의미와 성향적(dispositional) 의미의 두 가지로 나누고자 한다.[5]

---

1) D.M. Armstrong, *Berkeley's Writings*(N.Y.: Collier, 1965)), 8면.
2) R.I. Aaron, *John Locke*(Oxford: Clarendon Press, 1955), 99~107면.
3) G. Ryle, "John Locke on the Human Understanding", in C.B. Martin and D. M. Armstrong ed., *Locke and Berkeley*(N.Y.: Doubleday and Co., 1968), 16~22면.
4) S.L. Nathanson, "Locke's Theory of Ideas", *Journal of the History of Philosophy*, 11(1973), 29~32면.
5) 로크의 관념의 의미를 의도적으로 두 가지로 분류한 것은 그것들을 각각 데카르트의 객관적 의미의 관념과 질료적 의미의 관념의 분류와 연관시키고자 하기 때문이다. 한 걸음 더 나아가 그것을 크게 지각과 개념으로 보고자 하는 것은 영국 경험론이 근본적으로 우리의 개념들은 우리가 갖고 있는 지각, 그리고 지각과 함께 마음이 행하는 것을 언급함으로써 적절하

첫째, 관념은 마음속에 있으며 마음에 직접 현전하는 심적 대상으로서 지각이라는 의미이며, 지각한다는 것은 심적 사건으로서 어떤 경험을 한다는 것과 같다. 여기에는 감각 자료, 기억, 심상, 환각, 그리고 반성의 지각을 포함하여 마음에 직접적으로 주어지는 다른 어떤 대상들도 포함된다.

둘째, 이와는 대조적으로 관념을 갖는다는 것은 어떤 심적인 능력을 가리키며, 이것은 특정한 심적 사건이 아니라 적절한 지각 대상이 경험될 때 활성화되는 성향적 친숙성을 의미한다.[6] 이 의미에서 관념은 개념이며, 개념을 갖는다는 것은 지식을 획득하는 데 필수적인 마음의 능력이다. 여기에는 특별한 종류의 성향으로서 추상 개념을 형성할 수 있는 추상 작용이 포함된다.

이처럼 인간 의식의 대상이 되는 모든 종류의 것을 관념이라고 여긴다는 점에서 로크는 데카르트와 공통의 지평에 서 있다. 그러나 로크는 관념의 기원에 관한 문제에서 데카르트와 뚜렷한 견해 차이를 보인다. 로크의 주장은 한마디로 마음의 모든 내용물들은 감각 경험에서 끌어낼 수 있다는 것이다. 그는 우리가 가질 수 있는 지극히 추상적이고 이론적인 지식들조차도 그 뿌리를 감각 경험에 두고 있다는 것을 보여 주고자 한다. 이러한 시도에서 핵심적인 역할을 하는 것은 단순 관념과 복합 관념의 구분, 다시 말해서 마음이 받아들이는 관념과 마음이 형성하는 관념의 구분이다. 그런데 모든 지식이 경험에서 유래한다는 주장을 확립하기 위해서 그

게 설명될 수 있다는 것을 보여 주려는 시도라고 여기기 때문이다.

6) 성향적 의미의 관념은 특히 로크가 "지성 속에 축적된 관념들은 실제로는 어디에도 없지만, 마치 그것들을 마음에 새롭게 채색하는 것과 같은 능력이 마음 안에 있다"고 말할 때 분명하게 나타난다. E, 2. 10. 2 ; 2. 2. 2 ; 2. 11. 15 참조.

는 그것과 반대되는 주장, 즉 적어도 우리 지식의 어떤 부분은 본유 관념과 원리들에 기인한다는 본유주의(innatism)에 맞설 수밖에 없었다. 그 당시에 본유주의에 호소하는 것은 그렇게 하지 않으면 옹호하기 힘든 원리들을 확립하는 데 쓰인 일반적으로 유행한 방법이었다. 그는 단순 관념과 복합 관념의 구분이라는 자신의 경험주의적 원리를 제시하기 전에 그 근거를 명백히 하기 위한 준비 단계로 먼저 본유주의를 논박하고 있다.[7] 그는 그 이론을 다음과 같이 규정한다.

> 지성에는 어떤 본유적인 원리들, 마치 인간의 마음에 새겨져 있는 것처럼 영혼이 처음에 존재하게 되었을 때 그것을 받아들여서 세상에 갖고 태어난다는 몇몇 원초적 개념들, 공통 개념들, 특성들이 있다는 것은 어떤 사람들에게 확립되어 있는 견해다(E, 1. 2. 1).

---

7) 본유주의에 관한 논쟁은 단지 1690년대에 벌어졌던 역사적 사건이 아니라, 1960년대에 촘스키의 언어학 이론에 의해 재현되어 오늘날에도 여전히 복잡한 논란을 불러일으키고 있다. 또한 본유주의자들에는 데카르트주의자, 케임브리지 플라톤주의자, 스콜라 철학의 추종자 같은 여러 부류가 있었는데, 로크가 논박의 대상을 명백히 밝히지 않은 데서 발생한 허수아비 논쟁을 비롯한 여러 논쟁들이 있었다. 예를 들어 브래큰은 본유주의자들의 주장에는 상당한 견해 차이가 있으며, 특히 언어 학습의 이론은 데카르트주의자들의 관심사가 아니었고, 촘스키의 이론은 오히려 토마스 리드에서 그 기원을 찾을 수 있다고 주장한다. 그는 데카르트주의의 본유주의는 감각 경험에서 성립될 수 없는 필연적이고 논리적인 진리에서 파생되는 문제들을 다루기 위한 것이었다고 본다. 나는 여기서 단지 본유주의에 대한 로크의 주장을 간략히 언급하고자 한다. H.M. Bracken, "Innate Ideas-Then and Now", *Symposium at the American Philosophical Association* (Minneapolis, 1966), 334~346면 참조.

로크에 따르면 본유적인 원리들 중에는 동일률과 모순율 같은 사변적인 것과 일반적인 도덕 원리들 같은 실천적인 것이 있다.[8] 그는 이 원리들이 참임을 부정하려는 것이 아니라, 단지 그것들에 관한 우리 지식을 본유주의에 호소함으로써 설명해야 할 필요성을 부정하고자 한다. 그는 본유주의자들이 근거로 들고 있는 보편적 동의로부터의 논증에 의문을 제기하고 거기에는 경험적 증거가 없다고 반박한다(E, 1. 2. 3~5).

첫째, 설령 모든 사람들이 어떤 원리들에 동의하는 것이 참이라고 할지라도 그것이 이 원리들이 본유적임을 증명하는 것은 아니다. 보편적 동의가 본유주의가 아닌 다른 근거에서 설명될 수 있다면 이 가설은 불필요한 것이다. 그는 그 다른 근거가 단지 이 원리들을 이해할 수 있는 사람이라면 누구나 갖고 있는 자연적 능력을 사용하는 것일 뿐이라는 것을 보여 주고자 한다.

둘째, 모든 인류가 보편적으로 동의하는 원리는 하나도 없다. 가장 본유적인 원리라고 할 수 있는 동일률과 모순율은 만약 그것이 정말로 본유적인 것이라면 누구나 알고 있어야 한다. 그렇지만 어린아이나 백치는 그 원리를 알지 못한다. 그는 이처럼 어떠한 본유

8) 본유주의에 대한 로크의 논박은 도덕과 종교 이론의 토대를 본유주의에서 찾고자 했던 케임브리지 플라톤주의자들을 비롯한 당시의 종교가와 도덕가들에게 엄청난 반향을 불러일으켰다. 그들은 근본적인 도덕 원리들이 자연법에 근거하며 자연법은 본유적인 도덕 원리들을 갖춘 본유적인 양심을 필요로 한다고 믿었으며, 신의 존재도 그 존재에 대한 본유적 지식을 필요로 한다고 생각했기 때문이다. 로크는 "동일률이나 모순율처럼 일반적이고 손쉬운 동의를 요구하거나 명백한 진리라고 말할 수 있는 도덕 규칙을 예로 들기는 어렵다"(E, 1. 3. 1)고 말함으로써 실천적인 문제에 관한 논의의 어려움을 밝히고 있다. 나는 여기서 실천적 원리들에 관한 논의는 제외하고자 한다.

주의자라도 부인하지 않았을 논점을 강조하면서 “만약 그것들이 자연스럽게 새겨진 개념들이 아니라면 어떻게 본유적일 수 있으며, 만약 그것들이 자연스럽게 새겨진 개념들이라면 어떻게 알려지지 않을 수 있는가”(E, 1. 2. 5) 하고 과장되게 말한다.

한편 그는 본유주의가 본유적 원리가 참되다는 인식이 각 사람의 의식에 그가 태어나면서부터 명백하게 현존한다는 의미가 아니라, 모든 사람이 이성을 사용할 수 있게 될 때에 이르러서야 발휘되는 잠재적 능력을 갖고 태어난다는 의미로 이해될 수 있다는 수정된 보편적 동의의 논증도 부정한다.[9] 그에 의하면 이 두 번째 의미는 사람들이 이성을 사용하게 되자마자 태어나면서부터 새겨져 있다고 상정된 것들이 그들에게 알려지고 관찰된다는 것이거나, 아니면 이성의 사용과 행사가 그들이 이 원리들을 발견하는 데 도움을 주며 그들에게 그것들이 확실하게 알려지게 해 준다는 것 가운데 하나를 뜻함에 틀림없다(E, 1. 2. 6~7). 그러나 이성은 ‘이미 알려져 있는 원리들이나 명제들로부터 알려지지 않은 진리들을 연역하는 능력’에 불과하기 때문에 본유적인 것이라고 상정된 원리들을 발견하는 데 필연적으로 이성이 사용되어야 한다고는 할 수 없다. 만약 우리가 이성을 사용하기 전에 원초적으로 새겨진 본유적 진리들을 갖고 있었으면서도 이성을 사용하게 될 때까지 그것들을 몰랐다면, 그것은 결국 사람들이 그것들을 알고 있으면서 동시에 알지 못한다고 말하는 것이다(E, 1. 2. 9). 나아가 그는 “나는 이성

9) 2장에서 본 것처럼 본유 관념을 마음의 성향으로 보는 데카르트는 이 두 번째 의미로 그 용어를 사용한다고 할 수 있다. 그러나 본유 관념을 갖고 있다고 믿는 이성론자도 적절한 경험이 어떤 개념을 이끌어내기 전이나 또는 적절한 성숙 단계에 이르기 전에 어린아이들이 그 개념을 능숙하게 구사할 수 있다고 주장하지는 않는다. 해킹, 앞의 책, 79면 참조.

을 사용하게 되는 것이 자명한 공리들이 처음 주목되는 정확한 때라는 것을 부정하며, 만약 그것이 정확한 때라고 해도 그것이 그 자명한 공리들이 본유적임을 증명하리라는 것을 부정한다"(E, 1. 2. 14)고 단언한다.

마지막으로 그는 용어의 의미가 알려질 때 그것의 진리가 파악되는 원리는 본유적이라는 견해에 관해서 그런 종류의 원리들이 있다는 것을 부인하지는 않았지만, 그것들을 본유적이라고 부를 적절한 이유가 있음을 인정하지 않았다. 만약 용어들이 이해되자마자 즉시 한 명제에 동의하는 것이 그 명제가 본유적인 원리라는 표시라면 무수히 많은 본유적인 원리들이 있게 될 것이다(E, 1. 2. 18). 게다가 용어들의 의미는 배워야만 하며, 언급된 많은 관념들은 분명히 경험으로부터 도출된다는 사실은 문제의 명제들이 본유적인 것이 아니라는 확실한 표시다. 더욱이 본유주의에 따른다면 모든 수학적 증명도 나면서부터 마음에 새겨진 것들로 받아들여져야만 한다. 그러나 명제를 증명하는 것이 그것이 증명되었을 때 동의하는 것보다 훨씬 더 어렵다는 것을 아는 사람은 누구나 그렇다고 인정하지 않을 것이다(E, 1. 2. 22). 어느 누구도 수학 명제들을 이해하고 그것들에 동의할 수 있다는 것을 부정하지 않지만, 그것들을 본유적이라고 부른다고 해서 더 설명되는 것은 아무것도 없다. 그렇게 된다면 본유적이라고 상정된 몇몇 명제들과 그것이 참임을 사람들이 차차 알게 되는 수학의 명제들을 구별할 수 없게 될 뿐이다.

로크의 논박은 계속된다. 그러나 우리는 복잡한 논쟁에 더 이상 휘말려 들어갈 필요가 없다. 로크는 이미 여기서 모든 지식은 자명한 진리라고 알려져 있는 것들로부터 연역에 의해서 얻어진다고 주장하는 본유주의는 세계에 관한 사실을 발견해 낼 수 있는 순수한 이성에 그 기원과 타당성을 두고 있다는 것을 지적하고 있다.[10) 그는 이성을 그 자체로 진리를 발견하거나 받아들이는 능력이 아니라 단지 추론 능력으로 축소시킴으로써 이성이라는 도구에 의해서 어떠한 증거도 발견될 수 없는 공리에 의거한 형이상학적 체계를 구축하려는 본유주의를 논박하고 있다. 그의 논증은 오늘날 보기에는 단조롭고 무디지만 그 역사적인 중요성은 상당히 크다. 본유주의는 그의 논박이 가해진 뒤 결코 충분한 위력을 회복하지 못했기 때문이다.[11)]

본유적인 실천 원리는 없으며, 신의 관념도 본유적이지 않다고 주장한 로크는 다음과 같이 결론을 내리고 있다.

> 나는 사람들이 이해하자마자 의심할 여지가 없는 어떤 일반적인 명제들을 발견했을 때 그것들을 본유적이라고 결론짓는 것이 간단하고 쉬운 방법이었다는 것을 안다. 일단 이것이 받아들여지면 그것은 게으른 사람들을 탐구의 노고로부터 안심시키며, 일단 본유적인 것으로 불린 모든 것에 관해 의심을 품는 사람들의 탐구를 중단시켰다. 그리고 "그 원리들을 문제시해서는 안 된다"는 것을 원리들 중의 원리로 만드는 것은 대가와 선생인 체했던 사람들에게는 적지 않게 유리했다. … 내가 그것에 의해 행동할 원리들에 관해서 내가 말할 모든 것은 나는 그것들이 참이든 거짓이든 오직 사람들 자신의 선입관에 사로잡히지 않은 경험과 관찰에 호소할 수 있을 뿐이라는 것이다…(E, 1. 4. 24~25).

10) I. Berlin, 앞의 책, 47면.

11) J. Collins, *The British Empiricists-Locke · Berkeley · Hume*(Milwaukee: The Bruce Publishing Co., 1967), 8면. 이 책은 같은 저자의 *The Continental Rationalists*와 구별하기 위해 (2)로 표시함.

본유주의를 논박한 뒤 바로 로크는 "애당초 백지와 같은 마음은 어디서 추리와 지식의 모든 재료를 얻는가?"라고 묻고 한마디로 "경험으로부터"(E, 2. 1. 2)라고 대답한다. 그리고 그는 경험에는 두 종류, 즉 외적 감각과 내적 감각, 또는 육체적인 감각(sensation)과 거기서 오는 관념에 기초를 둔 마음의 작용에 대한 반성(reflection)이 있다고 주장한다. 우리의 모든 관념들은 이 감각이나 반성 중 어느 하나로부터 온다. 우리의 지식이 지성에 의해 무한히 다양하게 복합되고 확대될 수 있을지라도 우리 마음은 이 두 가지 방식 중 어느 하나에서 오지 않는 관념을 가질 수가 없다. 감각에 의해서 우리가 갖게 되는 관념들은 노랑·붉음·뜨거움·차가움·부드러움·딱딱함·달콤함처럼 우리가 감각적 성질이라고 부르는 모든 것에 대한 관념들이며, 우리 자신의 마음의 작용들에 대한 지각들로부터 얻게 되는 관념들은 사고·의심·믿음·추리·인식·의지, 그리고 우리 마음의 다른 모든 작용들에 대한 것들이다(E, 2. 1. 3~4). 이 반성에 의한 관념들은 감각적 관념들보다 나중에 생겨나는 것들이다(E, 2. 1. 8). 마음의 원초적 능력은 감각과 반성으로부터 지각을 받아들이는 수동적 능력이다. 마음은 그 지각들의 발생을 조절할 수 없으며, 받아들여진 지각들의 본성에 관해 일단 무지할 수밖에 없다. 그러나 어떤 지각들이 반복되고 마음에 친숙해지기 시작할 때 마음은 그것을 인지할 수 있게 되고 경험은 더 이상 혼란스러운 것이 아니게 된다. 이처럼 우리의 마음은 그것이 직시적으로(ostensively) 대면하는 지각에 의해 표상된 특성의 관념을 갖게 되는데, 이것이 로크가 말하는 단순 관념이다. 그것은 "본질적으로 복합적이지 않기 때문에 그 안에 단지 하나의 일양적 현상(uniform appearance)이나 또는 마음속의 개념을 포함하며, 서로 다른 관념들로 구별될 수 없다"(E, 2. 2. 1). 그는 하나의 물질적 대상 자체는 많은 성질들을 가지며 그것들은 대상 자체 내에 합일되고 혼합되어 있어서 그것들 사이에 분리나 간격이 없지만, 마음은 이러한 성질들 각각에 대한 관념들을 그 이상 분해될 수 없는 하나의 완전히 분리된 단순 관념으로 받아들인다고 주장한다.

로크는 여기서 그의 경험주의의 핵심 원리인 단순 관념과 복합 관념의 구분을 제시한다. 일단 우리의 마음이 이러한 단순 관념들을 갖고 나서야 로크가 말하는 복합 관념이 획득될 수 있다. 마음은 단순 관념을 받아들이는 데서는 수동적이지만, 복합 관념의 형성에서는 능동성을 행사한다. 곧 지성은 단순 관념들을 거의 무한하고 다양하게 재생하고 비교하고 연합할 수 있는 힘을 가지므로 마음대로 새로운 복합 관념들을 만들어낼 수 있다. 그러나 지성은 새로운 단순 관념을 한 가지라도 마음속에 만들거나 구성할 능력은 갖고 있지 않으며, 또한 지성의 어떠한 힘도 지성 안에 있는 단순 관념들을 없앨 수는 없다(E, 2. 2. 2).

단순 관념들을 분류한 다음 복합 관념을 논의하기에 앞서 로크는 "우리의 단순 관념들에 관한 몇 가지의 추가 고찰"이라는 제목으로 관념과 물질적 실재 사이의 관계를 고찰한다. 그는 먼저 마음 안에 어떤 관념을 산출하는 힘을 그것이 들어 있는 주체의 '성질'이라고 부른다(E, 2. 8. 8). 물체가 어떤 상태에 있든지 물체로부터 절대로 분리할 수 없으며, 물체가 어떤 변경이나 변화를 겪더라도 또는 어떤 힘이 그 물체에 가해지더라도 물체가 끊임없이 보유하는 성질들이 제1성질이며, 여기에는 고체성, 연장, 모양, 운동이나 정지, 그리고 수가 있다(E, 2. 8. 9). 또한 사실상 대상 자체에 속하지는 않지만 제1성질, 즉 크기, 모양, 조직, 그리고 그것들의 감각할 수 없는 부분들의 운동에 의해 색깔, 소리, 맛의 여러 감각들을 산출하는 힘들이 제2성질이다(E, 2. 8. 10). 이것은 대상 그 자체 안에서는 아무것도 아니고, 다만 우리 안에 여러 가지 감각 작용을 산출하는 힘으로서 제1성질에 의존한다. 제1성질은 우리들이 물체가 작용한다고 생각할 수 있는 유일한 방식인 충격에 의해서 우리 안에 관념을 산출한다. 제2성질들에 대한 관념들도 제1성질들에 대한 관념이 우리 안에 산출되는 것과 똑같은 방식으로 발생한다(E, 2. 8. 13).

제1성질과 제2성질의 구분에 관한 로크의 결론은 다음과 같다.

> …물체의 제1성질에 대한 관념들은 물체와 유사하며, 그것들의 원형이 물체들 자체 안에 실제로 존재한다. 그러나 제2성질에 의해서 우리 안에 산출된 관념들은 물체들과 전혀 유사하지 않다. 우리 관념과 같은 것은 아무것도 물체 자체 안에 존재하지 않는다. 우리가 물체 안에 있다고 일컫는 것은 그러한 감각들을 우리 안에 산출하는 하나의 힘일 뿐이다. 우리가 관념에서 달콤하거나 파랗거나 따뜻하다고 말하는 것은 물체 자체 안에 있는 어떤 크기, 모양, 그리고 물체 자체 안에 있는 감각할 수 없는 부분들의 운동일 뿐이다(E, 2. 8. 15).

제1성질과 제2성질의 구분은 물질적 대상들로부터 발산되는 미립자들이 인간의 감각 기관을 자극해서 신경 체계에 반응을 일으키며, 그것은 궁극적으로 그 미립자들 자체와는 종류가 완전히 다른 하나의 실재물인 마음속에 있는 관념을 만들어낸다는 로크의 표상적 실재론의 핵심이다.[12)]

---

12) 제1성질과 제2성질의 구분은 근대 과학의 미립자설과 기계론적 세계관을 반영하는 것으로서 갈릴레이 · 가상디 · 보일 · 데카르트와 같은 사람들이 이미 제시한 이론이며 로크를 통해서 일반화된 것이다. 여기에 대한 비판은 다음 장에서 볼 수 있듯이 버클리에게서 가장 뚜렷하게 나타나며, 현

제1성질과 제2성질의 구분에 관해서 논의한 뒤 로크는 마음이 갖는 능력과 기능을 고찰하고 있다. 그의 정의에 따르면 지식은 "우리 관념들 중 어떤 것들의 연결과 일치, 또는 불일치와 모순의 지각"(E, 4. 1. 2)에 있다. 이러한 지식은 감각과 반성에 의해 마음에 제공된 단순 관념들을 마음이 단지 주목하는 최초의 지각 행위와 동일시될 수 없다. 다시 말해서 관념들의 연결과 일치, 또는 불일치와 모순은 즉각적으로 명백한 것이 아니며, 마음이 공들인 행위들이 있은 뒤에야 명백해지는 것이다. 로크에 따르면 인간의 지성은 감각과 반성에서 주어진 원초적 재료들인 단순 관념들을 거부하거나, 변경시키거나, 없애거나, 창조할 수 없다. 그리고 마음은 지식을 구축하기 위해 경험에 주어진 재료에 여러 행위들을 수행해야만 한다. 그러나 이 목적을 위해 마음은 경험이 제공하지 않는 요소나 재료들을 그 지식에 집어넣을 수는 없다. 그에게서 단순 관념은 인간과 실재 세계와의 대면을 나타내므로 인간의 지식은 감각과 반성에서 유래하지 않는 요소들을 포함할 수 없기 때문이다.[13] 로크는 원초적 재료들을 최초로 특징짓는 불명료함과 혼란을 제거하기 위해 행사해야 하는 마음의 근본적 능력을 지각(perception), 보유(retention), 식별(discerning), 명명(naming), 비교(comparing), 결합(compounding), 추상 작용(abstraction)으로 본다. 이것들 중 뒤의 세 가지가 복합 관념을 형성하는 주된 능력이며,

---

대 철학자로는 화이트헤드가 강력한 비판자 중 한 사람이다. 그러나 최근에는 과학적 실재론과 과학적 현상론의 논쟁에서 이 구분이 새롭게 평가되고 있다. 이러한 경향을 잘 보여 주는 것으로서는 M. Mandelbaum의 *Philosophy, Science, and Sense Perception-Historical and Critical Studies*(Baltimore: The Johns Hopkins Pr., 1964)를 들 수 있다.

13) J.L. Kraus, *John Locke-Empiricist, Atomist, Conceptualist and Agnostic*(N.Y.: Philosophical Library, 1968), 86면.

특히 우리의 관심은 추상 작용에 있으므로 나머지 것들에 관해서는 간략히 알아보도록 한다.

첫째, 지각은 마음이 우리 관념들에 대해 행사하는 최초의 기능이며, 있는 그대로의 적나라한(naked) 지각에서 마음은 대체로 수동적일 뿐 그것이 지각하는 것을 회피할 수 없다(E, 2. 9. 1). 있는 그대로의 적나라한 지각은 지식으로 향한 첫걸음이며, 지식의 모든 자료들의 입구이다(E, 2. 9. 15). 감각과 반성의 단순 관념들이 마음에 주어질 때 마음이 주목하는 것은 바로 이 능력에 의한 것이다.

둘째, 보유는 감각이나 반성을 통해 받아들인 단순 관념들을 보존하는 능력이다. 여기에는 마음 안에 들어온 관념을 잠시 동안 마음에 새기는 기능인 응시(contemplation)와 마음에 새겨진 뒤 사라졌거나 보이지 않는 곳에 치워 두었던 관념들을 마음속에 재생시키는 기능인 기억(memory)이 있다(E, 2. 10. 1~2).

셋째, 식별은 두 관념들을 동일하거나 서로 다른 것으로 지각하는 능력이다(E, 2. 11. 1). 아론에 따르면 이 능력은 직관의 일종이다. 그는 우리가 관념들을 구별할 수 없다면 관념들의 어떠한 일치나 불일치도 지각할 수 없을 것이라고 주장하면서, 흰색이 검은색이 아니며, 원은 삼각형이 아니라는 것을 지각하는 것이 2권에서는 식별로, 4권(E, 4. 2. 1)에서는 직관으로 설명되었다는 것을 그 증거로 든다.[14)]

넷째, 명명의 능력에 의해서 사람들은 다른 사람들에게 그들의 관념을 알리기 위해 기호의 사용을 점차로 배우기 시작한다(E, 2. 11. 8).

다섯째, 비교는 사람들이 그것이 단순하든 복합적이든 또는 서로

14) Aaron, 앞의 책(1955), 139~140면.

다른 것이든 간에 두 관념들을 모아서 그것들을 하나로 하지 않고 동시에 보기 위해서, 또는 관념들의 범위, 정도, 시간, 장소, 또는 어떤 다른 세부 사항들에 관해서 이제까지 알려지지 않은 비슷함이나 차이를 인식하기 위해서 그 관념들을 나란히 놓는 마음의 능력이다. 마음은 모든 관계 관념들을 이 능력에 의해서 얻는다(E, 2. 11. 4 ; 2. 12. 1).

여섯째, 결합은 사람들이 감각과 반성으로부터 받아들인 단순 관념들을 모아서 복합적인 것들로 만드는 것이다(E, 2. 11. 6). 로크는 다른 곳(E, 2. 12. 1)에서는 모든 복합 관념들이 마음의 이 작용에 의해서 만들어진다고 말함으로써 마치 복합 관념들을 이 유형의 관념들로 국한시키는 것 같은 느낌을 주기도 한다.

마지막으로 추상 작용은 이러한 마음의 작용들 중에서 가장 주목할 만한 것이다. 그것은 로크가 경험주의의 입장을 고수하면서 수학적 진리의 성립을 해명하는 기초이며, 일반어의 성립과 그것의 사용의 토대로서 추상 작용을 꼽고 있기 때문이다. 그는 추상 작용을 다음과 같이 정의한다.

> 낱말의 용도는 개별 사물들로부터 받아들인 우리의 내적인 관념들의 외적 표시가 되는 것이다. 만약 우리가 받아들인 모든 개별 관념들이 서로 다른 이름을 가져야 한다면 이름은 무한히 많아야 한다. 이것을 막기 위해서 마음은 개별 대상들로부터 받아들인 개별 관념들을 일반적인 것이 되게 한다. 이것은 그 관념들을 다른 모든 존재들, 그리고 시간, 장소, 또는 다른 어떤 부수적인 관념들과 같은 실재적 존재의 세부 사항들로부터 분리되어 마음속에 그렇게 나타나는 것으로 고려함으로써 이루어진다. 이것이 추상 작용이라고 불리는 것이며, 이것에 의해 개별 존재들로부터 받아들여진 관념들이 같은 종

> 류의 모든 것의 일반적인 표상들이 된다. 그리고 그것들의 이름은 그러한 추상 관념들에 일치하여 존재하는 어느 것에나 적용될 수 있는 일반적 이름들이다. 인간의 지성은 마음속에 있는 그러한 정확하고 노출된 현상들을 그것들이 어떻게, 어디로부터 또는 어떤 다른 것들과 함께 거기에 있게 되었는지 고려하지 않고, 실재적 존재들이 이 원형에 일치할 때 그것들을 분류하고 따라서 그것들을 명명하는 표준으로서(그것들이 보통 수반되는 이름들과 함께) 축적한다. 그래서 마음이 어제 우유로부터 받아들인 동일한 색깔이 오늘 백묵이나 눈에서 관찰될 때 마음은 그 현상만을 고려해서 그 종류의 모든 것의 표상으로 여긴다. 그리고 그것에 '흼'(whiteness)이라는 이름을 부여함으로써 그 소리에 의해서 그것은 어디서 상상되거나 마주치든지 동일한 성질을 의미한다. 이와 같이 해서 관념이든 용어든 간에 보편자들이 만들어진다(E, 2. 11. 9).

이 인용문에 나타난 로크의 주장은 다음과 같이 요약해 볼 수 있다.[15)]

첫째, 존재하는 모든 것들은 개별자들이며, 우리가 그런 존재들로부터 얻는 관념들도 개별적인 것들이다. 그리고 우리는 개별 낱말이나 이름을 마음속에 있는 어떤 개별 관념들의 표시나 기호로 사용한다.

둘째, 우리는 무한한 개별 이름들을 갖게 되는 것을 피하기 위해서 자신이 갖는 개별 관념들을 일반적인 것이 되도록 한다.

셋째, 이 일반화 또는 보편화 과정은 추상 작용 이외에도 마음의 여러 다른 행위들도 포함한다. 1. 마음은 여러 개별 관념들을 검사

15) Kraus, 앞의 책, 92~94면 참조.

한다. 2. 마음은 추상 작용과 같은 마음의 능력들을 행사함으로써 마음이 지금 검사하고 있는 여러 개별 관념들에 동일한 것으로 인지하는 의미의 성분이나 단위에 주목한다. 3. 이렇게 행한 뒤 마음은 그것이 주목한 의미의 적나라한 현상이나 고립된 단위의 추상적 표상을 자신의 정신적 실체로부터 발생시킨다. 4. 그러고 나서 마음은 문제의 종류의 모든 예들을(과거, 현재, 미래의 예들뿐만 아니라 상상할 수 있는 예들까지) 의미하는 것으로서 이 새로운 산물을 사용할 수 있다는 것을 인지한다. 5. 사람들은 그 보편 관념의 감각 가능한 표시나 기호로서 일반어나 이름을 사용한다.

비교, 결합, 추상 작용에 의해서 만들어진 복합 관념들은 그 수가 아무리 많고 다양해도 양태 · 실체 · 관계라는 세 종류로 환원될 수 있다(E, 2. 12. 3). 로크는 《인간 지성론》 2권의 대부분을 복합 관념의 종류에 관한 논의에 할애하고 있다. 그러나 논의의 목적상 나는 먼저 일반어에 관한 로크의 주장을 살펴보고, 4절에서 명목적 본질과 실재적 본질의 구분에 관해서 논의할 때 그것과 연관시켜 이 복합 관념들을 간략히 다룰 것이다.

2. 의미 이론

로크는 《인간 지성론》 2권에서 그가 '우리 지식의 도구 또는 재료' 라고 부르는 관념들을 분석, 분류하고 그 기원을 추적하였다. 그는 모든 관념들은 결국 단순 관념으로 돌아간다는 것을 보여 줌으로써 2권을 시작하면서 밝힌 경험주의적 입장을 확고히 하려 한다. 그의 원래 계획은 일단 이 과제를 마무리한 뒤에 바로 지식의 문제를 논하려는 것이었다. 그러나 그는 "관념과 낱말 사이에 아주 밀접한 관련이 있고, 추상 관념과 일반어는 서로 일정한 관계를 맺고 있어서 언어의 본성·용법·의미를 먼저 고찰하지 않고서는 모두 명제들인 우리 지식에 관하여 명석 판명하게 말할 수 없다는 것을 깨닫고"(E, 2. 33. 19) 원래의 계획을 변경하여 언어 문제를 논의하는 3권을 덧붙인다. 지식은 명제로 표현되며 명제는 낱말들로 이루어져 있으므로 우리가 지식을 이해하려면 먼저 낱말의 본성을 이해해야 하기 때문이다. 우리가 탐구하고자 하는 보편자 문제는 바로 이 3권에서 집중적으로 나타난다.

로크에 의하면 인간은 나면서부터 사회적인 존재다. 이러한 인간에게 언어는 필수적이다.

> 신은 인간을 사교적인 피조물로 만들었기 때문에 그에게 동류인 인간들과 한패가 되고 싶어하는 경향을 주어서 필연적으로 한패가 되도록 했을 뿐만 아니라, 사회의 커다란 도구며 공통의 끈이라고 할 수 있는 언어를 인간에게 주었다(E, 3. 1. 1).

인간이 언어를 사용할 수 있기 위해서는 세 가지 조건이 만족되어야 한다.

첫째, 분절음을 형성할 수 있어야 한다. 인간은 마디가 분명한 소리를 내기에 알맞도록 만들어진 기관을 나면서부터 가졌는데, 이것만으로는 언어를 산출하기에 충분하지 않다.

둘째, 인간은 이 분절음을 내적인 관념의 기호로 사용해서 자기 자신의 마음속에 있는 관념을 다른 사람에게 나타낼 수 있어야 한다(E, 3. 1. 2 ; 2. 11. 8). 그러나 분절음을 관념의 기호로 삼을 뿐 그 기호가 개개의 사물들을 포괄하도록 사용되지 못한다면 언어는 아직 충분하게 완성되지 못한다. 개개의 모든 사물들을 나타내는 데 개별적인 이름들이 필요하다면 언어를 사용하기가 불편할 것이기 때문이다.

셋째, 이러한 불편을 없애기 위해서 한 낱말이 다수의 개별자들을 표시하도록 일반적으로 사용되어야 한다(E, 3, 1, 3). 따라서 고유 명사를 제외한 일체의 이름은 일반적이고, 개별적인 사물들을 일일이 표시하지 않고 사물의 유와 종의 구별을 표시한다(E, 3. 1. 6).

로크가 제시한 세 가지 조건 중에서 우리가 2절에서 다루고자 하는 것은 두 번째 것이다. 세 번째 것은 일반어를 중심으로 발생하는 보편자 문제로서 3절에서 다루게 될 것이다.

인간을 천성적으로 사회적인 존재로 규정하고 있는 로크에게 언어의 본래의 목적은 사회적인 것이다. 그에 의하면 언어의 용도는 크게 보아 두 가지가 있다(E, 3. 2. 2 ; 3. 9. 1). 하나는 사적인 용도로서 기억을 돕기 위해 자기 자신의 사고를 기록하는 것이다. 다른 하나는 의사 소통인데 로크는 이것을 언어의 가장 중요한 기능으로 보고 있다.[16] 사회를 이루고 있는 각 개인은 고립된 존재로서 그의 사고는 마음속에 있어서 다른 사람들에게 보일 수 없으며, 그것 스스로 나타날 수가 없다. 따라서 인간은 그의 사고를 형성하는 눈에 보이지 않는 관념을 남에게 알릴 수 있는 기호를 발견해 내지 않으면 안 된다. 이 목적에 걸맞는 것은 인간이 쉽고 다양하게 형

---

16) D.M. Armstrong, "Meaning and Communication", *Philosophical Review*, 80(1971), 427면. 로크가 인정하거나 또는 깨닫지 못한 언어의 다른 용도가 많다 하더라도, 그는 의사 소통을 일차적인 것으로 여기고, 다른 용도들은 그것으로부터 파생되는 것으로 여긴다. N. Kretzmann, "The Main Thesis of Locke's Semantic Theory", *Philosophical Review*, 77(1968), 183면.

성할 수 있는 분절음이다. 그러므로 "낱말의 용도는 관념의 감각 가능한 기호가 되는 것이고, 낱말이 나타내는 관념은 그 낱말의 적절하고 직접적인 의미가 된다"(E, 3. 2. 1). 우리는 이 구절에서 로크가 말하고 있는 것이 언어적 표현의 의미는 그 표현이 나타내는 관념이라는 관념 작용론적 의미 이론이라는 것을 명백하게 알 수 있다. 그리고 관념 작용론적 의미 이론을 밑받침해 주는 것은 바로 언어가 사고를 보고하기 위한 도구며, 사고는 의식 속에 있는 관념들의 연속으로 이루어져 있다는 견해다. 관념은 사적인 것으로서 오직 나만이 나의 사고에 접근할 수 있다. 따라서 우리는 서로 자신의 관념들을 전달하기 위하여 상호 주관적으로 사용할 수 있는 소리와 표시의 체계를 필요로 한다. 이 소리와 표시는 관념들과 연계되어 있으므로 어떤 한 사람이 그것을 올바르게 사용하면 그것은 다른 사람의 마음속에 그에 맞는 적절한 관념들을 불러일으킬 것이다. 이처럼 한 낱말이 의미하는 것은 그것과 일정하게 연계된 관념이다.

그런데 낱말이 관념의 기호로 사용되는 것은 개개의 마디가 분명한 소리와 어떤 관념들 사이에 있는 자연적인 연관(natural connection)에 의한 것이 아니다. 모든 언어는 임의로 선택된 약정적 기호(conventional sign)로서 기호와 그것에 의해 의미되는 것 사이에는 자연적인 연관이 없다. 예를 들면 낱말과 그것이 의미하는 것은 전혀 닮지 않았다.[17] 로크가 이 주장을 뒷받침하기 위한 유일한 근거로 제시한 논증은 아주 단순하다. 만약 낱말과 그것이 의미하는 것 사이에 자연적인 연관이 있다면 인류에게는 오직 하나의 언어만 있을 것이 아니겠느냐는 것이다.[18] 그는 인류에게 많

17) Aaron, 앞의 책(1955), 208면. 로크는 여기서 명백히 의성어인 경우를 고려하지 않고 있다.

은 언어가 있다는 사실이 언어의 임의적인 특성을 잘 말해 주는 것으로 생각하고 있는 것이다.

이처럼 낱말은 어떤 지시체를 나타내기 위해서 임의로 선택된 소리다. 로크 철학의 기본 입장에 의하면 그 지시체는 우리가 직접 아는 것이어야 하고 우리가 직접 아는 것은 관념이다. 더구나 내가 사용하는 낱말은 직접적으로 나의 관념만을 의미한다. 즉 "낱말은 그 원래의 또는 직접적인 의미에서 그것을 사용하는 사람의 마음속에 있는 관념들 이외의 아무것도 나타내지 않는다."[19]

우리가 낱말을 사용할 경우 직접 말하는 사람의 관념을 표시할 수 있을 뿐이지만 우리는 무의식적으로 그것을 두 가지 것과 관련시킨다.

첫째, 우리는 대화를 할 때 내가 사용하는 낱말이 내 마음속에 있는 관념뿐만 아니라 다른 사람의 마음속에도 있는 관념의 표시라고 생각한다(E, 3. 2. 4). 같은 낱말을 사용하는 사람들이 서로 이해할 수 있는 것은 이것 때문이라고 생각하는 것이다.

둘째, 우리는 단순히 자신의 상상만이 아니라 실재하는 사물에 관해서 말한다고 생각해 주기를 바라며, 자기가 사용하는 낱말이 물리적 대상의 기호라고 흔히 생각한다(E, 3. 2. 5).

로크에 의하면 낱말이 우리 자신의 관념 이외의 것을 의미한다고 생각하는 것은 낱말의 왜곡된 사용이다. 인간은 그의 낱말을 사

18) E, 3. 2. 1. 로크는 언어의 역사적 기원을 검토하려는 시도를 하지 않고 있는 것으로 보인다. 이것은 언어가 신에 의해서 주어졌다는 그의 말에서도 엿볼 수 있다.

19) E, 3. 2. 2. 물론 낱말은 의미 없이도 사용될 수 있다. 어린아이들은 낱말에 의해 정상적으로 의미되는 관념을 갖지 않고서도 앵무새처럼 낱말을 배우고 사용할 수 있다. 그러나 이 경우에 낱말은 단지 의미 없는 소리에 불과하므로 의미 있게 낱말을 사용하는 것은 아니다.

물이나 다른 사람의 마음속에 있는 관념의 기호로 할 수 없다. 그것에 관해서 자신의 마음속에 아무것도 가질 수 없는 것이다. 여기서 그가 "낱말은 오직 그것을 사용하는 사람의 마음속에 있는 관념만을 직접 의미한다"고 주장하는 이유는 나의 관념이 명백한 한 내가 사용하는 낱말은 명백하다는 것을 말하기 위한 것이다.

그러나 모든 낱말들이 마음속에 있는 관념들의 이름인 것은 아니다. 로크는 문장을 이루는 낱말들을 두 종류로 구분한다. 하나는 마음속에 있는 관념들의 이름인 낱말들이고, 다른 하나는 관념들 또는 명제들 사이의 관계를 나타내기 위해서 사용되는 낱말들이다. 이 낱말들은 마음의 어떤 작용 또는 암시의 기호다. 그는 이것을 불변화사(particle)라고 부르고 그 예로 전치사, 접속사, 그리고 '이다', '아니다'와 같은 논리적 연결사를 들었다.[20] 일반적으로 이러한 낱말들이 갖는 기능이란 낱말과 문장들을 결합하는 것이며, 대

20) 명사에 의해 지시된 대상뿐만 아니라 술어에 의해 지시된 속성이나 성질에도 공통된 유일한 형상이나 본질이 있다는 플라톤의 주장은 기본적으로 한 낱말의 의미는 더 이상 분석할 수 없는 단순한 원자와 같은 존재라는 의미론적 원자론이며, 한 낱말은 객관적 존재를 지시함으로써 의미를 갖는다는 지시론적 의미론이다. 낱말 하나하나가 원자적 의미 단위이고 의미함이 지시함이라면 술어의 의미로서 보편자가 거론될 수밖에 없다. 또한 고유 명사가 구체적인 한 대상을 가리킴으로써 의미를 갖는다면 일반어도 단일한 의미를 갖고 있음에 틀림없으므로 단일한 대상을 지시할 것이다. 이것은 많은 낱말들이 복합어이며, 낱말들을 결합시키는 접속어라는 상식적 사실에 어긋난다. 남경희, "플라톤의 후기 존재론 연구", 《철학연구》, 19(1984), 105~138면 참조. 여기서 우리는 로크가 일반어가 나타내는 의미를 추상 관념이라고 주장하는 것도 그가 모든 술어를 고유 명사로 규정하는 플라톤의 지시론적 의미 이론에서 벗어나지 못하고 있음을 보여 주는 것이라고 여길 수 있다. 그러나 우리는 로크가 마음속에 있는 관념의 이름이 아닌 낱말들의 대표적인 경우로 접속사를 들고 있다는 점에서는 플라톤보다 한 걸음 더 나아갔다고 말할 수 있다.

체로 마음이 관념들이나 명제들에 부여하는 연결을 의미하는 것이다(E, 3. 7. 1~6). 로크는 심적 태도나 행위를 표현하거나 관념들 사이의 관계를 나타내는 불변화사의 기능을 제시하고 있지만, 그것의 모든 용도를 자세히 설명하고 있지는 않다. 그런데 낱말을 관념의 기호인 것과 관념들이나 명제들 사이의 관계의 기호로 나누는 것이 과연 관념을 사고나 지식의 궁극적인 재료나 지성의 대상이라고 보는 그의 입장에 비추어 필요한 것인가 하는 데는 의문의 여지가 있다. 전치사, 접속사, 논리적 연결사는 모두 관계를 나타내는 관념의 기호이므로 그런 관념들은 그의 관념의 분류에 해당되어야 한다. 만약 그렇지 않다면 관념이 아닌 관계가 있다는 것이 되어 그의 관념 이론과 모순되는 결과가 되기 때문이다. 설령 그의 주장대로 관계가 관념들이나 명제들을 비교하는 정신 활동의 산물이라 하더라도, 그것이 알려지는 한 그것은 지성의 대상, 지식의 재료, 즉 관념일 수밖에 없다. 이것은 그의 관념 분류 중 관계에 대한 설명이 모호하고 불만족스러운 데서 비롯된 것으로 보인다.[21]

---

21) 관계에 대한 로크의 논의는 주로 E, 2. 25~28에 나타나는데, 그의 입장이 모호하다는 것이 일반적인 평가다. Aaron, 앞의 책(1955), 179, 181면; D.J. O'Connor, *John Locke*(Harmondsworth: Penguin Books, 1952), 129면 참조. 전통적으로 관계에 대한 설명은 관계를 사물들에 내재하는 실재적 특성으로서 인간의 마음이 발견할 수 있는 것으로 보는 입장과 관념들을 비교하는 마음의 행위에 의해 창조된 산물로서 인간의 마음이 사물에 덧붙이거나 투영하는 특성으로 보는 입장으로 나뉜다. 로크는 때때로 사물 자체 안에 그런 비교의 토대가 있다고 주장하기도 한다. 그러나 실재적 존재를 고립되고 서로 연결되지 않은 개별자들로 보는 그는 전체적으로는 후자의 입장에 서 있다. 그것은 특히 그가 관계의 본성이 무엇인가 하는 존재론적인 물음보다는 마음이 어떻게 관계의 관념을 획득하는가 하는 심리학적인 물음에 관심을 갖기 때문이기도 하다. 관계의 관념이 관념들을 비교하는 마음의 행위의 산물로서 마음속에, 그리고 마음에 대해서만 있

로크가 언어를 사회적 전달의 도구로 보며, 언어의 기능은 자연적인 것이 아니라 약정에 의한 것이라고 보는 것은 올바르다고 생각되지만, 낱말을 그것을 사용하는 사람의 마음속에 있는 관념의 기호라고 한 점은 문제가 있다.

먼저 그에 의하면 관념은 사물에 의해 산출되거나 반성에 의해 형성되는 사적인 자연적 기호다. 즉 관념과 그것이 나타내는 것과의 관계는 자연의 일부이며, 인간의 결정에 의해 변경될 수 없다. 반면에 낱말은 그 지시체가 선택이나 약정에 의해서 고정된, 외적으로 감각할 수 있는 공적 기호다. 따라서 프랑스 사람과 영국 사람의 마음속에 있는 사람의 관념은 동일한 반면에, 이 관념의 기호는 각각 'homme'와 'man'으로서 서로 다르다. 여기서 로크는 사고 자체는 낱말과 상징의 사용과는 확실히 다른 것이며, 동일한 생각을 다른 형식이나 다른 언어로 표현할 수 있다는 것이 바로 이러한 차이의 증거라고 생각했음이 명백하다. 사고 자체와 그 사고를 표현하는 도구나 방법을 구분하는 것을 의미 번역설(Translation Theory of Meaning)이라고 부르자.[22] 여기에 따르면, 말하는 사람은 생각을 하면서 듣는 사람이 이해할 수 있는 낱말로 그 생각을 번역하고, 듣는 사람은 말하는 사람의 말을 자기 생각으로 번역한다. 이

는 것이라면, 모든 복합 관념을 감각이나 반성의 단순 관념으로 환원될 수 있다는 것을 보여 주려는 로크의 시도는 난관에 부딪칠 수밖에 없다. 또한 그는 관계를 관념들을 비교하는 마음의 행위와 동일시하며 관계의 관념을 그러한 행위의 심적인 표상이라고 말함으로써 혼란을 가중시킨다. 나는 이러한 것이 마음이 가진 능력을 성향적 의미의 관념으로 보는 그의 관념 이론에서 오는 것이라고 생각한다.

22) O'Connor, 같은 책, 125면. 베네트는 이것을 언어 번역설(Translation View of Language)이라고 부른다. J. Bennett, *Locke · Berkeley · Hume-Central Themes*(Oxford: Clarendon Press, 1971), 1면.

것은 의미를 부여하는 사고가 없는 낱말의 흐름, 낱말이나 기호와 같은 도구로 표현할 수 없는 사고의 흐름이 있음을 전제로 한다. 언어가 사고를 보고하기 위한 도구며, 사고는 의식 속에 있는 관념들의 연속으로 이루어져 있다는 로크의 견해가 갖는 기본적인 난점은 바로 사고와 언어가 서로 독립적일 수 있다고 생각한다는 점이다.[23)]

나아가 낱말은 그것을 사용하는 사람의 마음속에 있는 관념의 기호라고 할 때, 의미 번역설 이상의 난점에 빠지게 된다. 그것은 사회적 전달의 도구로서 낱말의 역할과 사용하는 사람의 마음속에 있는 관념의 기호로서 낱말의 역할이 서로 모순된다는 것이다. 그의 경험주의 원칙을 고수하는 한 낱말 자체가 우리 마음에 주어질 수는 없고, 낱말의 심상, 즉 낱말에 관한 한 관념이 주어질 뿐이며, 이것이 우리에게 알려지고 우리가 다룰 수 있는 전부다. 낱말이 우리에게 파악되는 한 그것은 우리 지성의 대상이며, 따라서 관념일 수밖에 없는 것이다. 그러므로 그의 경험주의 원칙에 입각해서 엄밀하게 말한다면 마음속에 있는 낱말의 관념은 역시 마음속에 있는 관념의 기호다.[24)] 다시 말해서 낱말 자체가 그가 정의한 것과 같은 관념인 것이다. 이렇게 되면 사회적 전달의 도구로서 낱말의 역할이 어렵게 된다. 왜냐하면 로크는 A라는 사람의 마음속에 있는 관념이 B라는 사람의 마음속에 있는 관념의 표시나 기호가 될 수 있다는 근거를 제시하지 못하기 때문이다. 결국 로크에서 언어는 사적인 것이다.

이 밖에도 로크는 관념이 사물의 기호며, 낱말이 관념의 기호임을 믿었을 뿐 어떻게 소리나 표시가 기호로 작용하게 되는가, 또는

23) A.C. 그렐링, 앞의 책, 261면.
24) Kretzmann, 앞의 책, 188면.

그 기능은 어디에 있는가 하는 것을 설명하지 않고 있다.[25] 그리고 소리로서의 낱말과 문자로서의 낱말의 구별이 명확하지 못하다든가,[26] 우리가 사용하는 기호의 모든 종류를 다루지 못했다는 점을 지적할 수 있다.

3. 일반어와 보편자 문제

언어의 본래 목적을 사회적인 의사 소통으로 보고 그에 따라서 낱말을 그것을 사용하는 사람의 마음속에 있는 관념의 외적으로 감각 가능한 기호라고 정의한 로크는 고유 명사를 제외한 대부분의 낱말들이 일반어임을 주목하고 다음과 같은 말로 보편자 문제를 도입한다.

> 존재하는 모든 것은 개별자들이기 때문에 사물에 일치해야 하는 낱말도 그 의미에서 역시 그래야 한다는 것이 이치에 맞는다고 생각할 수 있지만 우리는 그것과 전혀 반대라는 것을 발견한다. 모든 언어를 구성하는 낱말들의 거의 대부분은 일반어들이다. 이것은 태만이나 우연의 결과가 아니라 이성과 필연의 결과다(E, 3. 3. 1).

우리는 여기서 로크가 언어의 본성에서 발생하는 수수께끼로서 이 문제를 도입하고 있다는 것을 알 수 있다. 그에 의하면 우리가 사용하는 언어에 일반어가 있어야 하는 이유에는 세 가지가 있다.

첫째, 각각의 개별적인 사물들이 별개의 독특한 이름을 가져야

25) O'Connor, 앞의 책, 130면.
26) Aaron, 앞의 책(1955), 209면.

한다는 것은 그 수가 무한하게 될 것이므로 불가능하며, 어느 누구도 전적으로 고유 명사들로 이루어진 언어를 암기하는 것은 불가능하다(E, 3. 3. 2 ; 2. 11. 9).

둘째, 설령 그것이 가능하다 해도 그것은 언어의 주된 목적인 의사 소통에 도움이 될 수 없으므로 소용없다. 나 혼자만 마음속에 그 관념을 갖고 있는 개별적인 사물의 이름은 바로 그 개별적 사물을 알지 못하는 사람에게는 의미가 있거나 이해할 수 있는 것으로 될 수 없기 때문이다(E, 3. 3. 3).

셋째, 일반어가 없다면 비교·분류·일반화를 기록할 수단이 없으므로 지식의 진보를 기대할 수 없다.[27] 로크는 여기서 일반어의 역할을 사물을 한 묶음으로 고찰하고 논의할 수 있게 함으로써 지식의 발전과 전달을 용이하게 하는 데 있다고 생각하고 있다.

대부분의 낱말들이 일반어들이라면 그것은 어떻게 형성되는가? 로크는 계속해서 일반어의 기원 문제로 나아간다. 고유 명사의 기원을 설명하기는 쉽다. 어떤 개체에 특정한 이름이 붙여진다는 사실을 우리가 기억하기만 하면 되는 것이다. 그러나 존재하는 모든 것은 개별자들이므로 우리가 어떻게 일반어를 얻게 되는가, 또는 일반어가 나타낸다고 생각되는 일반적 본성을 어디서 발견할 것인가 하는 문제는 간단하지가 않다.

로크에 의하면 한 낱말은 직접 개별적 사물이나 성질들의 집합, 또는 개별 관념들의 집합을 무차별적으로 나타내는 것이 아니라, 하나의 추상 관념을 나타냄으로써 일반어가 된다. 그리고 이 추상 관념은 추상 작용에 의해서 개별 관념들의 기호가 된다. 추상 작용

27) E, 3. 3. 4. 우리가 일반화하게 되는 이유는 기억의 한계, 개별 존재자 수의 무한, 탐구와 사회적 교제의 요구라는 세 가지로 요약할 수 있다. Collins, 앞의 책(2), 28면.

에서 우리는 아무런 새로운 것도 만들지 않고 단지 이미 가졌던 복합 관념에서 각각에 특유한 것을 제외하고 그것들 모두에 공통된 것만을 보존한다. 그는 《인간 지성론》의 여러 곳[28]에서 여기에 관해 논하고 있는데, 그 중에서 사람의 관념과 삼각형의 관념에 관한 그의 설명은 다음과 같다.

…어린아이들이 갖는 (그들에게만 해당되는) 사람에 관한 관념은 사람들 그 자체와 마찬가지로 오직 개별적이라는 것보다 명백한 것은 없다. 간호사에 대한 관념과 엄마에 대한 관념은 그들의 마음속에 잘 형성된다. 또한 그 마음속에 있는 그들에 대한 영상처럼 그 관념들은 그러한 개별자들을 표상한다. 어린아이들이 그 관념들에 맨 처음 부여하는 이름은 이러한 개별자들에 국한된다. 어린아이가 사용하는 '간호사'라는 이름과 '엄마'라는 이름은 바로 그 사람에 한정된다. 시간이 흘러 안면이 넓어지면 그들은 세계에는 모양과 여러 다른 성질들에서 자신의 아버지와 어머니, 그리고 그가 익숙해져 있는 사람들과 어떤 공통점들이 있는 수많은 다른 것들이 있음을 알게 된다. 그때 어린아이는 여러 개별자들이 관여하는 하나의 관념을 만든다. 그것에 대해 어린아이는 다른 사람들처럼 예컨대 '사람'이라는 이름을 부여한다. 이렇게 해서 그들은 하나의 일반 명사나 일반 관념을 갖게 된다. 그러나 그들은 그 안에 어떠한 새로운 것도 만들지 않는다. 다만 그들이 피터, 제임스, 메리, 그리고 제인에 대해서 갖고 있던 복합 관념에서 각각에 특유한 것을 빼 버리고, 그들 모두에게 공통적인 것만을 보유하게 된 것일 뿐이다(E, 3. 3. 7).

…추상 관념은 특수 관념처럼 어린아이나 아직 훈련이 되지 않은

28) E, 2. 12. 1 ; 2. 13. 13 ; 3. 3. 6 ; 3. 3. 10 ; 4. 6. 16.

마음에 그렇게 명백하거나 쉽지 않다. 성숙한 인간에게 명백하고 쉽게 보인다면 그것은 단지 항상 친숙하게 사용해 와서 그렇게 되었을 뿐이다. 왜냐하면 우리가 그것을 잘 반성해 보면 우리는 일반 관념이 마음에 의한 허구며 고안물이라는 것, 어려움을 수반한다는 것, 우리가 상상하듯이 그렇게 쉽게 제시되지 않는다는 것을 알게 될 것이기 때문이다. 예를 들어 삼각형의 일반 관념(가장 추상적이며 포괄적이고 어려운 것은 아니지만)을 형성하는 데는 많은 수고와 솜씨가 요구되지 않을까? 왜냐하면 그것은 빗각 삼각형도, 직각 삼각형도, 등변 삼각형도, 등각 삼각형도, 부등변 삼각형도 아니면서 이 모든 것임과 동시에 아무것도 아닌 것이어야 하기 때문이다. 사실상 그것은 존재할 수 없는 불완전한 것이다. 즉 그것은 그 안에 여러 다른 모순되는 관념들의 어떤 부분들이 한데 뭉쳐진 하나의 관념이다. 마음은 이러한 불완전한 상태에서 그러한 관념들을 필요로 하며, 마음이 자연히 기울어져 있는 의사 소통의 편의와 지식의 확장을 위해 할 수 있는 한 최대로 서두른다는 것은 사실이다. 그러나 그러한 관념이 우리의 불완전함의 표시가 아닌가 의심해 볼 필요가 있다. 적어도 이것은 가장 추상적이고 일반적인 관념들은 마음이 최초로 그리고 가장 알기 쉽게 알게 되는 것들도, 마음의 최초의 지식이 정통하고 있는 것과 같은 것도 아니라는 것을 보여 주는 것으로는 충분하다(E, 4. 7. 9).

로크는 모든 낱말들은 관념을 나타내므로 일반어들은 추상 관념을 나타낸다고 말한다. 그에게 낱말은 어떤 관념을 가리키지 않는 한 의미를 가질 수 없기 때문이다. 그러나 이것은 엄밀한 의미에서 일반어의 작용 방식에 관한 설명이 아니다.[29] 고유 명사가 개별 관

29) D.J. O'Connor, "Locke", in D.J. O'Connor ed., *A Critical History of Western Philosophy*(N.Y.: The Free Press, 1964), 216면.

념을 지시하듯이 일반어가 추상 관념을 지시한다고 말하는 것은 일반어가 고유 명사와 똑같은 방식으로 기능을 한다고 여기는 것이기 때문이다. 로크의 관념 작용론적 의미 이론은 그 지시체의 종류만 다를 뿐 한 낱말의 의미를 어떤 실재물에서 찾고자 한다는 점에서는 지시론적 의미 이론과 다를 바가 없다. 어쨌든 로크에서 한 낱말은 추상 관념의 기호로 사용될 때 일반적인 것이 되며, 한 관념은 다수의 개별적인 사물들을 대표하는 것으로 사용될 때 일반적인 것이 된다. 따라서 일반어는 다수의 개별적 사물에 무차별적으로 적용된다.

그런데 이 세계에 존재하는 모든 것은 개별자들이므로 추상 작용의 산물인 추상 관념, 즉 보편자는 실재 세계에는 존재하지 않는다. 곧 로크의 추상 작용 이론은 플라톤의 초월적 실재론이든 아리스토텔레스의 내재적 실재론이든 간에 실재적 보편자를 거부하는 적극적 이론이다. 나아가 로크는 그것이 갖는 보편성은 개별적인 사물뿐만 아니라 낱말이나 관념 그 어디에도 속하지 않는다고 말한다.

> 일반자와 보편자는 사물들의 실재적 존재에는 속하지 않으며, 지성 자신이 사용하기 위해 만들어낸 발명품이며 창안물로서 낱말이든 관념이든 간에 오직 기호에만 관계한다. … 보편성은 그 존재에서 모두 개별적인 사물들 그 자체에 속하지 않으며, 심지어 그 의미에서 일반적인 낱말과 관념들에도 속하지 않는다. 그러므로 우리가 개별자들에서 떠날 때 남는 일반자들은 단지 우리 자신이 만든 창안물들일 뿐이며, 그것들의 일반적인 본성은 단지 지성에 의해 주입된 능력, 즉 다수의 개별자들을 의미하거나 대표하는 그 능력이다. 왜냐하면 그것들이 갖는 의미는 단지 인간의 마음에 의해서 그것들에 덧붙여지는

하나의 관계이기 때문이다(E, 3. 3. 11).

일반자나 보편자의 일반성은 다수의 개별자들을 의미하는 지성의 기능에 있다. 이것이 어떻게 우리는 일반어들을 얻게 되는가, 일반어들이 나타내는 일반적인 본성을 어디서 발견할 것인가 하는 물음에 대한 로크의 대답이다. 그렇다면 일반어가 갖는 것은 어떤 종류의 의미인가? 일반어가 단지 하나의 개별적인 사물을 의미하지 않는다는 것은 명백하다. 그러한 것은 고유 명사이기 때문이다. 그렇다고 해서 일반어가 복수를 의미하는 것도 아니다. 만약 그렇다면 사람(man)과 사람들(men)은 동일한 것을 의미하게 될 것이기 때문이다. 따라서 수적인 구별은 무의미하다.

> 일반어가 의미하는 것은 사물들의 한 종류다. 그리고 각각의 일반어는 마음속에 있는 추상 관념의 기호라는 점에서 그렇게 한다. 존재하는 사물들은 그 관념에 일치함이 발견됨으로써 그 이름으로 분류되거나, 또는 마찬가지지만 그 종류가 된다. 이것에 의해서 그 종류의 본질 또는 사물들의 종은 이 추상 관념 이외의 아무것도 아니라는 것이 명백하다. … 이것으로부터 사물들의 종류와 본질, 결과적으로 사물의 분류는 일반 관념을 추상하고 만드는 지성의 작품이라는 것을 알기는 쉽다(E, 3. 3. 12).

로크가 가장 엄격하고 순수한 의미에서 고유 명사를 제외한 모든 낱말은 그 적용에서 개별적이기보다는 일반적이라고 생각한 점, 낱말을 이해하려는 시도에서 필수적인 문제는 어떻게 우리가 일반화하는가를 이해하는 것이라고 생각한 점은 적절하다. 그러나 보편자 문제에 관한 로크 이론의 난점은 그가 말한 것보다는 말하지 않고 생략해 버린 데 있다.[30] 즉 이론의 불완전함에서 비롯한 것이라고 할 수 있다. 그 중에서도 가장 중요하다고 생각되는 것은 그의 보편자 이론에서 필수적인 본질과 유사성 개념에 대한 설명이 불충분하다는 점이다. 다음 절에서는 먼저 로크가 사물들의 종류의 본질은 일반 관념을 추상하고 만드는 지성의 창안물이라고 말한 것과 관련해서 본질에 관한 그의 견해를 살펴보려 한다.

4. 실재적 본질과 명목적 본질

로크는 본질이라는 낱말의 의미를 두 가지로 구분한다.

> 첫째, 본질이란 사물로 하여금 바로 그 사물이 되게 하는 어떤 것의 바로 그 존재라고 할 수 있다. 따라서 사물들의 발견될 수 있는 성질들이 거기에 의존하는, 사물들의 실재적이고 내적인, 그러나 알려지지 않는 구조가 그것들의 본질이라고 불릴 수 있다. 이것이 그 낱말의 적절한 원래의 의미이다. … 둘째, 본질이라는 낱말은 존재라는 원래의 의미를 거의 상실하고 사물의 실재적 구조 대신 유와 종이라는 인공적 구조에 거의 전적으로 적용되는 것으로 되었다. … 사물들이 단지 그것에다 우리가 이름을 붙인 어떤 추상 관념과 일치함으로써 그 이름으로 종류 또는 종으로 분류된다는 것은 명백하다. 따라서 각각의 유 또는 종류의 본질은 그 일반 명사가 나타내는 추상 관념 이외의 아무것도 아니다(E, 3. 3. 15).

30) O' Connor, 앞의 책(1952), 140면.

로크는 첫번째 것을 실재적 본질(real essence), 두 번째 것을 명목적 본질(nominal essence)이라고 부른다. 그러나 모든 경우에 항상 두 가지 본질이 구분되는 것은 아니다. 그에 의하면 한 낱말은 단순 관념, 단순 양태, 혼합 양태, 관계, 그리고 실체 관념의 이름일 수 있다.[31] 여기서 실체 관념의 이름을 제외한 나머지 이름들은 항상 명목적 본질뿐만 아니라 실재적 본질도 의미한다. 즉 그 이름들의 경우에는 두 가지 본질이 동일하기 때문에 이 구분이 적용될 수 없으며, 실체 관념의 경우에만 두 본질의 대조가 적절한 것이다(E, 3. 3. 18). 단순 관념의 이름은 하나의 단순 지각을 나타내며, 마음에 작용하는 실재의 사물이 마음에 나타나는 그대로 받아들일 뿐이므로 사람들은 그 의미에 대해 착오를 일으키거나 언쟁을 할 여지가 없다(E, 3. 4. 15 ; 3. 5. 2). 혼합 양태와 관계 관념은 실재와 관련이 없이 마음에 의해서 임의로 만들어진 추상 관념이므로 그 이름은 단지 마음 자체가 형성하는 그 관념을 의미한다(E, 3. 5. 3 ; 3. 5. 14). 로크는 단순 양태에 관해서는 거의 언급하지 않고 다만 단순 관념의 경우와 다르지 않다고만 말하고 있다.[32]

---

31) E, 3. 4. 1. 로크는 2권 12장에서는 복합 관념을 실체, 관계, 양태 관념으로 나누고, 양태를 단순 양태와 혼합 양태로 나눈다. 그는 양태를 "아무리 복합적이라 하더라도 그것들 안에 혼자 힘으로 존속한다는 가정을 포함하는 것이 아니라, 실체의 의존물이나 성질로 여겨지는 복합 관념들로서 삼각형, 감사, 살인과 같은 낱말들에 의해서 의미되는 관념들과 같은 것"이라고 정의한다. 혼합 양태는 여러 종류의 단순 관념들이 혼합된 것이며, 단순 양태는 다른 어떤 것과의 혼합이 없이 동일한 단순 관념의 변형물들 또는 다른 결합물들이 모여서 하나의 복합 관념을 이루는 것이다. 로크는 전자의 예로 미, 의무, 술취함, 위선, 신성 모독, 살인, 정의, 자유, 용기를 들며, 후자의 예로는 공간, 지속, 수, 모양, 무한, 운동, 소리, 색깔, 맛, 냄새를 든다.

32) E, 3. 4. 17. 그러나 E, 3. 9. 19에서는 짧게나마 다음과 같이 말하고 있다.

반면에 실체 관념의 이름은 그것의 명목적 본질을 나타낸다. 그에 의하면 우리는 사실상 실체의 실재적 본질에 대해서 그것이 무엇인지를 정확히 알지 못하면서 그것이 있다는 것만을 상정할 뿐이다. 하지만 그는 실재적 본질을 종에 결부시키는 것은 언제나 명목적 본질이며, 실재적 본질은 이 명목적 본질이 상정된 토대, 원인이라고 말한다(E, 3. 6. 6). 여기서 우리는 로크의 실재적 본질과 명목적 본질의 구분이 그의 지식론이 주로 의존하는 성질들 사이의 객관적이고 필연적인 관계에 대한 그의 신념을 전제로 하고 있음을 알 수 있다.[33] 하지만 이 구분은 "내가 무엇인지 알 수 없는, 알려지지 않는 어떤 것"(unknown something I-know-not-what)이라는 그의 실체 개념이 그렇듯이 당시의 과학관을 그대로 반영한 것으로서 결코 무의미한 것은 아니다. 그것은 그가 이 구분을 바탕으로 본질은 외부 대상의 본성에 전적으로 의존하며 우리에게 발견되는 것이라고 주장하는 아리스토텔레스 이후의 전통적인 견해에 반대하고 있기 때문이다.

물질적 실체의 실재적 본질에 관해서 두 견해가 있다. 하나는 본질이라는 말을 무엇인지 모르는 것에 사용해서, 그것에 따라 모든 자연물들이 만들어지고 각각의 자연물들이 그것을 분유함으로써 그 종이 되는 다수의 본질들을 상정하는 사람들의 견해다. 더 합리적인 다른

"단순 양태의 이름은 단순 관념의 이름에 버금가며, 특히 사람들이 그것에 관한 명석 판명한 관념을 갖고 있는 도형과 수의 이름은 의심이나 불확실의 여지가 없다. 그것을 이해하는 사람이라면 7이나 삼각형의 통상적인 의미를 잘못 아는 사람이 있을까? 일반적으로 모든 종류에서 가장 덜 혼합된 관념들이 가장 의심스럽지 않은 이름을 갖는다."

33) O' Connor, 앞의 책(1952), 144면.

견해는 모든 자연물들이 그것들의 감각 불가능한 부분들의 실재하는, 그러나 알려지지 않는 구조를 갖는다고 보고, 우리가 그 사물들을 공통의 이름들로 종류를 분류하는 기회를 가짐에 따라 그것들을 서로 구분하는 데 도움을 주는, 그것들의 감각 가능한 성질들이 거기서 흘러나온다고 생각하는 사람들의 견해다. 나는 이 견해들 중 앞의 것이 자연물에 대한 지식을 크게 혼란시켰다고 생각한다.[34]

본질은 외부 대상의 본성에 전적으로 의존하며 우리에게 발견되는 것이라는 전통적인 견해에 반대하고, 본질은 우리 자신의 창안

34) E, 3. 3. 17. 로크의 실체 개념은 크게는 두 가지로, 작게는 세 가지로 나누어 볼 수 있다. 첫째, 형상적 실체(substantial form) 또는 실체 일반(substance in general)으로서 모든 성질들이 그것으로부터 유래하고 그것으로 말미암아 유지, 존속할 수 있도록 떠받치는(support, uphold, standing under) 기체(substratum)의 개념이다. 둘째, 실재적 실체(substance as reality)로서 여기에는 두 가지 의미가 있다. 하나는 사물들의 각각의 종류의 실재적 본질인 개별 종류의 실체 개념(예를 들어, 금)이며, 다른 하나는 실재하는 사물에서 발견되는 성질들의 다발이 그 사물의 표상이라는 뜻에서 개별 실체의 개념(예를 들어, 내가 낀 금반지)이다. S. Nathanson, "Locke's Uses of the Theory of Ideas", *The Personalist*, 59(1978. 7), 242~244면 참조. 버클리는 실체 일반과 개별 종류의 실체 개념을 추상관념이라고 반박하고, 로크의 세 번째 견해에 착안해서 실체를 관념들의 다발로 환원해 버린다. 이 과정에서 버클리는 주로 로크가 실체 일반의 개념을 옹호한 것으로 여기고 있는데, 과연 로크가 그 개념을 긍정적으로 받아들였는지에 관해서는 논란이 많다. 위의 인용문만으로 볼 때는 로크는 실체 일반의 개념보다는 개별 종류의 실체 개념을 긍정하고 있다. 알렉산더는 로크가 실체 일반의 개념을 긍정적으로 받아들였다고 주장한다. P. Alexander, *Ideas, Qualities and Corpuscules-Locke and Boyle on The External World*(Cambridge: Cambridge Univ. Press, 1985), 204~235면 참조. 나는 일단 로크의 실체 개념이 이 모든 것을 다 포함하는 것으로 여기고 논의를 진행시키려 한다.

물이므로 그것의 고정성은 밖이 아니라 안으로부터 결정된다는 로크의 견해와 관련하여 정의(definition)에 관한 그의 논의를 살펴보기로 하자.

로크는 단순 관념의 이름을 논의하는 과정에서 이 정의의 문제를 언급하고 있다(E, 3. 4. 4~14). 아리스토텔레스 이래의 전통적인 이론에 따르면 정의는 단지 사물을 언급하는 문자적인 표현에 관한 것이 아니라 사물에 관한 것이며, 우리는 '유+종차'로 한 사물의 본질을 제시함으로써 그 사물을 정의한다.[35] 그러므로 전통적인 이론에서 정의와 본질은 같은 말이다. 이 이론에는 중요한 가정이 전제되어 있다. 그것은 자연적인 실체들이 종을 형성하며, 자연은 절대적으로 서로 다른 수많은 실재적인 종으로 이루어져 있다는 것이다.[36] 즉 자연 세계를 이루고 있는 것들은 고정 불변하며, 과학의 발견 대상인 실재적 본질을 가진다는 것이다. 따라서 전통적 이론에서는 종과 종의 경계에 혼동이 있을 수 없다.

로크는 인간의 사고가 종과 종 사이에 세운 절대적인 구분에 정확히 상응하는 것이 과연 자연에 있는지 의심을 품는다. 그는 생물학적인 종의 표준 유형에서 벗어나는 변종들이 광범위하며, 다양한 종들 사이의 경계에 해당하는 경우가 언제나 있음을 지적한다. 괴물, 트기, 바꿔친 아이(changeling)의 존재는 자연이 그러한 고정된 유형으로 이루어져 있지 않음을 암시한다(E, 3. 3. 17 ; 4. 4. 14). 설령 자연이 그렇게 고정된 유형으로 이루어져 있다 하더라도 로크는 전통적 이론에서와 같이 정의와 실재적 본질을 동일시하지는 않을 것이다. 그에게 실재적 본질은 어떤 경우에든 알려질 수 없는

---

35) O'Connor, 앞의 책(1952), 150면. 예를 들어 '인간＝이성적 동물'에서 동물은 유, 이성적이라는 것은 종차를 나타낸다.

36) Aaron, 앞의 책(1955), 212면.

것이기 때문이다.

그에 의하면 정의는 낱말에 관한 것이다. 정의란 한 낱말의 의미, 용법, 적용의 한계를 동의어가 아닌 다른 여러 낱말들에 의해서 보여 주는 것에 지나지 않는다(E, 3. 4. 6). 한 낱말을 정의하는 것은 더 익숙한 다른 표현으로 그것을 확장하는 것이며, 그 낱말의 의미를 선언하는 것이다. 이 낱말은 추상 관념, 즉 명목적 본질을 나타내는 것이므로 그에게 정의와 실재적 본질은 동의어가 아니다.[37] 그러므로 그는 낱말의 다양한 용법에서 의미의 공통 핵을 찾으려고 한 소크라테스는 낱말이 그것의 약정적 용법과 무관한 실재적 의미를 가질 수 있다고 잘못 생각한 것이라고 비판한다. 또한 그는 자연 세계를 이루는 것들은 고정 불변하며 과학의 발견 대상인 실재적 본질을 갖는다는 아리스토텔레스의 주장도 비판한다. 그에게 고정된 종이 있다거나 낱말의 약정적 용법과 무관한 실재적 의미가 있다는 것은 그릇된 생각이다. 그러한 것은 모두 명목적 본질이기 때문이다.[38]

이와 같이 로크는 본질, 보편자에 관한 아리스토텔레스 이래의 전통적인 견해를 거부한다. 그는 우리가 생각하는 보편자와 자연의 어떤 사물을 동일시할 수 없었기 때문에 보편자를 아는 것이 외부에 존재하는 자연의 종을 아는 것이라는 견해에 찬성할 수 없었다. 보편자는 마음에 의해서 창조되지 않고 단지 인간에 의해서 발견되며, 마음과 전적으로 독립된 실재 세계에 속한다는 의미의 객관성은 가질 수 없다.[39] 왜냐하면 보편자는 마음속에만 존재하는 지성의 창안물이므로 그것을 형성하는 사람의 마음속에만 있을 수

37) 같은 책, 213면.
38) O' Connor, 앞의 책(1952), 150면.
39) Aaron, 앞의 책(1955), 205면.

있고, 다만 그 의미에서 고정적이라는 것 이상의 객관성은 가질 수 없기 때문이다.

로크는 앞서 말한 단순 관념, 단순 양태, 혼합 양태, 관계, 실체 관념의 이름이라는 네 종류의 이름들을 실재적 본질과 명목적 본질의 일치 여부에 따라 실체 관념의 이름과 나머지 세 이름들로 나누어서 고찰했다. 이제 그는 다른 각도에서 다시 이 이름들을 분류한다. 그에 의하면 혼합 양태 관념의 이름은 완전히 임의로 관념을 나타낸다. 실체 관념의 이름은 완전히 그렇지는 않으며 어느 정도 어떤 원형에 관련된다. 단순 관념의 이름은 완전히 사물 존재로부터 주어지므로 전혀 임의적인 것이 아니다(E, 3. 4. 17). 다시 말하면 혼합 양태 관념은 그 자체가 행위의 원형이며, 그것을 넘어선 아무것도 지시하지 않으므로 그것의 이름은 그 관념만 의미한다. 반면에 실체 관념과 단순 관념은 사물이나 성질을 지시하므로 그것의 이름은 비록 직접적으로는 관념을 지시하지만, 간접적으로 사물과 성질을 지시한다. 로크는 단순 관념과 실체 관념을 자연을 반영하는 관념으로, 혼합 양태의 관념을 자연의 원형 없이 특수한 목적을 위해 구성된 관념으로 분류한다.[40]

혼합 양태 관념의 이름에는 주로 도덕적 · 신학적 · 법률적 낱말들이 포함된다. 로크가 혼합 양태 관념의 이름은 인간의 지성에 의해서 실재와 관련 없이 임의로 만들어진다는 것을 강조한 것은 혼합 양태 관념의 이름이 의미의 약정적 요소를 가장 많이 함축하고 있음을 지적하기 위한 것이다. 앞서 말했듯이 로크에게 실재적 의미라는 것은 없고, 우리가 의미를 결정하는 유일한 길은 낱말의 용법을 결정하는 것이다. 혼합 양태의 이름에 상응하는 자연의 원형

40) O'Connor, 앞의 책(1952), 147면.

이 없으므로 이것에 대한 직시적 정의가 불가능할 뿐만 아니라, 이 원형의 부재는 우리의 의미 규준인 약정적 용법을 불확정한 것으로 만든다.[41] 그 결과 우리는 그런 낱말들을 그것에 상응하는 명석 판명한 관념들이 없이 무의미하게 사용하기 쉽다. 로크가 언어의 불완전함의 대표적인 경우로 이 혼합 양태의 이름을 들고 있는 것도 이러한 이유에서다.[42]

한편 혼합 양태 관념은 자연에 원형을 갖지 않는 마음의 창조물로서 우리가 부여한 특성 이외의 것을 갖지 않으므로 그 자체가 실재적 본질이라는 것은 단순 양태 관념에도 그대로 적용된다. 단순 양태의 대표적인 것은 수와 도형이며, 로크는 이것으로부터 대수학과 기하학이 논증적 지식[43]임을 끌어낸다.

---

41) 같은 책, 148면.

42) 플라톤의 주된 관심은 도덕적 특성과 수학적 실재에 관한 것이었다. 여기서 우리는 로크가 도덕적 낱말을 그것에 상응하는 자연의 원형이 없어서 무의미하게 사용하기 쉬운, 언어의 불완전성의 대표적인 경우로 들고 있다는 것에 주목할 필요가 있다. 로크가 플라톤과 가장 직접적이고 근본적으로 맞서는 것은 바로 이 혼합 양태에 관해서다. 플라톤은 로크가 혼합 양태라고 부르는 것에 관해 가능한 모든 물음들에 대해 선행적으로 옳은 대답이 항상 있어야 한다는 것을 당연하게 여기며, 나아가 관련되는 형상들을 충분히 아는 통치자에 의해 그 대답들이 실제로 제공될 수 있다고 주장한다. 반면에 로크는 그것에 대해 선행적으로 옳은 어떤 대답들도 없는 도덕적 개념 또는 혼합 양태의 다른 개념들을 포함한 물음들이 있을 수 있다고 말한다. 플루는 혼합 양태 관념의 본성에 관한 로크의 통찰이 도덕적 불일치의 새 차원을 열었다고 평가한다. A. Flew, *An Introduction to Western Philosophy-Ideas and Argument from Plato to Popper*(Thames and Hudson, 1989), 457~458면.

43) 로크는 그 확실성의 정도에 따라 지식을 차례로 직관적 지식, 논증적 지식, 감각적 지식으로 나눈다. 직관적 지식은 마음이 다른 어떤 것의 간섭이 없이도 두 관념들 사이의 일치나 불일치를 그 자체로서 직접 지각하는

> 나는 논증이 단지 수학에서만 일반적으로 추구되고 상정되어 온 이유를 그 학문의 일반적인 효용뿐만 아니라, 수의 양태들의 같음이나 초과를 비교함에서 그것들이 모든 최소의 차이를 매우 명백하게 지각할 수 있게 하기 때문이라고 생각한다. 연장에서 최소의 초과는 지각될 수 없지만 마음은 두 각이나 연장, 또는 도형의 같음을 검사하고 논증적으로 발견하는 방법을 찾아냈다. 수와 도형은 고려중인 관념들이 그 안에서 완벽하게 한정되는 가시적이고 지속적인 표시에 의해 고정될 수 있다(E, 4. 2. 10).

로크는 지식을 두 관념들 사이의 일치나 불일치에 대한 파악으로 정의하고, 이러한 일치나 불일치를 동일성 또는 차이, 관계, 공존 또는 필연적 결합, 실재적 존재의 네 종류로 나눈다(E, 4. 1. 3). 그러나 동일성, 공존이나 필연적 결합 자체는 관계들이므로 지식은 사실상 관계의 지식과 실재적 존재의 지식으로 나뉜다.[44] 관계의 지식은 예를 들면 "밑변이 같고 두 평행선 사이에 있는 두 삼각형은 같다"(E, 4. 1. 7)는 것처럼 추상 관념들 사이의 관계, 또는 한 관념과 다른 관념의 내용 사이의 관계에 대한 지각에 있다. 구체적 존재의 조건들로부터 추상 작용이 이루어졌을 때 사고된 내용은 단지 자기 동일적이고 고립된 단위일 뿐만 아니라, 사고가 내용을 고려할 때 파악되는 관계들에 의해 서로 명확하게 결합되는 것으로 발견된다. 이 관계들은 추상 관념의 본성에 포함된 것으로서 필

것이다. 논증적 지식은 마음이 관념들 사이의 일치나 불일치를 직접 지각하지 못할 때 그 사이에 개재하는 관념들을 필요로 하는 수학적 추론과 같은 것이다. 감각적 지식은 개별적 존재에 관한 지식이다. E, 4. 2.

44) J. Gibson, *Locke's Theory of Knowledge and Its Historical Relations* (Cambridge: Cambridge Univ. Press, 1968), 142면.

연적인 것으로 지각된다. 또한 이 관계들은 추상적 내용이 구체적 존재에 체현되는 모든 경우에 적용됨에 틀림없으며, 지식의 보편성은 바로 그 토대의 추상적 특성에 포함된다. 추상 관념들 사이의 관계를 산출하는 명제는 영원한 진리며, 그 대표적인 예가 수학적 명제다. 로크에서 수학은 감각 가능하거나 구체적인 존재들과 직접 관련되는 것이 아니라 관념의 구성물과 관련된다. 수학의 명제는 그것이 우리 관념들 사이에 표현하는 관계가 실재적 사물들이 이 관념들에 상응하게 존재하는 한 그것들에 적용될 것을 함축한다.

> 나는 우리가 수학적 진리들에 대해서 가질 수 있는 지식이 확실할 뿐만 아니라 실재적 지식이라는 것이 쉽게 인정되리라는 것을 의심하지 않는다. 그러나 우리는 그것이 오직 우리 자신의 관념들에 관한 것임을 발견할 것이다. 수학자는 원이나 직사각형에 속하는 진리와 특성들이 오직 자신의 마음속의 관념에 있는 것으로 여긴다. 왜냐하면 그가 그것들 중의 어떤 것도 그의 삶에서 수학적으로, 즉 정확하게 참인 것으로 존재한다는 것을 발견하지 못했을 수 있기 때문이다. 그러나 그가 원이나 어떤 다른 수학적 도형에 속하는 진리나 특성에 관해 갖는 지식은 존재하는 실재적 사물에 관해서도 참이며 확실하다. 왜냐하면 실재적 사물들은 그것들이 실제로 그의 마음속에 있는 원형들에 일치하는 것 이상으로 어떤 그러한 명제들에 의해서도 의미되는 것으로 관련되거나 의도되지 않았기 때문이다(E, 4. 4. 6).

그것들과 다른 실재의 세계에 대한 어떤 관련도 포함하지 않는 것은 우리 관념들의 자기 동일성이나 차이에 관한 지식에만 있다. 그러나 추상 관념들 사이에 관한 지식은 그것들에 상응하는 어떤 것의 존재와 무관하지만 실재적 지식이라는 주장은 이 내용이 현실화될 수 있는 존재 세계를 인정하는 것을 함축한다. 로크의 지식론은 근본적으로 실재적 존재의 조건들로부터 추상 작용이 이루어지는 학문의 내용을 구성하는 보편적 진리에 관해서 형성된 것임에는 의심의 여지가 없다. 실재와 실제로 접촉함으로써 획득되는 실재적 존재의 지식과는 달리 수학의 보편적 지식은 우리 자신의 추상 관념의 응시에 기인하며, 그 본성상 존재에 대한 주장은 금지되어 있다. 로크는 지식을 관념들의 일치나 불일치라고 정의하므로 존재 언명을 안다는 것을 허용할 수 없는 것이다.

그런데 실재적 존재의 지식은 사실상 지식에 관한 로크의 일반적인 정의에 어긋나는 것이다.[45] 로크의 관념의 객관적 성격을 아무리 강조한다 해도 나의 관념의 내용이 실제로 존재하는 어떤 것의 특성을 기술하는 것이라고 말하는 것이 단지 관념들의 결합을 나타내는 것이라고 주장하는 것일 수는 없기 때문이다. 그렇지만 우리는 그의 지식론 전반에 걸쳐 우리 관념들과는 다른 실재 세계에 대한 암시적인 언급이 포함되어 있음을 알 수 있다.

관계의 지식은 추상 관념들의 일치나 불일치, 또는 상호 의존을 표현하는 것으로서 보편적이고 확실한 반면에, 실재적 존재의 지식은 관념에 상응하는 어떤 사물의 존재에 관한 것으로서 단지 개별자들에 관한 지식이다(E, 4. 11. 13). 이러한 이분법과 관련해서 로크는 명제를 사소한(trifling) 명제와 시사적(instructive) 명제로 나눈다.

> …오직 하나의 용어만을 포함하는 명제, 예를 들어 "삼각형은 세 변을 갖는다", "샛노랑은 노랗다"와 같은 명제를 만드는 사람은 낱말

45) 같은 책, 166면.

들을 갖고 장난하는 것이다…(E, 4, 8, 7).

그렇다면 우리는 완전한 확실성을 갖는 두 종류의 명제들의 진리를 알 수 있다. 하나는 그것들 안에 시사적 확실성이 아니라 단지 문자적 확실성을 갖는 사소한 명제들의 진리이다. 둘째로 우리는 그것의 정확한 복합 관념의 필연적 결과이긴 하지만 그것 안에는 포함되지 않는 다른 것에 관해서 무엇인가를 긍정하는 명제들 안에 있는 확실한 진리를 알 수 있다. 예를 들어 "모든 삼각형의 외각은 그 맞은편 내각들 중의 어느 것보다도 크다"는 명제에서 외각과 맞은편 내각들 중 어느 하나와의 관계는 삼각형이라는 이름에 의해 의미되는 복합 관념의 어떤 부분도 이루지 않는다. 이것은 실재적 진리이며, 그것과 함께 시사적인 실재적 지식을 전달한다(E, 4. 8. 8).

이와 같은 사소한 명제와 시사적 명제의 구별은 분석 명제와 종합 명제의 구별을 연상시킨다. 그러나 로크는 수학의 명제들이 세계에 관한 지식이 아니라는 것을 깨닫지 못했으며, 사소한 명제들을 중요하지 않은 것으로 여겼다.[46] 어쨌든 로크는 우리가 지각한 어떤 관념들을 추상해서 그것들을 마음에 고정시키고 임의로 원형으로 삼음으로써 수학적 지식의 확실성과 보편성을 확보했다. 곧 로크는 데카르트가 본유 관념으로 설명하는 수학의 영역을 추상 작용 이론에 의해서 대체하고자 했다. 그는 데카르트의 추상 작용 이론을 이어받아서 오히려 그것을 무기로 삼아 본유 관념 이론을 공격하는 데 사용하고 있는 것이다.[47]

46) I. Berlin, 앞의 책, 126, 130면 참조.
47) Ayers, 앞의 책, 5, 11면.

5. 유사성의 문제

앞에서 살펴보았듯이 로크는 실체를 실재하지만 원리적으로 인식할 수 없는, 현상의 배후 존재의 의미로 사용했다. 그리고 실체에 관해서 그 본질을 논하는 것은 무의미하다는 생각에서 명목적 본질과 실재적 본질을 구분했다. 그러나 이 구분은 명목적 본질의 허구적 특성을 강조하게 됨으로써 경험에서 그것의 객관적인 토대가 문제되었고, 로크는 방법론적인 한계의 결과로 자연의 유사성을 언급한다.[48] 즉 그는 우리가 사물들을 어떤 이름들에 의해서 분류할 수 있는 근거를 우리가 자연에서 유사성을 발견한다는 사실에서 찾고 있는 것이다.

> 나는 여기서 자연이 사물들을 만들어낼 때 그것들의 몇몇을 비슷하게 했다는 것을 잊어 버리려고 생각하지 않으며, 부정하려고는 더욱 생각하지 않는다. 특히 동물의 종족에서, 그리고 종자에 의해서 번식하는 모든 사물들에서 이보다 더 분명한 것은 없다(E, 3. 3. 13 ; 3. 6. 36 참조).

우리가 마음속에 가지는 종의 구분에 어느 정도 상응하는 구분이 실제로 자연에서 발견된다. 로크는 우리가 사물의 종을 형성하는 것이 자연에 의해 인도된다고 믿는다.[49] 그가 인정하는 유일한 실재는 경험을 통해 드러나는 실재이므로, 우리는 경험을 안내자로 삼음으로써 일반어가 본질을 의미하도록 결정하는 것이다. 다만 그 본질이 결코 자연의 어떤 사물의 실재적인 구조는 아닌 것이다. 다

48) Collins, 앞의 책(2), 32면.
49) 같은 책, 30면.

시 말하면 자연은 대상들 사이에 어떤 유사성을 산출한다. 반면에 인간의 마음은 그 유사성에서 공통 특성을 추상하여 형성한 일반 관념에 이름을 붙인다. 따라서 사물의 종은 인간의 결정에 의해 수립된다. 개체 a가 종 S에 속하는지 묻는 것은 'a는 S다'라는 명제가 S라는 낱말의 사용을 지배하는, 우리가 수립한 약정에 일치하는지 묻는 것과 동일하다.[50)]

이처럼 인간의 감각 경험에서 어떤 유사성의 발생이 우리로 하여금 어떤 본질을 갖는 종의 개념을 형성하게 하며, 이것은 지식의 획득과 사고의 사회적 전달에 필수 불가결한 고정적이고 영원한 대상의 유형을 제공할 수 있게 한다. 그러나 자연 사물의 실재적 본질은 우리에게 드러나지 않으므로 우리는 결코 자연의 어떤 종의 필연적인 존재를 논증할 수는 없다.[51)]

그러나 보편자 문제에서 필수적인 이 유사성의 문제에 관한 로크의 설명은 결코 충분하다고 할 수 없다. 로크는 우리가 사물들을 분류할 수 있는 근거를 단지 자연에서 발견되는 사물들의 유사성에 두고 있을 뿐, 다양한 개별자들의 특성들이 단지 유사한가, 아니면 참으로 동일한가 하는 문제에는 직접적인 대답을 하지 않고 있다. 그에게 사물들은 모두 개별적인 반면에 대부분의 낱말들은 일반적인 것들이므로, 추상 관념은 이 양자를 연결하는 다리로 제공된 것이다.[52)] 그리고 어떻게 관념들이 일반적인 것이 될 수 있는가 하는 물음에 대한 설명은 바로 사물들 자체가 유사성이나 공통 특성의 형태로 어떤 일반성을 포함한다는 가정 위에서만 전개가 가능한 것이다. 전통적인 보편자 문제는 사실상 사물들이 서로 닮았

---

50) O' Connor, 앞의 책(1952), 145면.

51) Aaron, 앞의 책(1955), 204면.

52) Mackie, 앞의 책, 124면.

다는 것이 무엇이냐고 물을 때 일어나는 것인데,[53] 로크는 그저 자연은 유사하며 그것은 관찰될 수 있다고만 말하고 있다. 이것은 그의 경험주의의 기본 입장에 따르면 실재하는 존재를 전제하고 그것으로부터 본질적인 지식을 이끌어내는 것이 불가능하기 때문이라고 생각한다.

아울러 자연의 사물들은 유사하다는 그의 설명도 불충분하다. 크게 보면 유사성에는 구체적인 개별자들 사이의 유사성과 단순한 감각적 성질들 사이의 유사성이 있다.[54] 예를 들면 두 사람이 서로 닮은 것과 진홍색과 주홍색이 닮은 것을 들 수 있는데, 이 두 가지 것들이 서로 닮은 방식은 같지 않다. 개별적 존재들끼리의 유사성에서는 공통점과 차이점의 제시가 가능하지만, 단순한 성질을 나타내는 색깔에서는 공통성과 특수성을 어떻게 비교하고 가려내야 할지 분명하지 않다.

유사성의 문제에 관한 전통적 견해를 우리는 일반적으로 구성주의(compositionalism)라고 부른다. 이것은 우리가 두 사물이 동일한 특성을 공통적으로 가질 때 서로 유사하다고 말한다는 주장이다.[55] 예를 들어 A라는 사물은 a, b, c, d라는 특성들을 가졌고, B라는 사물은 a, b, e, f라는 특성들을 가졌다면, A와 B는 a, b라는 특성들을 공통으로 가졌기 때문에 유사하다. 이 견해에서 제기되는 문제점은 A와 B가 여러 특성들이 복합된 개별자가 아닌 단순 성질을 나타내는 관념의 경우에도 유사할 수 있느냐 하는 것이다. 로크가 제시한 설명은 주로 추상 작용에 의해 형성된 추상 관념에 의해 의미되는

---

53) 같은 책, 111면.

54) O' Connor, 앞의 책(1952), 143면.

55) R.I. Aaron, "Hume's Theory of Universals", *Proceedings of Aristotelian Society*, 42(1941~1942), 117~118면.

것으로서 개별자들의 유사성에 관한 것이다. 그런 추상 관념은 모든 유사한 개별자들에 공통적인 특성들로 이루어진 복합 관념이며, 로크가 제시한 설명은 전통적인 견해와 다를 바 없다. 단순 관념들의 유사성에 관해서 그는 다음과 같이 말하고 있다.

> 흰색과 붉은색의 관념으로부터 어떤 것도 추출될 수 없으므로 그것들이 하나의 공통된 현상에서 일치하게 하기 위해서는 하나의 일반적인 이름을 갖게 해야 한다. … 그러므로 불쾌한 열거를 피하기 위해서 사람들은 흰색과 붉은색, 그리고 여러 다른 그러한 단순 관념들을 하나의 일반적인 이름으로 파악할 것이다. 그들은 그 관념들이 마음에 들어오는 방식만을 의미하는 한 낱말에 의해서 그렇게 하지 않을 수 없었다. 왜냐하면 흰색, 붉은색, 그리고 노란색이 모두 색깔이라는 이름으로 파악될 때, 그것은 그런 관념들이 오직 시각에 의해서만 마음에 산출되며, 눈을 통해서만 들어온다는 것 이상을 의미하지 않기 때문이다…(E, 3. 4. 16).

구성주의의 설명에 따르면 복합체가 아닌 단순 관념들은 서로 유사할 수 없으므로 단순 관념의 일반화가 불가능하다는 결론이 된다. 로크는 이러한 난점에서 벗어나기 위해 단순 관념들에 내재하지 않는 공통 특성을 찾고 있다. 다시 말해서 흰색과 붉은색은 둘 다 눈에 보이는 것으로서 동일한 방식으로 눈에 들어오므로 이 측면에서 서로 유사하다고 할 수 있다는 것이다. 그러나 이렇게 설명한다면 그는 사실상 흰색이라는 것을 '희다'(being white)는 것과 '눈에 보인다'(being a visible)는 두 가지 특성으로 이루어진 복합체로 여기는 결과가 된다.[56] 이처럼 로크에서 단순 관념들의 유사성 문제는 설명되지 않은 채로 남는다.

6. 의의와 문제점

이제까지의 논의에서 알 수 있듯이 로크는 의사 소통을 그의 보편자 이론 전개의 단서로 삼고 있다. 텅 빈 공간에 흩어져 있는 원자들이 자연 세계를 이루듯이 사회의 구성도 그런 식으로 보고 있는 그의 원자적 개체주의에 의하면 언어의 주된 목적이 의사 소통인 것은 당연하다. 인간은 사회를 필요로 하며, 사회는 의사 소통을 필요로 한다. 의사 소통은 개인의 사고를 남에게 드러내는 것인데, 개인의 사고는 사적이며 남에 의한 직접적인 지각이 불가능하므로, 외적으로 감각 가능한 공적 기호가 반드시 필요하기 때문이다. 그리고 이렇듯 의사 소통이 언어의 주된 목적이라면 사고와 언어가 독립적으로 존재할 수 있다는 생각도 그에게는 자연스러운 것이다.[57] 그러나 낱말의 의미가 관념에서 발견될 수 있다는 그의 견해는 심리주의적 이론으로 해석되어 최근에는 별로 주목할 만한 가치가 없는 것으로 여겨진다.[58] 첫째, 의미는 심상이나 감각처럼 내성 가능한 것과 동일시될 수 없으며, 내성은 우리에게 어떤 낱말을 사용하는 사람의 마음에 항상 그 낱말의 동일한 심상이 재발하지는 않는다는 것을 보여 준다.[59] 둘째, 만약 의미가 그렇게 심적인 개별자의 일종이라면 우리는 결코 남이 말하는 낱말에 의해 의미되는 것을 알 수 없다.[60] 이렇게 된다면 공적인 기호로서 언어의

---

56) Aaron, 앞의 책(1941~1942), 118면.

57) C. Landesman, "Locke's Theory of Meaning", *Journal of the History of Philosophy*, 14(1976), 25면.

58) 같은 책, 23면 ; Mackie, 앞의 책, 107면.

59) Alston, 앞의 책, 58면.

60) Bennett, 앞의 책, 5면.

역할 자체가 불가능하게 된다. 나아가 로크는 문장이 낱말로 이루어지므로 우리의 사고도 관념으로 이루어진다고 보고, 관념을 언어의 원자인 낱말에 의해 표현 가능한 의미의 원자로 여긴다.[61] 이것은 인간 지식의 기본 단위를 관념으로 보는 그의 경험주의적 입장에서는 당연하다. 그러나 우리의 의사 소통의 단위는 명제이며, 언어의 의사 소통적 기능을 근거로 한 의미 이론은 어디까지나 명제를 의미론적으로 기본적인 것으로 다루어야 한다는 것이 오늘날 일반적으로 확립되어 있는 견해이다. 곧 낱말의 의미 설명은 명제의 의미에 대한 낱말의 역할에 의해서 주어져야 하는 것인데,[62] 로크는 이 사실을 아직 깨닫지 못하고 있다.

낱말을 관념의 기호로 보는 로크는 존재하는 모든 것은 개별자인 반면에 대부분의 낱말들은 일반적인 것이라는 사실에 부딪친다. 어떤 언어도 고유 명사만으로 이루어질 수는 없으며, 일반어들은 인간의 지식에 필수적이다. 또한 의사 소통의 가능성도 일반어의 사용에 의존한다. 여기서 그는 개별자들과 일반어를 연결하는 다리로서 추상 관념을 제시한다. 그에게 우리가 일반어를 사용하는 것은 바로 우리가 추상 관념을 가진다는 증거다.[63] 이 추상 관념은 추상 작용에 의해 개별 관념의 기호가 된다. 추상 관념은 그 존재에서는 개별적이지만 의미에서 일반적인 것이 되는 것이다. 이와 같은 일반화 능력의 심리학적인 문제 아래에 보편성은 어디에 위치하느냐 하는 전통적인 보편자 문제가 깔려 있다. 여기까지 볼 때 우리는 로크가 유명론자라기보다는 개념론자임을 알 수 있다. 그는 결코 한 종류에 속하는 개별자들을 나타내는 기호가 낱말이라고

61) 같은 책, 2면.
62) Armstrong, 앞의 책(1971), 428면.
63) Mackie, 앞의 책, 109면.

말하지 않는다. 그것은 추상 관념이다. 그에게 일반어는 추상 관념에 대한 언어의 상징에 불과하다. 로크에서 "보편자는 하나 이상의 개별자들이 귀착될 수 있는 이름이며, 개념이나 추상 관념은 불필요하다"는 견해는 찾아볼 수 없다.[64] 그는 결코 추상 관념을 상정하지 않는 유명론자가 아니다.

그러나 로크의 개념론은 추상 관념의 존재론적인 토대로서 자연의 유사성의 측면에 의존하게 된다. 개념론은 지성의 추상 작용의 대상으로서 어떤 형태로든지 객관적인 상황이 주어지지 않는 한 임의적일 수밖에 없기 때문이다. 로크에서 실제로 존재하는 모든 것은 개별자들이므로, 일반화하며 개념을 형성하는 것은 개별적인 대상들의 특징이나 그것들 사이의 관계가 어느 정도 지각 가능한 유사성을 보여 주는 한도까지만 가능하다.[65] 여기서 우리는 로크가 단순 관념의 원인으로서 경험에 의해서는 알 수 없는 대상 자체로서 물질적 실체의 존재를 인정하는 것, 실재적 본질을 명목적 본질이 상정된 근원이라고 주장하는 것이 모두 다 이것과 같은 맥락에서 이루어진 것임을 알 수 있다. 즉 모든 것을 경험되는 것으로서 단순한 현상에만 국한시키려는 그의 경험주의적 입장에서 경험의 원인을 경험 외적인 존재로 가정하지 않을 수 없다는 데 근본적인 어려움이 있음을 알 수 있는 것이다. 그렇다고 해서 그는 플라톤이나 아리스토텔레스처럼 초월적인 실체나 외부 존재를 전제하고 그것으로부터 보편자를 파악한다는 실재론의 입장으로 되돌아갈 수는 없었다. 따라서 그는 대상들의 유사성과 상이성은 우리에게 관찰되지만 그 대상들을 어떻게 분류하느냐 하는 것은 오직 우리의 결정에 의한 것임을 강조하여, 보편 개념은 영원히 고정 불변한 것

64) Aaron, 앞의 책(1955), 199면.
65) Woozley, 앞의 책(1967), 203면.

이라는 실재론에 대한 개선책으로서 유사성 이론의 입장을 취한다. 이처럼 보편자 문제에 관한 로크의 견해는 보편자를 인간의 마음속에 국한시키는 개념론과 단지 의미에서 고정성이라는 객관성을 보편자에 부여하는 유사성 이론이 결합된 형태를 띠고 있다.[66)]

로크의 개념론은 모든 낱말을 이름으로 보고 항상 그 낱말에 상응하는 지시체를 실재 세계에서 찾으려고 했던 전통적인 보편자 이론으로부터 낱말의 의미에서 보편성을 구하려고 하는 새로운 시도가 이루어지는 분기점에 위치한다.[67)] 그러나 그의 이론은 한결같지 않다. 그의 이론에는 자신은 구별하고 있지 못하지만 적어도 네 가지 서로 다른 견해들이 뒤섞여 있다.[68)]

---

66) Mackie, 앞의 책, 130면.

67) Woozley, 앞의 책(1967), 201, 206면 참조.

68) Aaron, 앞의 책(1955), 195~207면 ; 벌린, 앞의 책, 99면 참조. 아론은 첫째, 둘째, 넷째의 세 가지 견해로, 벌린은 첫째, 둘째, 셋째의 세 가지 견해로 분류하는데, 나는 이 두 사람의 주장을 합해서 네 가지로 분류했다. 이러한 분류에 대한 반론도 만만치 않은데, 특히 아론의 분류에 대한 린넬과 도우니의 논박이 대표적인 것들이다. 린넬의 주장의 요지는 로크의 이론에는 뚜렷하게 구별될 수 있는 입장들이 잇따라 일어나는 것이 아니라 여러 곳에서 서로 다르게 강조되지만 줄기차게 주장하는 한 가지 혼동된 입장만 있을 뿐이라는 것이다. 그는 로크는 존재하는 모든 것들은 개별자들이며 추상 관념은 지성의 창안물로서 일반적 낱말의 의미라고 언제나 말하고 있으므로 특별히 넷째 견해를 분류할 이유가 없고, 둘째 견해에 나오는 분리나 생략, 제거는 첫째 견해에도 포함되어 있다고 주장한다. 도우니는 둘째 견해와 넷째 견해가 어떤 측면에서 차이가 나는지 분명하지 않고, 특히 넷째 견해에 대한 로크의 설명이 명백하지 못하다고 주장한다. 그러나 그는 로크의 이론에는 아론의 분류의 토대는 있으며, 단지 아론이 그것을 명확하게 구별하지 못함으로써 분류에 성공하지 못했다고 주장한다. J. Linnell & W. Doney, "Discussion-Locke's Abstract Ideas", *Philosophy and Phenomenological Research*, 16, No. 3(1956), 400~409면. 그러나 나는 이러한 네 가지 분류를 전제하고 논의를 진행시키고자 한다.

첫째, 그 자체로는 개별 관념인 하나의 관념이 동일 종류의 다른 모든 개별 관념들을 대표하게 됨으로써 일반적인 것이 된다는 견해다. 여기에 따르면 추상 관념은 지성에 의해 그 대표적 기능을 부여받은 개별 관념이다(예를 들어 힘의 추상 관념. E, 2. 11. 9).

둘째, 추상 관념은 각 개별 관념에 특유한 것이 제거되고 공통된 것만이 보존된 관념이라는 견해다. 이 경우에 추상 관념은 그 구체성에서 이미 개별 관념 자체가 아니고, 많은 성질들이 사상(捨象)된 개별 관념의 부분이다. 즉 이 경우에 추상 관념은 개별 관념에 대해 전체에 대한 부분으로서 관련을 맺게 된다(예를 들어 사람의 추상 관념. E, 3. 3. 7).

셋째, 추상 관념은 동일 종류에 속하는 모든 개별 관념들이 갖고 있는 특성들을 융합한 관념이라는 견해이다(예를 들어 삼각형의 추상 관념. E, 4. 7. 9).

넷째, 추상 작용에 의해 형성된 고정된 의미가 동일 종류의 사물들이 공유하는 본질을 이룬다는 견해다. 사물들의 종류의 본질 또는 종은 추상 관념이며, 우리는 그것에 비추어 사물들을 분류한다. 물론 여기서 말하는 본질은 아리스토텔레스적인 의미의 본질이 아니라 명목적 본질이다.

로크의 이론이 한결같지 않고 여러 견해가 뒤섞여 있게 된 이유 가운데 하나는 인간이 사고할 때 지성의 대상이 되는 모든 것을 관념이라고 정의하는 그에게 사실상 서로 다르게 다루어져야 할 추상 관념의 종류가 여럿이기 때문이라는 것이다.[69] 나아가 로크의 추상 관념과 개별 관념의 구별은 사실상 개념과 지각을 가리키는 것이다. 2장에서 본 것처럼 《포르 루아이얄 논리학》에 따르면 하나

69) Mackie, 앞의 책, 118면.

의 추상 관념을 갖는다는 것은 예를 들어 도로의 길이와 폭처럼 지각될 수 있는 것의 어떤 특징들을, 그것이 갖고 있으며 그것과 분리될 수 없는(사고에서는 예외로 하고) 다른 특징들에 주목하지 않고 생각하는 것이다. 로크는 이 주장을 그대로 받아들이고 단순 관념과 복합 관념의 구분의 원리에 의해 추상 작용을 설명하려고 한다. 다시 말해서 본유 관념을 부정하고, 인간의 지성은 지각에 받아들여진 단순 관념을 재료로 삼아 추상 작용에 의해서 복합 관념을 만든다고 주장하는 로크의 의도는 지각과 사고를 연속선 위에 놓으려는 것이다. 이것은 또한 그가 지각, 사고, 또는 지성의 직접적 대상인 것은 무엇이든지 관념이라는 동일한 용어로 표현한 이유이기도 하다. 그에게서 지각에 들어오는 것, 기억에 저장되는 것, 추상 작용에 의해 형성되는 것은 모두 관념이다. 그렇다면 추상 관념은 마음에 의해 수행된 작용들을 겪은 지각이다. 추상 관념은 마음이 지각에 의해서 받아들인 개별 관념들을 그것에 수반하는 다른 모든 세부 사항들로부터 분리되어 마음속에 나타나는 것으로 고려하는 추상 작용에 의해 형성된다. 곧 이러한 생략과 제거의 과정을 통해 지각이 개념이 되는 것이다.[70)]

그러나 로크의 이런 시도는 단순 관념이라는 용어가 두 가지 서로 다른 것, 즉 주어진 것(the given)과 나누어질 수 없는 것(the indivisible 또는 atom)을 의미함으로써 혼란을 불러일으킨다.[71)] 즉 사고와 지각이 풀 수 없게 혼동됨으로써 단순 관념과 복합 관념의 구분에 대한 두 가지 양립할 수 없는 설명이 나오게 된다.

첫째, 일반적으로 말해서 로크에서 단순 관념은 마음이 수동적으로 받아들인 것이며, 복합 관념은 마음이 능동적으로 형성하는 것

70) Linnell, 앞의 책, 404면.

71) Aaron, 앞의 책(1955), 111~112면.

이다. 곧 복합 관념 자체는 마음에 주어질 수 없다. 감각 대상들은 대부분 우리가 원하든 원하지 않든 간에 그것들에 대한 관념들을 우리 마음에 강요하며, 이러한 관념들이 주어졌을 때 지성은 그것들을 갖기를 거부할 수 없을 뿐만 아니라 그것들이 새겨졌을 때 그것들을 변경시키거나 없애거나 또는 새로운 것을 만들 수도 없다(E, 2. 1. 25 ; 2. 2. 2). 이처럼 지성의 행위가 첨가되지 않고 상상력의 조작이 개입되지 않은 지각의 직접적 대상이 '주어진 것'이라는 의미의 단순 관념이다. 나의 분류에 따르면 이것은 발생적 의미의 관념이다.

둘째, 로크에 따르면 고유 명사에 의해 지시되는 것들을 제외한 모든 관념들은 추상 관념들이다. 그런데 그는 그것들 중 어떤 것들은 정의될 수 없는 것들로서 단순 관념이며, 다른 것들은 정의될 수 있는 것들로서 복합 관념이라고 말한다(E, 3. 4. 4). 복합 관념을 나타내는 이름은 그것을 구성하고 있는 단순 관념들의 이름에 의해 정의될 수 있지만, 각각의 단순 관념은 어떤 것들로 나누어질 수 없기 때문에 정의될 수 없다. 또한 마음속에 처음 들어오는 관념들은 개별 사물들의 관념들이라는 것은 명백하다. 즉 처음에 우리는 개별 사물들을 지각한다. 이때 단순 관념들은 함께 연합된 여러 결합체들로 존재하는 것으로 관찰된다.[72] 그것에 관해 생각할 때 우리는 함께 하나의 복합 관념을 형성하고 있는 덜 흥미로운 특징들을 생략하고 전 집단에 공통적인 특징들에 주목함으로써 매우 일반적인 관념들을 형성하게 된다. 계속되는 추상 작용에 의해 우리는 더욱 덜 복합적인 관념들을 얻을 수 있다. 이 견해에 따르면 단순 관념들이란 가장 높은 정도의 추상 작용을 포함하는 것이다.

72) 같은 책, 112면. 이것은 복합 관념도 주어진다는 것을 의미한다. E, 2. 11. 7 ; 2. 22. 2 ; 2. 23. 1 ; 2. 15. 9 참조.

이것은 '나누어질 수 없는 것'이라는 의미의 단순 관념이다. 이 단순 관념은 감각에 주어진 것이라기보다는 추상 작용의 결과인 가장 한정적인 개념이다. 나의 분류에 의하면 이것은 성향적 의미의 관념이다.

전자와 후자는 동의어가 아닌데도 로크는 그것을 구분하지 않고 사용한다. 개념들의 구성에 관한 로크의 이론적 분석은 원자론적 지각 이론과 혼동되어 있다.[73] 이처럼 관념이라는 용어를 마음의 대상뿐만 아니라 마음의 작용 전체를 포괄하는 의미로 사용하고, 단순 관념과 복합 관념의 구분이라는 원리에 의해서 사고를 지각으로 설명하려는 로크의 시도는 실패로 돌아갔다.

한편 로크의 원자론적 지각 이론은 경험의 사실과 부합하지 않으며, 단순 관념도 심리학적으로 원초적이지 않다. 우리가 고립된 감각적 성질을 경험하고 감각적 대상에 관한 관념을 획득하기 위해 그것들을 한데 뭉친다는 것도 사실이 아니다. 우리는 결코 로크가 제시한 간단한 방식으로 복합 관념에 도달하지 않는다. 복합 관념의 형성 방식에 관한 로크의 설명은 실제로 발생하는 과정의 기술이 아니다. 그것은 단순 관념과 복합 관념의 논리적 관계를 말하고 있으며, 실제로 그가 한 일은 새로운 용어의 용법을 도입한 것이다.[74] 그러나 그는 마치 사실적 전제를 제시하고 마음의 자연스러운 과정을 기술하는 것처럼 그의 설명을 제시함으로써 혼란을 불러일으킨다. 이러한 혼란은 보편자 문제를 지각에 주어진 것만으로 경험주의적으로 설명하는 데 근본적인 한계가 있다는 것을 드러내고 있는 것이며, 버클리와 흄의 논박의 실마리를 제공해 주는 동시에 그들의 이론 전개의 방향을 예고해 주는 것이기도 하다.

---

73) Urmson, 앞의 책(1967), 120면.

74) Ayer, 앞의 책, 11~14면.

제4장 버클리의 심상론

1. ESSE EST PERCIPI

버클리는 우리의 감각 경험을 설명하기 위해서 신과 물질(버클리는 물질이라는 낱말 대신 물질적 실체라는 낱말을 주로 사용한다)을 함께 상정하는 미립자 철학의 존재론은 과다한 것이며, 물질이란 불필요한 것이라고 주장한다. 그의 철학은 이러한 존재론이 우리의 일상적인 사고와 논의의 대상인 감각적 사물을 빠뜨리고 있다는 데 착안한 것이다. 그는 이 존재론에 포함된 요소들 상호간의 인과적 연쇄가 역학적으로 해명될 수 없다는 점에 주목한다. 그는 원인이 되는 존재는 실체여야 한다는 데카르트의 견해를 그대로 물려받는다. 그러나 원인이 된다는 것을 의지의 작용으로 보는 버클리에게 미립자론자들에 의해 수동적이며 비활성적인 것으로 상정된 물질이란 결코 어떤 것의 원인이 될 수는 없는 것이었다.[1)]

---

1) 원인에 대한 그의 견해는 P, 25~29, 50~51, 53, 62~66, 102~107면에 잘 나타나 있다. 그 내용은 "물질적이거나 비사유적인 원인은 없으며, 유일하게 참된 원인은 정신이다. 신이 자연에서 변화의 유일한 원인이며, 인간은 신으로부터 파생된 제한적인 원인의 힘을 가진다"는 것으로 요약할

따라서 데카르트에서 '물질과 정신'이었던 사물의 서로 이질적인 두 가지 궁극적 범주가 버클리에서는 '감각 관념과 정신'으로 바뀐다. 그는 지각되는 것과 실제로 존재하는 것을 구별하는 미립자론자들의 주장에 반대하고, 지각되는 것 곧 관념의 존재만 인정한다. 그에게 관념은 더 이상 외부 대상 세계의 표상으로서 매개물이 아니며, 감각적 사물 자체인 것이다. 여기서 '존재하는 것은 지각되는 것'(esse est percipi)이라는 그의 명제가 성립한다.

이러한 자신의 철학적 명제의 성립 근거로서 버클리는 미립자 철학의 이론적 토대인 제1성질과 제2성질의 구분은 무의미하며, 물질과 그것에 의해 야기된 관념 간에 상정된 유사성은 경험적으로 확증될 수 없음을 지적한다. 이와 같은 지적 이외에 물질 개념의 불필요성을 주장하는 그의 경험적 관념론에서 핵심적인 지위를 차지하고 있는 것은 추상 관념을 부정하는 그의 이론이다. 그는 미립자론자들이 지각과 무관한 독립적인 외부 대상 세계의 존재를 인정하고 감각적 사물의 배후에 그것의 원인으로서 물질이 존재한다고 주장하게 된 이유는 그들이 우리 마음에 추상 작용의 능력을 부여하고, 상상할 수 없는 것을 사고할 수 있게 하는 수단으로서 추상 관념을 끌어들이기 때문이라고 주장한다. 그에 의하면 미립자론자들은 물질을 감각적 성질을 전혀 갖지 않는 것으로 상정하였으므로 그것에 상응하는 관념은 추상 관념이다. 그는 이 추상 관념의 존재를 부정하고, '물질'이라는 낱말은 결국 아무 관념도 나타내지 않으므로 무의미하다고 주장한다. 버클리는 자신의 대표 저서인 《인간 지식의 원리론》의 서론 전체를 추상주의자들의 '기성 견해'(received opinion)[2]를 논박하는 데 충당하고 있다. 이것 자체가 그

수 있다.

2) P, Intro., 18, 19, 36~37면. 특별히 여기에 각주를 단 것은 버클리와 흄이

가 자신의 경험적 관념론의 성립에서 추상 관념을 부정하는 이론의 역할에 얼마나 큰 의의를 부여하고 있는가 하는 것을 보여 준다. 그의 방법은 단순하다. 그는 로크를 기성 견해의 전형적 주창자로 선정하고, 독자들에게 로크의 이론대로 추상 관념을 형성해 보도록 권하고 그것이 불가능하다는 것을 스스로 깨닫게 함으로써 자신의 주장을 명확히 하고자 한다. 그는 어떤 유형의 추상 관념들도 형성될 수 없다는 것을 내성에 의해 밝힐 수 있다고 주장한다.

1. 제1성질과 제2성질의 구분에 대한 반박

버클리의 철학은 로크의 표상적 실재론이 지닌 난점을 지적하는 것으로 시작한다. 로크는 우리의 지각에서 항상 한 무리가 되는 단순 관념들을 하나의 사물로부터 나온 것으로 보고, 이러한 관념들의 배후에 그것들을 결속하는 독립적인 기체(基體)를 상정하고 그

공통으로 이 용어를 사용하고 있으며, 이것은 그들이 논박하려는 견해가 동일한 것임을 나타내 주는 것이기 때문이다. T, 1. 1. 7, 17면 참조. 추상주의(abstractionism)란 "한 개념은 직접적인 경험을 통해 얻은 어떤 한 특징을 주의 깊게 선택하는(추상하는) 동시에 주어진 다른 특징을 무시하는(捨象하는) 과정에 의해 얻어진다"는 학설이다. 해킹, 앞의 책, 77면. 버클리가 정확히 이 뜻으로 추상주의라는 낱말을 사용하고 있다는 것은 다음과 같은 그의 말에서 알 수 있다. "사물의 성질이나 모양은 실제로 각각 따로따로 존재하거나 다른 것들로부터 분리되어 존재할 수 없고, 사실상 같은 대상 안에 여럿이 서로 섞이고 혼합되어 존재한다는 것은 지금까지 모든 사람들이 인정하는 것이다. 그러나 우리는 마음이 각각의 성질들을 따로따로 고찰할 수 있고, 그 성질들로부터 그것과 결합되어 있는 다른 성질들을 추상해 낼 수 있으며… 혼합되거나 복합된 관념을 단순한 구성 요소로 분해해서 각각의 나머지 부분을 사상하고 그 자체만 봄으로써 스스로 추상 관념을 만들어낸다는 말을 듣는다." P, Intro., 7, 27~28면.

것을 물질적 실체라고 부른다. 즉 물질적 실체는 우리의 마음에 관념들을 일으키는 성질들을 떠받치는 실체다. 성질들은 다시 제1성질과 제2성질로 나누어진다. 제1성질은 물질적 실체로부터 분리할 수 없으며, 어떤 변화가 생겨도 항상 물질적 실체가 갖는 성질이며, 제2성질은 실제로 물질적 실체 안에 있는 것이 아니라 제1성질에 의존하여 우리 마음에 여러 감각을 일으키는 힘이다. 제1성질들에 의해 생긴 관념들인 고체성·연장·형태는 제1성질들과 유사하며, 그 원형은 실제로 물질적 실체 속에 존재한다. 그러나 제2성질에 의해 생긴 관념들인 색깔·소리·맛은 물질적 실체와 어떠한 유사함도 갖지 못한다. 이것들은 우리의 감각 기관에 의해서 변용된 주관적 관념들이다. 로크는 이처럼 단순 관념의 원인으로서 물질적 실체의 존재를 인정했지만, 그것의 본질에 대해서는 '무엇인지 알 수 없는 어떤 것'(something I know not what)이라고 하였다. 우리가 갖는 물질적 실체의 관념은 주어진 관념들의 무리를 떠받치는 '무엇인지 알 수 없는 어떤 것'의 관념인 것이다.

버클리는 로크의 '무엇인지 알 수 없는 어떤 것'으로서 물질적 실체는 사실상 존재하지 않는다고 비판한다. 우선 그는 물질적 실체 개념의 이론적 근거인 제1성질과 제2성질의 구분은 그 근거가 뚜렷하지 못하다고 반박한다. 그에 의하면 하나의 감각 기관에 의해 얻어지는 색깔, 맛을 주관적인 것으로, 연장이나 고체성처럼 둘 이상의 감각 기관을 통해 얻어지는 것을 물질적 실체에 속하는 실재적인 것으로 여겨야 할 아무런 이유가 없다. 그의 비판은 《새로운 시각 이론》[3]에 잘 나타나 있다. 여기서 그는 시각과 촉각을 비

3) 이 책에서 버클리는 시각의 대상과 촉각의 대상을 구분하고, 우리가 제2성질인 색을 가진 사물을 지각하는 것은 시각과 촉각의 동시적이고 습관적인 연합에 의한 것임을 보여 줌으로써 제1성질이 둘 이상의 감각 기관

교함으로써 그것들의 대상은 같은 명칭으로 지시되지만 실제로는 어떠한 공통성도 갖지 않음을 지적한다. 예를 들어 우리는 사물의 크기를 본다고 생각하지만 실제로 우리는 크기를 볼 수 없다. 우리의 시각에 주어지는 것은 일정한 강도를 지닌 색깔의 감각뿐이기 때문이다. 우리가 크기를 지각하는 것은 색깔의 감각과 촉각에 의한 감각들의 결합에 의한 것이다. 마찬가지로 거리나 위치에 대한 우리의 지각도 시각과 촉각이라는 서로 다른 두 감각 기관에 의한 관념들의 결합에 의해서 이루어진다. 곧 제1성질로 분류되었던 크기나 형태와 제2성질로 분류되었던 색깔은 분리시켜 생각할 수 없다. 크기와 형태를 갖는 것으로 지각되는 사물들 또한 색깔을 가지며, 색깔을 갖는 것으로 지각되는 사물들 또한 형태와 크기를 가진다. 아울러 제1성질은 물질적 실체의 항구적 성질이며 제2성질은 우리의 감각 기관에 의해 변용된 주관적 성질이라는 구분도 적합하지 않다. 한 사물도 가까운 곳에서 본 것과 먼 곳에서 본 것에 따라 그 크기가 다르며, 보는 각도에 따라 그 형태도 달라진다. 따라서 제1성질도 색깔이나 냄새와 같은 제2성질과 마찬가지로 우리의 감각에 따라 변화한다.

이와 같이 제1성질과 제2성질의 구분 근거가 애매함을 주장하는 것 이외에 버클리가 로크의 물질적 실체 개념을 반박하는 데서 중요한 것은 물질적 실체와 그것에 의해 야기된 관념 간에 상정된 유사성의 부정이다. 버클리에 의하면 이러한 유사성은 성립될 수 없다. 우리의 지각의 직접적인 대상은 관념이다. 로크의 주장대로 관념의 원형인 물질적 실체가 존재한다고 가정할 때 그것은 지각 가능한 것이거나 지각 불가능한 것일 것이다. 만약 그것이 지각 가능

에 공통적으로 지각되는 것이기 때문에 물질적 실체에 속한 것이라는 이론을 반박하고, 그 구분이 무의미함을 보여 준다.

한 것이라면 그것은 관념일 것이며, 지각 불가능한 것이라면 그것과 우리의 관념이 유사하다는 주장은 색깔이 '보이지 않는 어떤 것'과 유사하다거나, 딱딱함이나 부드러움이 '만질 수 없는 어떤 것'과 유사하다고 주장하는 것처럼 어리석은 일이다(P, 8, 44면). 유사, 비교는 관념과 관념 사이에서만 가능한 것이다. 나는 표상적 실재론에 대한 버클리의 반박의 핵심을 이루는 원리를 '관념은 오직 관념과 비슷할 수밖에 없다'(An idea can be like nothing but an idea)는 것으로 보고 이것을 '유사성의 원리'(Likeness Principle)라고 일컫고자 한다.[4)]

2. 추상 관념의 부정

로크의 추상 관념 이론에 관한 버클리의 논박은 언어에 관한 그의 일반적인 관점을 배경으로 하고 있다. 그는 우리가 개념적 혼란에 빠져 있기 때문에 언어에 대해 보다 더 명료하게 한 뒤에 철학을 하는 것이 바람직하다고 생각한다. 모두 25개의 절로 구성되어 있는 《인간 지식의 원리론》의 서론에서 그는 독자들에게 자신의 철학을 이해시키기 위해서는 먼저 언어의 본성과 남용에 관한 것을 말하는 것이 필요하다고 주장한다(P, Intro., 6, 27면). 로크에서 언어의 본래의 기능은 낱말에 의해 특징지어진 관념의 전달이라고 상정된다. 이에 대해 버클리는 정념이나 행동을 불러일으키며, 우리의 마음을 특정한 경향에 빠지게 하는 것과 같은 언어의 정서적 사용에 주의를 집중시킨다(P, Intro., 20, 37~38면). 그리고 그는 우리

4) 이 구절은 P, 8, 9, 57, 90면 등 여러 곳에 나타난다. P.D. Cummins, "Berkeley's Likeness Principle", *Journal of the History of Philosophy*, 4(1966), 63~69면 참조.

가 낱말에 의한 기만을 피하려면 언어와 여러 종류의 낱말들의 다양한 기능과 목적을 구별하고 순전히 용어상의 논쟁인 것과 그렇지 않은 것을 식별해야 한다고 주장한다. .

버클리는 지식의 소통에서 일반어들이 사용된다는 것을 부정하지는 않는다. 그러나 추상주의자들이 일반어들은 추상 관념을 나타내기 때문에 의미를 갖는다고 생각한 반면에, 그는 그러한 낱말들에 상응한다는 추상 관념은 지각될 수 없으므로 있을 수 없다고 주장한다. 따라서 버클리의 논박은 두 부분으로 나누어지지 않을 수 없다. 우선 그는 추상 관념은 있을 수 없다는 것을 보여 주어야 하며, 그 다음으로는 일반어를 추상 관념에 상응시키는 방법 이외의 다른 어떤 방도에 의해서 그러한 낱말들이 갖는 의미를 설명해야만 하는 것이다. 이를 위해 그는 추상적 일반 관념(abstract general idea)과 비추상적 일반 관념(nonabstract general idea)을 구별하고, 전자 즉 추상 관념의 존재는 부정하지만, 후자 즉 일반 관념의 존재는 긍정하는 방식을 택한다. 먼저 추상 관념의 존재를 부정하는 그의 논의를 살펴보자.

앞에서 보았듯이 로크는 낱말이란 어떤 지시체를 나타내기 위해서 임의로 선택된 소리라고 주장한다. 그의 철학의 기본 입장에 의하면 그 지시체는 우리가 직접 아는 것이어야 하고, 우리가 직접 아는 것은 오직 관념밖에 없다. 따라서 낱말이 직접적으로 의미하는 것은 관념이다. 즉 "낱말은 그것의 원래의 또는 직접적인 의미에서 그것을 사용하는 사람의 마음속에 있는 관념들 이외의 아무것도 나타내지 않는다"(E, 3. 2. 2). 낱말의 의미와 관념의 관계에 관한 이 이론에 따르면 낱말은 그것이 우리에게 나타내는 대상이나 성질이 관찰될 수 있는 것일 때 우리에게 무엇인가를 의미하며, 우리의 의사 소통도 이러한 낱말들이 말하는 사람과 듣는 사람 사이에 동일한 의미를 지닌 것으로 인정됨으로써 가능하다.

버클리는 관념과 사물의 관계에 대해서는 로크의 이론을 반박하지만, 낱말은 그것을 사용하는 사람의 마음속에 있는 관념을 나타냄으로써만 의미 있다는 의미 이론에서는 그와 거의 같은 견해를 가진다. 즉 우리는 버클리의 '기성 견해'(P, Intro., 19, 37면), '일반적인 동의'(common consent)(P, 139, 105면)와 같은 표현에서 그가 로크의 관념 작용론적 의미 이론을 받아들이고 있음을 알 수 있다. 그에 의하면 모든 의미 있는 낱말은 어떤 관념을 나타낸다. 그리고 관념에 대한 이런 관계가 낱말을 의미 있게 한다. 낱말이 의미를 갖는다는 것은 바로 그것이 어떤 진정한 관념을 나타낸다는 것이다. 곧 우리가 낱말의 의미를 안다는 것은 사용된 각 낱말에 대하여 관련되는 관념들을 마음에 그릴 수 있다는 것을 뜻한다.[5] 여기에 따르면 아무런 관념도 나타내지 않는 낱말은 무의미한 낱말이다. 로크도 이미 보편자는 실재하는 사물에 속한 것이 아니라 지성에 의한 창안물에 불과하다고 지적했지만, 그는 언어의 특성에 의하여 일반어와 추상적 실재물이 상응해야 한다고 생각했다. 일반어들이 분명히 있으므로 추상 관념의 존재를 추론할 수 있다고 믿게 되고 그것이 관념으로서 존재한다는 것을 인정한 것이다.[6] 언어에 대한 이러한 생각은 그가 인간과 동물의 커다란 차이가 추상 관념의 소유 여부이며, 동물들이 추상 관념에 대한 일반적 기호인 언어를 사용하지 않는다는 사실은 그것들이 추상 관념을 형성하는 추상 작용의 능력을 갖고 있지 않다는 것을 보여 준다고 주장하는 데서도 엿볼 수 있다(E, 2. 11. 10~11). 버클리는 동물이 추상 작용을 할 수 없다는 점에서는 로크에게 동의한다. 그러나 그는 그 능력이

5) George Pitcher, *Berkeley*(London: RKP, 1977), 180~181면.

6) Collins, 앞의 책(2), 64면.

인간과 동물을 구별짓는 것이라면 세상에는 극소수의 인간들만 존재할 것이며, 생각보다 훨씬 많은 동물들이 존재할 것이라고 비웃는다(P, Intro., 11, 30~31면). 이것은 단순히 추상 작용의 능력을 극소수만 갖는 어떤 것이라고 말하는 것이 아니라, 아무도 그것을 갖고 있지 않다고 말하는 것이다. 즉 버클리에 의하면 언어를 사용한다는 것이 곧 추상 관념을 형성하는 능력이 있음을 보여 주는 것은 아니며, 추상 관념이 존재한다고 생각하는 것은 언어의 기만에서 비롯된다. 우리는 보통 동일한 명칭을 갖는 것들이 공통으로 갖는 특성을 표시하는 관념으로서 추상 관념이 있다고 생각하지만 이것은 잘못된 것이다. 언어가 지시하는 것이 반드시 관념으로서 존재한다고 생각할 수는 없다는 것이다.

여기서 버클리는 로크의 의미 이론과 그의 개념론의 관련이 필연적임을 발견한다. 로크의 의미 이론에 따르면 의미 있는 일반어가 있는데 어떤 구체적인 개별 관념도 그것에 상응하지 않는다면 단지 일반어가 나타낼 상응물을 제시하기 위해서는 추상 관념을 도입할 수밖에 없는 것이다.[7] 버클리는 낱말이 관념을 나타내지 않아도 의미 있을 수 있다고 반박하면서 적어도 네 가지 종류의 반대 예를 제시한다.[8]

첫째, 가장 명백한 것은 관념이 아닌 다른 것들을 나타내는 낱말들이 있다는 사실이다. 의지 작용, 자아, 인격, 불변화사는 마음 또는 마음의 작용을 나타냄으로써 의미를 갖는다.[9]

---

7) 이를테면 유와 종은 명명하기 위해서 만들어진다. E, 3. 6. 39.

8) N. Kretzmann, "History of Semantics", EP, 제7권(1967), 382~384면 참조.

9) 여기에 관해서는 2절에서 자세히 다루겠지만, 버클리의 비물질주의에서는 존재하는 것이 마음과 그것에 의해 지각되는 관념들밖에 없으므로 낱말이 나타낼 수 있는 것들도 그것들에 국한된다. 따라서 관념이 아닌 다른 것들

둘째, 버클리는 우리가 "낱말에 의해 표시된 관념들의 일치나 불일치를 지각함으로써 명제를 이해한다"는 로크의 주장을 공격한다. 그에 의하면 우리가 개별적인 개에 대해 "멜람푸스는 동물이다"(Melampus is an animal)라고 말할 때 두 개의 관념을 가진 것이 아니라, 단지 하나의 있는 그대로의 적나라한(naked and bare) 관념, 즉 내가 멜람푸스라는 이름을 부여한 개별 관념만 갖는다. 이 명제에서 '동물'은 어떤 관념도 나타내지 않는다. 우리가 의미하려는 모든 것은 단지 멜람푸스라고 부르는 개별 사물이 동물이라는 이름으로 불릴 자격이 있다는 것이다. 그러나 여기서 동물이라고 말하는 것이 멜람푸스가 나타내는 것과 동일한 관념을 나타내는 것일 수는 없다. 그렇게 되면 항신 명세(tautology)가 되고 말기 때문이다(FD, 19, 136~137면). 두 번째 예의 요점은 버클리가 지시 관계의 본성에 대해 의문을 제기한다는 것이다. 세 번째와 네 번째 예들은 지시 관계가 의미에서 항상 본질적 요소인 것은 아니라는 것을 보여 주려는 것이다.

셋째, 낱말들 중에는 어떤 고정된 특정한 관념을 사람들에게 불러일으키지 않는 것들이 많이 있으며, 관념을 지시한다고 할 수 있는 낱말들이 추리와 일상 대화에서 종종 해석되지 않은 채로 사용된다. 그런 식으로 사용된 낱말은 그것이 발생할 때마다 지시하도록 고정되어 있는 특정한 관념을 그것을 사용한 사람의 마음속에

을 나타내는 낱말들의 다른 종류의 예는 있을 수 없다. 불변화사가 마음의 작용을 나타낸다는 그의 주장은 PC, Notebook A, 80~81면에서 볼 수 있다. 우리는 마음의 행위를 나타내는 것을 성향적 의미에서 관념이라고 함으로써 관계 관념의 설명에 혼란을 빚었던 로크와 그것을 관념이 아닌 '개념'(notion)이라고 함으로써 마음의 행위에 대한 인식을 대상적 인식과 구별하는 버클리에서 개념론과 심상론의 차이를 볼 수 있다.

항상 나타내지는 않는다. 또한 그것을 듣는 사람이나 읽는 사람의 마음속에 상응하는 관념을 일으키지도 않는다. 버클리는 이러한 것들의 대표적인 경우로 대수학에서 문자들이 사용되는 것을 든다. 그에 의하면 대수학에서는 모든 특정한 양이 각각의 문자에 의해 표시되지만, 그렇다고 해서 모든 단계에서 각 문자들이 표시하는 특정한 양이 머릿속에 떠오를 필요는 없기 때문이다(P, Intro., 19, 37면).

넷째, 명제의 의미는 낱말이 나타낸다고 할 수 있는 관념들로부터가 아니라 명제의 목적이나 의도에서 발견될 수도 있다. 일반어가 반드시 말하는 사람이 듣는 사람의 마음속에 떠올리고자 하는 관념의 표시로 의도하지 않더라도 적절한 기능을 발휘하도록 사용될 뿐만 아니라, 심지어 고유 명사도 그것에 의해서 표시된다고 생각되는 개별자들에 대한 관념을 떠올릴 목적으로 말하지 않는 경우도 있다. 예를 들어 어떤 스콜라 철학자가 "아리스토텔레스가 그렇게 말했다"고 말할 때 그가 의도하는 것은 습관에 의해서 그 이름에 결부되어 있는 복종심과 순종으로 우리가 그의 의견을 받아들이도록 하는 것이다(P, Intro., 20, 38면). 나아가 한 낱말은 그것이 한 관념을 나타낼 가능성을 미리 배제하는 문맥에서도 무의미하지 않게 발생할 수 있다. 예를 들어 "신이 자신을 사랑하는 사람들을 위해 준비한 좋은 것들은 눈으로 보지 못하고, 귀로 듣지도 못하고, 사람이 생각하도록 그의 마음에 들어오지도 않는 것과 같은 것들이다"라는 명제에서 주어인 '좋은 것들'이 그러한 것이다. 버클리에 의하면 이 마지막 명제의 의도나 목적은 사람들의 마음에 사물이나 선의 추상 관념을 불러일으키는 것이거나 축복받은 사람의 기쁨의 개별 관념을 불러일으키는 것일 수는 없다. 그 명제의 의도는 그들을 더 즐겁게 하고, 의무에 열중하게 하는 것이다

(FD, 19, 137면).

이와 같은 버클리의 의미 이론은 기호 이론(doctrine of signs)[10] 이라는 제목의 다음 인용문에 요약되어 있다.

> 대체로 모든 기호들에 관해서 많은 것들을 말할 수 있다: 그것들은 마음에 의미된 관념들을 항상 암시하지는 않는다: 그것들이 관념을 암시할 때 그것은 일반적 추상 관념이 아니다: 그것들은 단지 관념을 나타내거나 표시하는 것 이외에 적절한 정서를 불러일으키고, 마음의 어떤 성향이나 습관을 산출하고, 이성적 행위자들을 작용하게 하는 궁극적 의도나 목적, 일차적 원동력이며 동기인 행복을 추구하는 데 우리 행위를 맞추게 하는 것과 같은 다른 용도를 갖는다: 기호들은 사물들의 관계를 함축하거나 암시하기도 한다. 관계, 습성이나 비율들은 기호들의 도움에 의해 표현되고 논박되지 않고서는 우리에게 이해될 수 없기 때문에, 기호들은 우리로 하여금 사물들에 관해서 행위할 수 있게 해준다: 언어 · 추리 · 학문 · 신앙 · 동의의 참된 목적은 그 정도는 다르지만 단지(주로 또는 항상) 관념들을 전하거나 획득하는 것이 아니라, 상상의 선을 향하는 능동적인 작용적 본성을 가진 어떤 것이다: 표시되는 관념들이 마음에 제공되지 않아도, 또한 그런 관념이 마음에 제공되거나 나타날 가능성이 전혀 없을지라도 그 목적은 때때로 달성될 수 있다: 예를 들어 마이너스 제곱근을 표시하는 대수 기호는 그런 양의 관념을 형성하는 것이 불가능해도 기호 논리학 계산(logistic operations)에서 그 용도를 갖는다. 대수 기호에 해당하는 것은 마찬가지로 낱말이나 언어에도 해당하며, 근대 대수학은 사실상 더 간결하고 적절하고 인공적인 종류의 언어다. 따

10) 이 표현은 버클리가 로크한테서 빌려온 것이다. E, 4. 21. 4 참조.

라서 덜 편리하기는 하지만 대수학의 과정의 모든 단계들을 낱말에 의해서 기다랗게 표현하는 것은 가능하다…(A, 7. 14, 307면).

추상 관념을 부정하는 논증에서 버클리는 기성 견해를 옹호하는 사람들이 일반적으로 인정하는 것으로 보이는 두 가지 경우의 추상 작용의 가능성을 부인한다.

첫째, 분리된 채로 존재할 수 없는 성질들 가운데 어떤 것을 다른 것으로부터 추상하거나 따로따로 인식할 수 없다. 예를 들어 연장성을 가지고 색깔을 띠고 있으며 움직이고 있는 어떤 대상으로부터 연장성이 제외된 색깔의 관념을 구성하거나 또는 색깔과 연장성이 모두 제외된 운동의 관념을 구성하는 것은 불가능하다(P, Intro., 11, 30~31면).

둘째, 개별자들로부터 추상 작용에 의해 일반 관념을 만들어낸다는 것도 불가능하다. 예를 들면, 실재하는 개인들의 모든 개별적인 특성들을 생략하는 동시에 포함하는 사람의 관념을 갖는다는 것은 불가능하다(P, Intro., 9, 28~29면).

그러나 그가 추상 작용의 능력을 전면적으로 부정하는 것은 아니다. 그는 우리가 관념들로부터 무엇인가를 추상하거나 일반화하는 것은 가능하나 단지 그것이 낮은 단계에 머물 수밖에 없다고 주장한다. 즉 그는 색깔이나 모양과 같은 사물의 속성이나 성질을 구별할 수 있다는 의미의 추상 작용의 능력은 인정한다. 하지만, 이것은 로크가 주장하고 있는 추상 작용의 능력은 아니다.

나는 내가 지각했던 개별적인 사물들의 관념들을 상상하거나 마음에 그리며, 다양하게 섞고 나누는 능력을 갖고 있음을 안다. 나는 머리가 둘 달린 사람이나 말의 몸과 결합된 사람의 윗 부분들을 상상할 수 있다. 나는 손·눈·코를 각각 그 자체로 몸의 나머지 부분들로부터 추상되거나 분리된 채로 고려할 수 있다. 그러나 내가 상상하는 손이나 눈은 무엇이든지 간에 어떤 개별적인 형태와 색깔을 가져야만 한다. 마찬가지로 내가 상상하는 사람의 관념은 희거나 검거나 황갈색인, 또는 허리가 곧거나 꼬부라진, 또는 크거나 작거나 중키인 사람 중 어느 하나의 관념이어야 한다. … 솔직히 말해서 나는 어떤 대상 안에 함께 결합되어 있지만 그것들이 없이도 실제로 존재할 수 있는 다른 부분들이나 성질들로부터 어떤 개별적인 부분들이나 성질들을 분리된 채로 고려할 때와 같이 어떤 의미에서는 추상할 수 있음을 자인한다. 그러나 나는 그렇게 분리된 채로 존재하는 것이 불가능한 성질들을 각각 추상하거나 따로따로 생각할 수 있음을 부정한다. 또는 나는 앞서 말한 방식으로 개별자들로부터 추상에 의해 하나의 일반 개념을 형성할 수 있음을 부정한다…(P, Intro., 10, 29~30면).

여기서 우리는 버클리가 관념을 언어적 개념이 아니라 그림과 같은 지각적 심상과 동일시하며, 추상 작용을 분석의 능력, 즉 분리 가능한 부분들을 독립적으로 고려하는 능력으로 제한하고 있음을 알 수 있다.[11] 버클리에서 관념이란 감각적 사물 자체, 즉 구체적인 실재물이기 때문에 그가 로크의 이론을 비판할 때 주로 공격하는 것은 절대적으로 한정적인 심상이 아닌 관념, 즉 추상적 일반 관념이 있을 수 있다는 주장이다.[12] 심상은 그 본성상 일정한 형태를

11) 이것은 2장에서 《포르 루아이얄 논리학》에서 제시된 세 가지 종류의 추상 작용 중에서 첫번째 것에 해당한다. 그런데 거기서 아르노는 이것이 일반적으로 우리가 추상 작용이라고 부르는 것은 아니라고 말하고 있다. 그렇다면 버클리는 그 정도의 추상 작용만 인정하고 있다고 할 수 있다.

가져야 한다. 관념이 관념이려면 한정적이고 개별적이어야 하기에 추상 관념이란 존재하지 않는다. 추상 관념이란 말은 용어상의 모순이며, 사용하는 낱말에 어떤 관념도 상응하지 않는다면 낱말을 사용하면서 무의미한 소리를 지껄이는 셈이다. 예를 들어 말을 어떤 일정한 크기나 색깔로 한정하지 않거나 삼각형을 어떤 일정한 형태로 한정하지 않고서는 말이나 삼각형을 그릴 수 없듯이 마음에 어떤 일정한 말이나 삼각형을 그리지 않은 채 말이나 삼각형의 관념을 가질 수는 없다. 그렇게 하지 않고서도 말이나 삼각형이라는 낱말을 사용할 수는 있지만, 그것은 그 낱말을 그 낱말의 사용과 결부되는 명료한 관념이 없이 막연하게 사용하는 것일 뿐이다. 또한 우리가 관념들을 임의로 섞고 나눈다는 것은 부인할 수 없는 심리적 사실이므로, 만약 추상주의자들이 의미하는 추상 작용이 의미하는 것이 오직 이러한 능력에 국한되는 것이었다면 버클리는 그것을 부정하지 않았을 것이다.[13] 그에 의하면 우리는 독자적으로 존재할 수 없는 것을 추상할 수는 없으며, 개별자들로부터 추상해서 일반 관념을 형성하는 것도 불가능하다. 모든 관념들은 필연적으로 그 내용에서 개별적인 것이어야 하기 때문이다. 따라서 우리는 움직이는 사물과 별도인 운동의 추상 관념, 존재하는 사물과 별도인 존재의 추상 관념, 감각적 사물과 별도인 물질의 추상 관념 같은 것은 형성할 수 없다. 만약 가능하다면 그것은 '학자들'에게나 가능할 것이다. 그는 철학 저작과 논쟁의 적지 않은 부분이 바로 '학자들'이 마음속에 추상 관념의 존재를 상정하고 마치 그것을 잘 알고 있는 식으로 취급하는 데서 오는 것으로 본다(P, Intro., 17,

---

12) I. Berlin, 앞의 책, 21~22면.

13) A.A. Luce, *Berkeley's Immaterialism*(London: Thomas Nelson & Sons Ltd., 1945), 34면.

35면). 그는 스콜라 철학자들과 당시의 이성론자들, 그리고 로크를 '학자들'로 일컬으며, 자신의 주장은 형이상학적인 추상 작용에 의해 그 마음이 오도되지 않은 대중(the vulgar)의 사고 방식과 일치하는 상식적인 것이라는 점을 강조하고자 한다.

추상 작용을 단지 분석의 능력으로 본 버클리는 어떤 분석에 의해서도 로크가 말하는 삼각형의 추상 관념을 형성할 수는 없다고 주장함으로써 로크에게 치명타를 가했다고 생각한다.

> 독자들에게 추상 관념의 본성과 그 본질적인 용도에 대해 더욱 분명한 견해를 제시하기 위해서 나는 《인간 지성론》에서 뽑은 또 다른 구절을 덧붙이려 한다. 그것은 다음과 같다. "추상 관념은 개별 관념들처럼 어린아이나 또는 아직 훈련이 되지 않은 마음에 그렇게 명백하거나 쉽지 않다. 성숙한 인간에게 명백하고 쉽게 보인다면 그것은 단지 항상 친숙하게 사용해 와서 그렇게 되었을 뿐이다. 왜냐하면 우리가 그것을 잘 반성해 보면 우리는 일반 관념이 마음에 의한 허구이며 고안물이라는 것, 어려움을 수반한다는 것, 우리가 상상하듯이 그렇게 쉽게 제시되지 않는다는 것을 알게 될 것이기 때문이다. 예를 들어 삼각형의 일반 관념(가장 추상적이고 포괄적이며 어려운 것은 아니지만)을 형성하는 데는 많은 수고와 솜씨가 요구되지 않을까? 왜냐하면 그것은 빗각 삼각형도, 직각 삼각형도, 등변 삼각형도, 등각 삼각형도, 부등변 삼각형도 아니면서 이 모든 것임과 동시에 아무것도 아닌 것이어야 하기 때문이다. 사실상 그것은 존재할 수 없는 불완전한 것이다. 즉 그것은 그 안에 여러 다른 모순되는 관념들의 어떤 부분들이 한데 뭉쳐진 하나의 관념이다. 마음은 이러한 불완전한 상태에서 그러한 관념들을 필요로 하며, 마음이 자연히 기울어져 있는 의사 소통의 편의와 지식의 확장을 위해 할 수 있는 한 최대로

서두른다는 것은 사실이다. 그러나 그러한 관념이 우리의 불완전함의 표시가 아닌가 의심해 볼 필요가 있다. 적어도 이것은 가장 추상적이고 일반적인 관념들은 마음이 최초로 그리고 가장 알기 쉽게 알게 되는 것들도, 마음의 최초의 지식이 정통하고 있는 것과 같은 것도 아니라는 것을 보여 주는 것으로는 충분하다"(E, 4. 7. 9). 만약 어떤 사람이 여기에 기술된 것과 같은 삼각형의 관념을 그의 마음속에 형성하는 능력을 가졌다면, 누구든 그것에 대해서 그와 논쟁하려 하는 것은 헛된 일일 것이며 나 역시 그렇다. 내가 바라는 것은 독자 여러분이 그러한 관념을 가졌는지 갖지 않았는지에 대해서 스스로 충분히 그리고 확실하게 인지하는 것이다. 생각해 보면 이것은 그다지 어려운 일이 아니다. 누구든지 자신의 사고를 들여다보아서 위에서 말한 '빗각 삼각형도, 직각 삼각형도, 등변 삼각형도, 등각 삼각형도, 부등변 삼각형도 아니면서 이 모든 것임과 동시에 아무것도 아닌' 삼각형에 대한 일반 관념의 설명과 일치하는 관념을 갖고 있는지, 또는 도대체 가질 수나 있는지를 살피는 것보다 더 쉬운 일이 있을까?(P, Intro., 13, 32~33면)

버클리에 의하면 삼각형의 관념들의 다양한 특성들은 삼각형의 추상 관념이 모순된 특성들을 가져야만 한다는 것을 뜻하며, 이것은 이해할 수 없는 것이다. 예를 들어 삼각형은 부등변 삼각형과 등변 삼각형들을 모두 포함해야만 한다. 그러나 우리는 어떻게 등각을 가지면서 동시에 갖지 않는 하나의 관념이 있을 수 있는지 이해할 수가 없다. 버클리의 주장의 핵심은 바로 이러한 이중적 표상(dual representation)이 불가능하다는 것이다.[14] 매우 높은 단계의

14) J. Dancy, *Berkeley-An Introduction*(Oxford: Basil Blackwell Ltd., 1987), 28면.

추상 관념은 모순된 특성들을 가져야만 하며, 관념을 심상으로 해석하는 그에게 이것은 불합리한 것이다. 그러므로 그는 추상 관념은 불가능하다고 결론짓는다.

3. 일반 관념의 긍정

버클리는 추상주의자들의 기성 견해는 본질적으로 비한정적인 성격의 심상이 있어야 할 것을 요구하며, 이러한 심상의 존재를 믿는 것은 터무니없는 생각이라고 보았다. 그러나 그는 의미의 일반성이 철학적 추론에서나 과학적 지식과 증명에 필수적이라는 점에서 어떤 방식으로든 그것을 설명해야 할 필요성을 인정한다. 우선 그는 특별한 종류의 관념이라고 여겨지지만 따지고 보면 존재할 수 없는 추상적 일반 관념과, 특별한 종류의 관념이 아니라 일상적인 관념으로서 특별한 기능을 하는 비추상적 일반 관념을 구별한다. 즉 그가 부정하는 것은 개별적인 성질을 갖지 않는다는 추상 관념의 존재며, 개별 관념이 동일한 명칭 아래 포섭되는 다수의 사물을 대표하는 일반 관념으로 사용될 수 있음을 부정하는 것은 아니다. 일반 관념이라고 불리는 것 자체는 개별 관념이다. 그것의 일반성은 추상된 공통 특성에 있는 것이 아니라, 개별적 특성을 다른 개별적 대상에 적용 가능한 기호로 고려하는 기능에 있다. 일단 이것을 이해하면 우리는 일반어에 상응하는 신비로운 실재물을 찾아 헤매지 않아도 된다. 그는 기하학에서 한 예를 이끌어내어 자신의 주장을 입증하고자 한다.

> …만약 우리가 낱말에 의미를 부여하고, 우리가 생각할 수 있는 것에 관해서만 말한다면, 나는 우리가 그것 자체로 볼 때는 개별적인

나의 관념이 같은 종류에 속하는 다른 모든 개별 관념들을 대표하거나 나타내게 됨으로써 일반적인 것으로 된다는 것을 인정하게 되리라고 믿는다. 이 점을 명백히 하기 위해 예를 들어 어떤 기하학자가 직선을 똑같은 두 부분으로 나누는 방법을 증명하고 있다고 가정해 보자. 그는 이를테면 1인치 길이의 검은 직선을 그린다. 이 직선은 그 자체는 개별적인 선이지만 모든 개별 직선들을 대표하는 것으로 사용되기 때문에 그 의미에서는 일반적이다. 왜냐하면 이 직선에 관해서 증명되는 것은 모든 직선, 달리 말해서 직선 일반에 대해서 증명되는 것이기 때문이다. 이 개별 직선이 하나의 기호가 됨으로써 일반적인 것으로 되는 것처럼, 그 자체로 볼 때는 어디까지나 개별적인 것인 '직선'이라는 이름도 하나의 기호가 됨으로써 일반적인 것으로 된다…(P, Intro., 12, 31～32면).

버클리에 의하면 일반 관념이란 이 기하학자가 그은 직선과 마찬가지의 것이다. 고유 명사는 개별적인 사물을 나타내지만, 일반어는 같은 종류에 속하는 다수의 개별 사물들을 무차별적으로 의미할 뿐 결코 어떤 것의 이름이 아니며, 그것이 나타내는 추상적인 공통 특성은 없다. 우리는 인식적인 내용이 없이도 일반어를 곧잘 사용하기 때문에 일반어에 상응하는 추상적 일반 관념이 있어야 한다고 판단한다. 예를 들어 우리는 '부등변도 등변도 아닌 삼각형'이라는 말, 또는 '모든 삼각형에 공통된 것'이라는 말, 심지어 더 나아가서 '사고의 대상은 아니지만 존재하는 것'이라는 말을 할 수 있다. 그러나 그것은 단지 말일 뿐이다. 마음속을 들여다보면 우리는 이러한 유혹적인 낱말에 해당하는 어떠한 관념도 발견하지 못할 것이다. 언어에 대한 버클리의 핵심적인 주장은 내가 나의 사고를 낱말을 제거한 관념으로 제한한다면 나는 쉽사리 잘못을 범

할 수가 없다는 것이다.[15)]

버클리는 우리가 같은 종류의 수많은 개별 관념들을 대표하는 관념, 즉 일반 관념을 가진다는 것과 추상적 용어들이 있다는 것을 부인하지 않는다. 그가 부인하는 것은 그 내용이 개별적이지 않은 어떤 관념이 있을 수 있다는 가능성이다. 일반 관념은 단지 다양하고 유사한 개별 관념들을 대표하도록 약속에 의해 정해진 개별 관념에 불과하며, 그것은 비한정적이라는 뜻에서 추상적이지는 않다. 추상적 용어는 비한정적이지만 우리가 그것에 상응하는 동일하게 비한정적인 성질을 가진 어떤 추상 관념을 가지는 것은 아니다.

4. 유사성의 문제

버클리는 로크의 이론을 논박함에 있어서 관념만이 마음의 유일한 직접적 대상이며, 의미 있는 낱말은 관념을 나타내고, 언어는 주로 관념 전달의 목적으로 사용된다는 로크의 이론을 그대로 받아들인다. 그러나 그는 로크가 관념을 심상과 동일시한 것으로 여김으로써 로크가 실제로 그랬던 것보다 훨씬 더 제한된 의미로 관념이라는 낱말을 사용한다.[16)] 그리고 그의 모든 논의는 지각되고 있거나 지각될 수 있는 감각적 대상의 영역에 국한되고 있으므로, 감각적 대상이 아닌 것은 전혀 문제가 되지 않는다. 그에게 관념이란 그것이 지각되는 것이든, 기억되는 것이든, 상상되는 것이든 간에 감각적 대상을 말하며, 감각적 대상이란 본질적으로 구체적이고, 개별적이며, 마음에 그릴 수 있는 것이다. 따라서 그는 상상할 수 없는 것은 곧 사고할 수 없는 것이며, 추상 작용이란 대상을 구체적

15) I. Hacking, 앞의 책, 59면 ; P, Intro., 22, 39면 참조.
16) G.J. Warnock, *Berkeley*(Notre Dame Univ. Press, 1982), 78면.

으로 마음에 그리는 과정이라고 본다. 이러한 전제가 받아들여진다면 추상 작용이 일어날 때 어떤 구체적이고 한정된 심상이 마음속에 떠올라야 한다는 것은 당연하다. 따라서 그는 감각적 대상들이 지각과 관계없이 그 자체로 존재할 수 있으며, 물질적 실체는 상상할 수는 없다 할지라도 추상 작용에 의해 그것을 사고할 수는 있다는 미립자론자들의 주장은 본질적으로 비한정적인 성격의 심상이 있어야 할 것을 요구하는 추상 관념의 원리를 포함하는 터무니없는 것이라고 일축한다.

추상주의자의 이론에 관한 그의 논박은 두 가지 원리에 의거한다.[17] 첫째, 오직 개별자만이 존재한다. 둘째, 그것 자체로 지각되거나 상상될 수 있는 것 이외에는 어느 것도 그 자체로 존재할 수 없다. 첫번째 원리에 의하여 추상적 대상이 거부되며, 두 번째 원리에 의하여 논의의 가능성은 지각 가능한 것이거나 상상 가능한 것에 국한된다. 이러한 관점에서 보면 우선 로크의 두 번째 견해와 세 번째 견해는 그 주장대로 관념들을 형성하는 것이 전혀 불가능하다는 점에서 반박된다. 로크의 두 번째 견해는 우리는 같은 종류의 모든 성질들 또는 사물들에 공통된 것(예를 들어 색깔 일반, 사람 일반)의 개별화되지 않은 관념들을 형성할 수 있다는 것이었다. 버클리는 우리가 형성하는 어떤 색깔의 관념이든 그것은 개별적인 색깔을 가진 것이어야 하며, 어떤 사람의 관념도 일정한 길이의 키와 색깔 등을 가진 특정한 사람의 관념이어야 한다는 점을 지적함으로써 이 견해를 반박한다. 그에 의하면 각 개별자에 특유한 모든 개별성이 제거될 때 우리 눈앞에 남는 것은 추상 관념이 아니라 아무것도 없으며, 내용이 완전히 추방된다는 것이다. 로크의 세 번째

17) H.B. Acton, "George Berkeley", EP, 제1권(1967), 302면.

견해는 우리는 같은 종류에 속하는 모든 개별 관념들이 갖고 있는 특성들을 융합한 관념(예를 들어 삼각형의 관념)을 형성할 수 있다는 것이었다. 버클리에 의하면 이른바 삼각형의 추상 관념은 그 자체 안에 등변, 직각, 부등변 같은 모순되는 특성들을 동시에 포함하는 자기 모순적인 것이며, 이러한 관념은 있을 수 없다. 여기서 사실상 이러한 삼각형의 관념은 로크가 공리(maxim 또는 axiom)는 마음에 최초로 알려지는 본유적인 진리가 아니라는 것을 밝히기 위해 가장 추상적이고 일반적인 관념들은 쉽게 형성될 수 없음을 보여 주는 예로서 든 것이다. 그런데 버클리는 추상 관념은 특별히 어린아이나 교육받지 못한 사람에게는 형성하기 어려운 것이라는 로크의 주장에 대해 그것은 어려운 것이 아니라 아무리 노력해도 불가능한 일이라고 비웃는다(P, Intro., 13, 32~33면). 그는 로크가 삼각형의 추상적 일반 심상을 형성할 수 있다고 말한 것으로 해석할 것을 고집하며, 그것을 찾기 위해 마음속을 들여다보라고 하면서 내성에 호소한다. 이렇게 이해될 때 그가 로크의 입장을 반박하는 것은 물론 어렵지 않다. 로크의 이론에는 버클리가 옹호하려는 입장을 포함한 여러 견해가 뒤섞여 있는데, 버클리는 이 세 번째 견해를 공격의 핵으로 삼고 있다.[18]

또한 버클리에 의하면 의미가 같은 종류에 속하는 개별자들이

18) 아론이 애당초 로크의 개념론에 세 가지 견해가 섞여 있다고 주장한 이유는 로크에 대한 버클리의 논박이 로크가 삼각형의 추상 관념에 관해 애매하게 언급한 구절을 로크의 주장의 표본이라고 잘못 생각한 데서 비롯된 것이라고 봄으로써 로크를 옹호하기 위한 것이다. Aaron, 앞의 책(1955), 196~197면 참조. 그러나 나는 버클리의 주된 주장이 단지《인간지성론》의 한 구절을 잘못 읽은 데서 비롯된 것으로 여기지 않는다. 오히려 버클리의 공격은 로크의 이론에서 발견되는 비일관성에 근거한 것이며, 이것은 근본적으로 그들의 관념 이론의 차이에서 오는 것이다.

공유하는 특성으로서 그 종류의 명목적 본질을 이룬다는 로크의 네 번째 견해도 부정된다. 로크에 의하면 한 낱말을 정의하는 것은 그 낱말을 하나의 고정된 의미에 국한시키는 것이며, 그 결과 낱말은 추상 관념인 명목적 본질을 나타내게 된다.[19] 이것은 언어의 주된 기능을 낱말에 의해 특징지어진 관념의 전달로 봄으로써 모든 의미 있는 낱말은 관념을 나타낸다는 그의 생각의 직접적인 결과다. 즉 일반어의 유일하고 정확하며 고정된 의미를 이루는 추상 관념이 있으며, 일반어가 여러 개별 사물들을 나타내게 된 것은 이것의 매개에 의한 것이라고 생각하게 된 것이다. 그러나 버클리는 한 낱말을 항상 동일한 정의에 국한시키는 것과 어디서나 동일한 관념을 나타내게 하는 것은 다른 것이라고 본다. 전자는 필수적인 것이지만, 후자는 무익하며 또한 실행 불가능한 것이라는 것이다(P, Intro., 18, 36면). 그에 의하면 한 낱말은 많은 다양한 관념들의 기호가 될 수 있으며, 결코 하나의 관념만을 가리켜야 할 필요는 없다. 모든 일반어에 덧붙여져서 그 낱말의 의미를 제한하는 하나의 정확하고 고정된 의미와 같은 것은 없으므로, 로크가 생각한 것처럼 관념의 전달, 즉 의사 소통이나 지식의 확장에 추상 관념이 필수적인 것은 아니다(P, Intro., 15, 33~34면). 나아가 버클리는 관념의 전달이 언어의 유일한 목적은 아니며, 그 이외에도 여러 다른 목적과 기능이 있다는 사실에 우리의 주의를 환기시킨다.

버클리는 하나의 개별 관념이 추상된 공통 특성을 얻음으로써가 아니라 특정한 방식의 기능을 함으로써 일반 관념이 된다고 주장한다. 하지만 로크도 이미 일반성이란 내적인 특성이 아니라 기능의 문제라는 버클리의 주장에 부합되는 그의 첫번째 견해를 갖고

---

19) E, 3. 4. 6 ; Aaron, 같은 책, 213면.

있다. 문제는 이 견해가 사실상 우리가 어떻게 하나의 개별 관념에 의해 다른 개별 관념들이 대표되는지 결정하느냐 하는 것을 설명하지 못한다는 데 있다. 예를 들어 내가 하나의 선에 대한 개별 관념을 마음속에 갖고 있다고 할 때 그 선이 모든 선들을 대표하는지 어떻게 알 수 있을까? 그 선이 모든 선들을 대표하려면 무엇이 같은 종류의 것들인가, 따라서 그 선이 무엇을 대표하는가 하는 것을 결정하기 위해서는 이미 내가 선의 일반 관념을 갖고 있어야만 한다.[20] 이 견해에는 우리가 이미 개별 관념들이 그 예인 어떤 종류를 안다는 것이 전제되고 있으며, 일반 관념이 기호로 작용하는 방식에 관한 설명이 없다. 우리가 설명해야 할 것이 바로 이 지식이며, 이것이 설명되어야 비로소 일반성이 설명되는 것이다. 따라서 이 견해만으로는 보편자 자체에 대한 설명이 되지 못한다.

나아가 버클리는 같은 종류의 것이 무엇을 의미하느냐는 문제에 대해 별다른 언급을 하지 않고 있다. 짤막하게나마 그가 유사성이라는 용어를 사용하는 것을 다음의 두 구절에서 볼 수 있다.

> …한 낱말은 그것들 사이에 어떤 유사성이 있고, 같은 종류에 속한다고 말하는 다수의 개별 관념들의 기호가 된다. 그러나 이 종류들은 대부분의 철학자들이 생각했던 것처럼 자연에 의해 결정되고 구분되지 않는다. 또한 종류들은 《인간 지성론》의 저자의 견해처럼 그것들에 덧붙여진 일반적 이름과 함께 마음속에 고정된 어떤 정확하고 추상적인 관념들에 의해서 경계가 그어지는 것도 아니며, 참으로 그것들은 내게는 어떤 정확한 경계나 한계를 전혀 갖지 않는 것으로 보인다. 왜냐하면 설령 그것들이 그러한 경계를 갖는다고 해도 나는 개

20) Urmson, 앞의 책(1982), 30면.

별 존재들의 분류에 관해 때때로 발생하는 것으로 관찰되는 의심과 망설임이 어떻게 있을 수 있는지 알 수가 없기 때문이다. 나는 사물들의 종류나 종들이 그렇게 정확하게 경계가 그어지거나 구획되어야 하는 것이 필연적이라고 생각하지 않는다. 언어는 사물들의 더 근소하고 덜 중요한 차이들을 대개 주목하지 않는 사람들의 평범한 사용에 의해서, 그리고 그것을 위해서 만들어지는 것이다. 이 모든 것들로부터 내게는 일반적 이름들을 갖는 것이 일반 관념들을 갖는 것을 함축하는 것이 아니라, 단지 그것들에 의해서 다수의 개별 관념들을 표시하는 것임이 명백한 것처럼 보인다. 언어의 모든 목적들은 추상 작용과 같은 능력의 도움이 없이도 달성될 수 있다(FD, 12, 128~129면).

…그러나 낱말들은 어떠한 추상적 일반 관념이 끼여들지 않고 상호 유사성으로부터 같은 종류에 속하는 모든 개별 관념들을 무차별하게 나타내게 됨으로써 일반적인 것이 되는 게 아닐까?(A, Appendix 1, 334면).

3장에서 보았듯이 로크는 "추상 관념에 일치하는 개별자들을 그 종류에 속한다고 한다"(E, 3. 3. 6)고 말한 바 있다. 따라서 로크에서 같은 종류란 '일정한 추상 관념에 일치하는 것들'을 의미한다면, 버클리에서는 공통 추상 작용에 관계없이 단지 '상호 유사성을 가진 것들'을 의미한다고 할 수 있다. 그에게 하나의 개별 관념이나 낱말은 주목(attention)과 상기(recall)를 위해 상호 유사한 개별자들을 함께 모으는 데 소용되는 것이다.[21] 이처럼 버클리는 로크

21) J.R. Weinberg, *Abstraction, Relation, and Induction*(Madison: The Univ. of Wisconsin Press, 1965), 28면.

나 또는 뒤에 살펴볼 흄과는 달리 존재론적 토대인 유사성의 문제를 소홀히 다루고 있다.

2. ESSE EST PERCIPERE

1. '개념' (notion)[22]의 도입

버클리는 추상 관념의 존재를 부정함으로써 이에 상응하는 물질적 실체의 존재를 부정한다. 우리가 '물질적 실체' 라는 낱말을 갖고 있다고 해서 물질적 실체가 실재한다고 할 수는 없다. '물질적 실체' 라는 낱말은 경험될 수 없는 존재를 나타내는 것이므로 의미가 없는 낱말에 불과하다(P, 24, 51면 ; 79, 75면). 결국 로크가 단순 관념의 원인으로서 상정하였던 '무엇인지 알 수 없는 어떤 것' 인 물질적 실체의 존재는 버클리에 의하면 '아무것도 아닌 것' (nothing)이다(P, 80, 75면). 우리는 우리가 지각하는 관념들 중에서 어떤 것을 물질적 실체에 속한 것으로, 다른 어떤 것을 주관적인 감각에 의한 것으로 구별할 아무런 근거도 갖지 못하며, 지각된 관념과 지각되지 않는 물질적 실체의 비교는 불가능하다. 따라서 우리가 직접 지각하는 온갖 사물들(=관념들)이 우리가 지각할 수 없는 실체에 의해 설명되어야 한다는 이론은 받아들여질 수 없다.

물질적 실체를 부정하는 버클리의 논증의 핵심은 "우리 지각의 직접적인 대상은 관념이며, 관념은 오직 관념과 유사하므로 우리는

22) 'notion' 을 특별히 '개념' 이라고 표시한 것은 이것이 버클리 철학에서 독특한 의미로 사용되고 있으므로 concept와 구별하기 위해서다.

물질적 실체의 존재를 인정할 수 없다. 그리고 '물질적 실체'라는 낱말은 관념을 나타내지 않으므로 무의미한 낱말에 불과하다"는 것이었다. 그러나 이러한 논리에 의하면 우리는 마음의 존재도 인정할 수 없다. 왜냐하면 마음이란 관념에 의해서는 알려질 수 없는 것이기 때문이다.

> 우리의 모든 관념, 감각, 또는 어떤 이름들에 의해서 구별되든지간에 우리가 지각하는 것들은 수동적이다. 즉 그것들 안에는 힘이나 작용이 포함되어 있지 않다. 따라서 한 관념 또는 사고의 대상은 다른 관념이나 사고의 대상을 산출하거나 변화시킬 수 없다. … 관념이라 함은 그 안에 수동성, 비활동성을 함축하며, 어떤 것의 원인이 될 수 없고, 어떤 능동적 존재의 유사물이나 본보기도 될 수 없다…(P, 25, 51~52면). 마음은 단일하고 나누어질 수 없으며 능동적인 존재다. … 따라서 마음의 관념은 형성될 수 없다(P, 27, 52면).

우리가 마음의 관념을 가질 수 없다면 마음의 존재를 인정할 수 없을 뿐만 아니라, '마음'이라는 낱말도 전혀 의미가 없는 낱말이다. 따라서 물질적 실체의 부정과 똑같은 이유에 의해서 마음의 존재도 부정되어야 한다. 그러나 버클리는 마음의 존재를 부정하지 않는다. 그에게서 마음은 나누어질 수 없으며 능동적인 존재로서 수동적인 관념과는 구별된다. 그의 경험적 관념론에서 지각의 주체인 마음은 대상화될 수 없는 정신적 실체이며, 그것의 본질은 '지각함'으로서 그의 대전제인 'esse est percipi'라는 명제를 능동적인 마음의 존재에 적용시킬 때는 'esse est percipere'가 된다.

그에 의하면 낱말들 중에는 비록 관념을 나타내지는 않지만 분명히 무엇인가를 나타내는 것들이 있는데, 그것은 마음에 관한 낱말들이다. 예를 들면 '마음 · 정신 · 영혼'이라든가, '지각, 의지'와 같은 마음의 작용, '관계'와 같은 마음의 작용의 산물을 나타내는 낱말들이다. 이러한 낱말들이 나타내는 것은 관념과는 매우 다르며, 관념에 의해서는 나타낼 수 없는 능동적 행위자를 나타내며, 우리는 그 낱말들의 의미를 이해한다. 우리가 '마음'이라는 낱말의 의미를 이해할 때 '우리가 아는 것'을 버클리는 '개념'이라고 부른다.

> 우리는 정신 · 영혼 · 마음이라는 낱말들의 의미를 이해하므로 정신 · 영혼 · 마음의 '개념'을 가지며, 의지 · 사랑 · 증오와 같은 마음의 작용의 '개념'을 갖는다(P, 27, 52면). 마찬가지로 우리는 사물 또는 관념들 사이의 관계의 '개념'을 갖는다(P, 142, 106면).

계속해서 그는 마음에 대해서는 관념이 아닌 '개념'을 갖는다고 주장하는 이유를 다음과 같이 밝힌다.

> 마음의 모든 비사유적인 대상은 전적으로 수동적이고, 그것의 존재가 오직 지각됨에 있다는 점에서 일치하는 반면에, 영혼이나 정신은 능동적 존재이며, 그 존재가 지각됨에 있는 것이 아니라 관념을 지각하고 사고하는 데 있다. 그러므로 완전히 서로 다르고 닮지 않은 본성들에 대한 모호함과 혼동을 막기 위해서 정신과 관념을 구별하는 것이 필요하다(P, 139, 105면).

이렇게 본다면 '개념'이란 능동적 존재인 마음을 인정하는 데서 그의 관념 이론이 부딪치게 될 혼동을 피하고, 관념 작용론적 의미 이론에 적용되지 않는 낱말들의 설명을 위해서 도입된 것이다.

2. '개념'의 정의

앞에서 말한 것처럼 우리가 어떤 것의 '개념'을 갖는다는 것은 그것이 의미하는 바를 이해한다는 것이며, 이러한 이해는 지각에 의한 것은 아니다. 즉 그것은 심상이나 감각과는 전혀 다른 것이다. 한 마음이 관념이 아닌 '개념'에 의해서 다른 마음을 안다고 할 때 인식 주체로서 마음과 인식 대상으로서 마음은 서로 독립적이다. 왜냐하면 관념은 그것을 받아들이는 마음에 의존하는 존재이지만 마음은 그 자체가 각기 독립적인 것으로서 수동적인 알려짐(its being known)과는 관계없이 존재하는 것이기 때문이다. 따라서 '개념'과 인식 대상으로서 마음은 분명히 서로 독립적이다. 그리고 '개념'은 인식 주체로서 마음도 아니다. 마음은 '개념'이 있기 전이나 또는 있은 뒤에도 여전히 존속하는, 나누어질 수 없으며 부패하지 않는 존재인 반면, 여러 '개념'이 동일한 마음에 일어날 수 있기 때문이다.[23] 마음은 능동적 존재이며, '개념'은 인식의 대상도 인식의 주체도 아니면서 마음이 마음을 알 때 갖게 되는 것이라면, 그것은 마음의 인식적 행위 또는 작용이어야 한다.[24]

> 우리의 마음에는 감각으로부터 유래된 관념 또는 수동적 대상 이외에는 아무것도 없다. 그러나 이것 이외에 마음 자체의 행위 또는 작용이 있다. 이것이 '개념'이다.[25]

---

23) S.C. Rome, "Berkeley's Conceptualism", *The Philosophical Review*, 55(1946), 683면.

24) 로움(Rome)은 '개념'을 마음의 인식적 행위로, 파크는 작용으로 정의한다. D. Park, *Complementary Notions: A Critical Study of Berkeley's Theory of Concepts*(Hague: Martinus Nijhoff, 1972), 15면.

마음은 감각 관념을 수용하는 데서는 수동적이지만 '개념'을 갖는 인식에서는 능동적이다. '개념'을 갖는 인식은 다른 말로 한다면 반성 또는 추상적 고려(abstract considering)이다.[26] 버클리가 우리가 마음의 행위를 반성할 때 갖는 것을 관념이 아니라 '개념'이라고 표현하는 것은 우리가 마음에 관하여 사고할 때 사고 행위와의 직접적인 접촉이 없이는 사고할 수 없다는 것을 의미한다. 즉 그것은 "모든 사고는 사고 과정의 인식을 동시에 수반한다"(All thinking carries with it the awareness of the thinking process)는 것을 표현하려는 것이다.[27]

이와 같은 견해는 비록 표현은 다르지만 로크와 데카르트에서 이미 나타난다. 로크는 "자신이 지각하고 있음을 지각함이 없이 지각한다는 것은 불가능하다. 우리가 보고, 듣고, 냄새 맡고, 맛보고, 느끼고, 명상하고, 무엇에 의욕을 가질 때 우리는 우리가 그렇게 한다는 것을 안다"(E, 2. 27. 9, 335면)와 같이 표현하고 있으며, 데카르트는 "우리는 우리가 의욕하고 있다는 것을 알지 못하면서 무엇에 의욕을 가질 수는 없으며, 또한 관념이 없으면 우리는 이것을 알 수 없다. 그러나 나는 이 관념이 행위 자체와 구별되는 것이라고 생각하지 않는다"[28]고 표현한다. 버클리는 모든 사고는 사고 과정의 인식을 수반한다는 견해에서 로크와 데카르트를 따르고 있으며, 단지 그들과 표현에서 차이가 난다. 즉 버클리는 우리가 우리

---

25) S, 308, 142면은 '개념'이 마음의 행위임을 명백히 언급한 구절이다.

26) S.M. Najm, "Knowledge of the Self in Berkeley's Philosophy", *International Philosophical Quarterly*, 6(1966), 256면.

27) M. Atherton, "The Coherence of Berkeley's Theory of Mind", *Philosophy and Phenomenological Research*, 43, No. 3(1983), 39면.

28) A. Kenny, 앞의 책, 127면 참조.

마음의 행위를 인식할 때 갖는 것을 관념이 아니라 '개념'이라고 표현하는 것이다. 이미 로크도 자아에 대한 인식을 직관적인 것이라고 표현했지만, 데카르트와 로크의 물질적 실체 개념을 감각 관념으로 환원시킨 버클리도 정신적 실체에 대한 인식을 '개념'이라고 표현한다. 이 점에서 버클리의 철학이 '자아 의식의 우위'라는 데카르트 철학의 전통을 그대로 따르고 있다는 것은 명백하다.[29)]

나아가 '개념'을 갖는 인식을 추상적 고려라고 한다면 이것은 그가 앞에서 부정했던 추상 작용을 결국 인정하고 있다는 것을 드러낸다. 그는 개별적으로 존재하는 성질을 갖지 않는다는 추상 관념의 존재는 부정했지만, 하나의 개별 관념이 동일한 이름 아래 놓이는 다수의 사물들을 대표하는 일반 관념으로 사용될 수 있음을 긍정했다. 이처럼 하나의 개별 관념을 같은 종류의 관념들을 대표하는 일반 관념이 되게 하는 것이 바로 추상적 고려다. 그는 스스로 존재할 수 없는 성질에 대해서 논하거나 추리할 수 없다고 말하지는 않는다.[30)]

> …여기서 우리는 변의 관계나 각의 개별적 성질들을 참작하지 않고서도 하나의 모양을 삼각형으로 고려할 수 있음을 인정해야 한다. 이 점에서 우리는 추상 작용을 가질 수 있다. 그러나 이것은 우리가 삼각형의 추상 관념을 형성할 수 있음을 증명하는 것은 아니다. 마찬가지로 우리는 사람이나 동물의 추상 관념을 형성하지 않고서도 피터(Peter)를 사람 또는 동물로 고려할 수 있는 것이다.[31)]

---

29) T.A. Kantonen, "The Influence of Descartes on Berkeley", *The Philosophical Review*, 43(1934), 483~500면 참조.

30) Rome, 앞의 책, 684면.

31) P, Intro., 16, 35면. 인용된 구절은 추상 관념 형성의 불가능성을 논하고

버클리는 우리가 어떤 대상의 모든 본성을 참작하지 않고서도 그것을 고려할 수 있다고 말함으로써 '개념적' 추상 작용을 인정하고 있다.

3. 지식의 두 종류

버클리는 마음이 마음 자체를, 또는 마음의 행위나 작용을 인식할 때 발생하는 마음의 행위를 '개념'이라고 표현함으로써 관념의 지각과 구별했다. 마음은 관념이 우리 마음에 주어지는 것과 똑같은 방식으로, 즉 지각이나 상상에 의해서 알려지는 것이 아니다. 관념이 우리 마음에 알려지는 것과 똑같은 방식으로 마음이 마음에 알려진다는 것은 마음이 마음에 대하여 비활동적이고 수동적인 대상이 된다는 것을 의미하며, 이것은 마음의 본성과 모순된다. 마음은 지각하고, 행위하며, 의욕을 갖는 존재이고, 관념은 마음에 의해서 지각되는 수동적 존재이며, 마음의 행위와 의지의 대상이다. 곧 그에게 관념은 우리의 마음에 의하여 지각되거나, 기억과 상상에 의하여 형성되는 것으로서 마음 의존적이며 수동적인 존재이고, '개념'은 이해될 수는 있으나 상상되거나 지각될 수 없는 것으로서 마음의 행위나 작용을 뜻하는 것이다. 이와 관련하여 그는 지식을 관념에 관한 지식과 마음에 관한 지식으로 나눈다(P, 86, 78면).

관념에 관한 지식은 물질의 존재와 추상 관념의 존재를 부정하는 그의 철학의 중심을 이루고 있으며 크게 자연 철학, 곧 과학과 수학으로 나누어진다. 논의의 목적상 여기서는 추상 관념의 문제와 관련된 부분만을 간략히 고찰하도록 하자.

있는 이 절의 맨 뒤에 1734년의 제2판에서 첨가된 것이다.

버클리는 과학이 우리에게 줄 수 있는 지식이란 우리가 감각 가능한 세계로부터 도출할 수 있는 것 이외에는 아무것도 없다는 자신의 주장을 펴기 위해 과학적 언어가 도대체 무엇에 관한 것인가 하는 것을 명확히 하고자 한다.[32] 우선 그는 절대 공간과 시간, 운동과 힘이라는 당시의 과학의 중심 개념에 대해 다음과 같은 견해를 내세운다.

첫째, 절대 공간은 우리의 감각 기관에 의해서 지각되지도, 순수 지성에 의해서 증명되지도 않는다. 우리는 그것을 어떤 방법으로도 알 수 없으므로, 그것은 단지 낱말일 뿐 거기에는 어떤 관념이나 실재도 상응할 수 없다. 그 낱말에 의해서 의미되는 것은 순수한 결여 또는 부정, 즉 단지 무(nothing)일 뿐이다(DM, 53, 45면). 공간은 우리의 시각이나 촉각의 적절한 대상에 대해 항상 상대적이다. 곧 감각적 대상이 없다면 공간도 없는 것이다. 우리의 시각 경험에서 공허란 없다. 항상 색깔이 있기 때문이다. 또한 촉각 경험에서 공허란 단지 접촉이나 방해물이 없다는 것일 뿐이다. 공간은 필연적으로 감각적 대상에 대해 상대적이므로 어떤 대상도 다른 대상에 의거하지 않고서는 그것의 위치가 정해질 수 없다. 즉 위치가

32) 뉴턴의 이론에 대한 본질주의적인 해석이 지배적이었던 당시 과학 사상의 주류에 대한 버클리의 비판은 당시로서는 예외적인 것이었다. 하지만 그가 적극적인 의미에서 자신의 과학 이론을 독자적으로 전개한 것은 아니며, 단지 적절한 역할을 넘어서는 과학적 방법에 관해 비판하고 있을 뿐이다. 이처럼 새로운 자연 과학의 작업을 그것의 본질적인 원리들과 비교하며, 체계화된 지식의 더 넓은 문맥 속에서 자연 과학에 인식적인 비판을 가하고 있다는 점에서 그의 작업은 명백히 과학 철학의 성격을 지닌다고 할 수 있다. 나는 이러한 그의 과학 철학을 로크로 상징되는 과학적 실재론에 대비되는 과학적 현상론이라고 본다. T.E. Jessop, "Berkeley's Philosophy of Science", *Hermathena*, 97(1963), 23~24면 참조.

가능하기 위해서는 적어도 두 개의 대상이 주어져야 한다. 절대적 위치란 가능하지도 않으며, 또한 과학적으로 요구되지도 않는다.

둘째, 절대 시간이나 순수 지속과 같은 낱말은 추상 관념 이론에 의존하는 허구에 불과한 것이다. 그런 시간의 개념을 형성하는 것은 논리적으로 불가능할 뿐만 아니라, 그것은 우리의 일상 생활의 목적이나 물리학의 탐구에도 불필요하다. 그에게 우리가 알 수 있으며, 계산에 들어맞는 것으로 인정할 필요가 있는 유일한 시간은 상대적인 것이다(P, 97~98, 83~84면).

셋째, 공간과 시간은 상대적이며, 절대 공간과 시간은 불가능한 추상 작용에 근거를 둔 것이라고 말하는 것은 운동에 관한 논의를 함축한다. 모든 운동은 상대적이므로 하나의 물체를 제외하고 나머지 모든 물체들이 없어진다고 할 때 그 하나의 물체에 부여되는 운동, 즉 절대 공간 안에서 단일 물체의 운동이란 생각할 수 없다. 예를 들어 방향은 물체의 운동에서 필수적이며, 그것은 한 물체에 대한 의존을 필요로 한다. 그리고 그 물체의 위치는 다시 또 다른 물체에 의존해서만 기술될 수 있다. 이처럼 방향은 항상 어떤 물체에 대한 관계를 포함해야 하므로 절대 운동이란 불가능하다. 곧 우리가 물체가 움직였다고 말하기 위해서는 그것이 어떤 다른 물체에 관해서 그 거리나 위치를 변경시킨다고 하는 것이 필요하다(P, 115, 92면).

넷째, 과학자들은 힘이나 중력과 같은 추상적인 낱말을 사용하면서 마치 그것이 실재적 원인으로 작용하는, 물체 속에 내재하는 필연적 성질을 의미한다고 생각한다. 그러나 그러한 낱말은 단순히 사물의 작용에 대한 우리의 감각을 기술하는 것에 불과하며, 우리 마음이 감각에서 얻어낸 관념들의 집합 이상의 것을 나타내지 않는다. 힘 또는 중력은 결코 물리적이거나 형이상학적인 어떤 실체를 나타내는 것일 수가 없다. 물체 안에 있는 힘에 관해 그것이 무엇이라고 불리든 그것은 단지 수학적 가설일 뿐이며, 자연에 실제로 존재하는 것으로 여겨져서는 안 된다(DM, 18, 35면 ; 39, 41면). 수학적 가설은 현상 세계의 배후에 허구적인 수학적 세계를 세우지만 결코 그 세계가 존재한다고 주장하는 것은 아니며, 단지 그 가정으로부터 올바른 결과가 끌어내어질 수 있다고 주장할 뿐이다. 하지만 그것은 그 이상의 것, 즉 현상 세계 배후의 실재 세계를 기술한다고 주장하는 것으로 쉽게 오해될 수 있다.

버클리에 따르면 수학적 가설은 사물의 본성 속에 불변의 본질을 갖고 있는 것이 아니라, 대체로 그것을 정의하는 사람에 따라 그 내용이 주어지므로 동일한 것이 여러 가지로 설명될 수 있다(DM, 67, 50면). 따라서 수학적 가설의 진리 여부에 관한 물음은 발생하지 않으며, 단지 계산 도구로서 효용에 관한 물음만 있을 뿐이다. 역학은 추상 작용과 수학적 가설을 사용하지 않고서는 진전될 수 없으므로 그 사용은 그것의 실제적인 효용에 의해 정당화된다. 하지만 그 실제적인 효용이 곧 그것이 물리적이거나 형이상학적인 실체를 나타낸다는 것을 증명하는 것은 아니다. 역학의 법칙은 현상의 기술 및 예측을 위한 유용한 계산 수단에 불과하며, 우리는 사물의 본성과 수학적 가설을 구별해야 한다. 여기서 그는 명백히 역학 법칙에 대한 도구주의적 입장을 취하고 있다.[33)]

이와 같은 버클리의 주장의 핵심을 이루고 있는 관점은 다음과 같은 그의 말에 잘 나타나 있다.

앞서 말한 것으로부터 운동의 참된 본성을 결정하는 데서 다음의

---

33) J. 로제, 《과학 철학의 역사》, 최종덕 · 정병훈 옮김(서울: 한겨레, 1986), 195면.

> 규칙들이 커다란 도움이 되리라는 것은 명백하다. 첫째, 수학적 가설과 사물의 본성을 구별할 것. 둘째, 추상 작용을 조심할 것. 셋째, 운동을 감각 가능하거나 또는 적어도 상상 가능한 것으로 여길 것. 그리고 상대적인 측정에 만족할 것. 만약 우리가 그렇게 한다면 자연의 비밀들을 밝혀 내고 세계의 체계를 인간의 계산으로 환원시키는 역학의 모든 유명한 정리들이 손상되지 않은 채로 있을 것이다. 그리고 운동에 관한 연구는 수많은 사소한 일, 불가사의, 추상 관념들로부터 벗어날 것이다…(DM, 66, 49~50면).

버클리는 로크보다 더 일관된 경험주의자로서 언어와 지식은 모두 관념에 관한 것이라는 자신의 원리를 위반하지 않고 수학적 개념의 의미를 설명하려고 한다. 먼저 그는 수가 대상의 특성이 아니라고 주장한다.

> …수는 사물들 자체 안에 실제로 존재하는 불변하는 고정된 것이 아니라고 여겨야 한다. 그것은 마음이 관념을 홀로 고려하거나 또는 하나의 이름을 부여한 관념들의 어떤 결합을 고려해서 그것을 하나의 단위로 간주하는 마음의 창조물이다. 마음이 그것의 관념들을 다양하게 결합함에 따라 단위도 변한다. 그리고 단위가 변화하면 단지 단위들의 집합인 수도 마찬가지로 변화한다. 우리는 창문도 하나라고 부르고 굴뚝도 하나라고 부르지만, 많은 창문과 많은 굴뚝을 가진 어떤 집도 마찬가지로 하나라고 부를 수 있으며, 많은 집들이 하나의 도시를 이루게 된다…(NT, 109, 214~215면).

또한 그는 수를 나타내는 이름들과 모양들에 의해 지시된 추상적인 수의 관념들은 없으며(P, 120, 96면), 수는 뚜렷하게 상대적이며 사람들의 지성에 의존하는 것으로서 그것을 정의하는 사람의 개념에 의존하므로 동일한 사물이 서로 다른 방식으로 설명될 수 있는데 어떻게 그것에 마음의 밖에 있는 절대적 존재를 부여하는지 의아하다고 말한다(P, 12, 46면 ; 119, 95면). 그에게 수를 알 수 없는 추상적인 것으로 여기는 이론은 불필요하고 위험한 것이기도 하다. 그는 자신들이 어떤 고도의 비경험적인 영역의 비밀들을 탐구하고 있다는 생각에 흥분해 있는 어떤 수학자들은 수에 포함된 거대한 신비를 꿈꾸며, 수에 의해서 자연의 사물들을 설명하려고 시도한다고 비판한다.

수학에 관한 버클리의 중심 주장을 요약하면 다음과 같다.

첫째, 감각적 대상들과는 별도로, 계산할 필요가 있는 어떤 한 사물 또는 어떤 종류든지 그것을 의미하도록 만들어진 기호들이 있다. 수에 관한 정리들(theorems)은 원래 그것들이 기호라는 점, 또는 사람들이 계산할 필요가 있는 개별 사물들이 무엇이든지 간에 그것들을 적절하게 나타낼 수 있다는 점 때문에 고려하게 되었던 이름과 문자들을 제외하고서는, 사실상 셀 수 있는 개별 사물들과 구별되는 어떤 대상들과 관련되어 있는 것이 아니다(P, 122, 97면).

둘째, 기호들의 체계는 약정적 개념으로 정교하게 되며, 기호들의 계산을 위한 규칙들이 발견된다. 순수 수학에서 우리는 사물들이 아니라 기호들을 고려한다. 수학적 논증의 정확성은 우리가 순수한 기호와 임의적인 규칙들을 다룬다는 사실에서 기인한다. 우리가 기호들에 관해서 그렇게 잘 논증할 수 있는 이유는 그것들이 완전하게 임의적이며, 우리의 손 안에 있고, 하고 싶은 대로 만들어지기 때문이다(PC, 732, 89면).

셋째, 대수학은 사물들로부터 이중으로 떨어지며, 더 사소한 것이다. 대수학의 종들이나 문자들은 명명의 명명들(denominations of

Denomination)이다. 문자는 수를 나타내고 수는 사물을 나타낸다. 버클리는 만약 우리가 어떤 실천적 문제도 명심하지 않는다면 수학적 추리는 무익하고 사소한 것이 되리라고 주장한다.

여기서 우리는 버클리가 수를 사물의 속성도 아니고 주관적인 관념도 아니며 단지 물리적 기호라고 주장하고 있음을 알 수 있다.[34] 로크에서 수학은 추상 관념들 사이의 관계에 관한 연구이며, 매개적 관념들에 의해 논증할 수 있었다. 버클리에서는 수학은 추상 관념들 사이의 관계들이 아니라 기호와 상징들 사이의 관계를 고찰하는 것이다.

마음에 관한 지식은 곧 '개념'에 의한 지식을 의미하며, 여기에는 마음, 마음의 행위나 작용, 관계의 지식이 있다. 로크에서 관계는 지성에 의한 복합 관념이었으나 버클리에서는 관념이 아니다. 그는 우리가 관계된 사물들(=관념들)과 구별되는 사물들(=관념들) 사이의 관계의 '개념'을 갖는다고 말한다. 그것은 우리가 관계의 '개념'이 없이도 사물들을 지각할 수 있기 때문이다.[35] 관계는 관념들

---

34) 이러한 버클리의 주장은 플라톤주의를 단호히 거부하는 형식주의(formalism)라고 부를 수 있다. F. Zabeeh, *Hume*: *Precursor of Modern Empiricism*(Hague: Martinus Nijhoff, 1960), 14면 참조.

35) P, 89, 80면 ; 142, 106면. 버클리는 관념들 사이의 관계는 마음의 행위에 의해 발견되는 것이 아니라 만들어지는 것이며, 또는 적어도 관계를 짓는 행위가 관계의 내용물에 들어간다는 것을 함축하는 것으로 보이는 이 견해를 다른 곳에서는 전개하지 않는다. 어쨌든 관계는 마음의 행위를 포함하기 때문에 우리는 사물들의 관계의 관념보다는 '개념'을 갖는다고 더 적절하게 말할 수 있다. 이것은 관계들이 마음의 행위임을 암시한다. 그러나 관계에 대한 버클리의 언급이 그렇게 명확한 것만은 아니다. 많은 구절에서 버클리는 "우리는 관념들의 계속되는 연속을 지각한다", "우리는 어떤 감각 관념들이 항상 다른 관념들의 뒤를 잇는 것을 지각한다", "우리는 관념들의 일련의 연속에 관한 경험을 갖는다"고 말함으로써 그 의미에 혼

이 그것에 의해서 해석되고 정리되는 '개념'이다. 버클리에서 정의, 원리, 의미되는 것(what is meant)은 모두 관계의 의미를 표현한다. 더 넓게 말하면 관념들이 아닌 우리 사고의 요소들은 관계들이다.[36] '개념적' 지식은 이와 같이 진행중이거나 능동적인 것, 알려질 수는 있으나 지각될 수는 없는 것에 대한 지식이다.[37] 이 '개념적' 지식은 마음이 마음 자체, 또는 마음의 행위를 고려하거나 반성할 때 동시에 수반되는 마음의 행위에 대한 인식이다. 여기서 마음은 관념을 받아들이는 지각의 수동성과는 분명히 다른 능동적 행위를 갖는다. 엄격히 말해서 우리는 서로 다르고 무관계한 관념들을 단순히 지각하는 것만으로는 지식을 성립시킬 수 없으며, 이러한 마음의 능동적인 작용을 통해서만 지식을 획득할 수 있다. 버클리가 '개념적' 지식을 강조한 것은 이러한 의미에서다.

버클리가 지식을 관념의 지식과 마음의 지식의 두 종류로 나눈 것은 그의 철학의 구성 요소가 'esse est percipi'로 표현되는 관념과 'esse est percipere'로 표현되는 마음이라는 데서 오는 필연적 귀결이다. 그에게 과학과 수학은 관념에 관한 지식이며, 마음에 관한 지식은 곧 형이상학이다. 그는 이처럼 두 지식을 구분하고, 관념의 지식을 형이상학적 전제로부터 완전히 자유로운 학문으로 규정하고자 한다.[38] 두 종류의 지식은 동등하게 참이며 그것들 사이에 모순은 없다. 관념의 지식은 단지 관찰된 사실들의 편리한 요약이

란을 가져다준다. P, 26, 52면 ; 32, 54면 ; 59, 66면.

36) Park, 앞의 책, 100면.

37) Najm, 앞의 책, 256면.

38) J. Myhil, "Berkeley's De Motu-An Anticipation of Mach", *George Berkeley*, ed., S. Pepper, K. Ashenbrenner, and B. Mates(Univ. of California Publication in Philosophy, 1957), 142면.

며 우리의 경험을 체계적으로 기술해 놓은 것인 반면에, 형이상학은 그것 자체는 경험될 수 없는 경험의 원인에 대한 설명이다. 그러나 관념의 지식이 형이상학의 영역을 침범하여 원인을 다루려 하거나, 마음이나 관념 중 어느 것도 가리키지 않는 무의미한 낱말을 사용할 때 그것은 틀리거나 무의미한 것이 되고 만다.[39] 이처럼 버클리에서 마음 자체나 마음의 작용에 관한 논의는 여전히 형이상학의 영역으로 남아 있다.

3. 의의와 문제점

추상 관념을 부정하는 버클리의 심상론은 사실상 플라톤 이래 현대 철학에 이르기까지 여전히 논란을 불러일으키고 있는 보편자 문제에 관한 논의의 한 부분을 차지하고 있다. 로크의 개념론은 모든 낱말을 이름으로 보고 항상 그 낱말에 상응하는 지시체를 상정했던 실재론으로부터 낱말의 의미에서 일반성을 구하려는 새로운

---

39) 버클리에서 모든 현상의 진정한 원인은 신이며, 자연 현상에서 관찰되는 규칙성은 신의 목적의 증거와 기호로 간주된다. 따라서 자연 세계의 궁극적 설명은 신을 언급함으로써 이루어질 수 있으며, 자연 과학은 신에 관한 지식을 전제로 하거나 또는 그것을 형이상학으로부터 빌려와야만 한다. DM, 34, 40면 참조. 한편 자연 과학은 본성상 설명적인 것이라기보다는 기술적(記述的)인 것이며, 현상의 원인보다는 상호 관계를 규명하며 주로 인간 경험의 예측에 관여한다는 그의 주장은 19세기 이후 실증주의자들의 과학관과 거의 일치한다. 그리고 과학과 형이상학의 영역을 구분하는 것도 논리 실증주의의 선구라고 할 수 있다. 다만 논리 실증주의자들이 형이상학의 가능성을 부인하는 데 반해 그는 실증주의의 원리를 과학에만 적용시키고 형이상학은 실증주의적 비판에 종속시키지 않는다는 점에서 차이가 있음을 알 수 있다. Acton, 앞의 책, 296, 303면 참조.

시도가 이루어지는 분기점에 있다. 따라서 추상 작용과 그 산물에 관한 그의 설명은 한결같지 않으며, 여러 견해가 그 안에 뒤섞여 있다. 그는 이데아나 본유 관념 이론에 호소하는 플라톤 이래의 이성주의자들과는 달리 감각 경험에 주어진 단순 관념을 토대로 한 복합 관념으로 설명함으로써 경험주의적 접근을 시도했다. 하지만 그는 여전히 낱말의 의미를 낱말이 지시하는 것에서 찾고자 했기 때문에 추상 관념의 존재를 인정할 수밖에 없었다. 버클리는 낱말은 한 언어 속에서 그것이 어떻게 사용되는가에 따라 의미를 갖는다는 점을 강조함으로써 추상 관념을 상정하지 않고 일반성의 문제를 해결하고자 한다.

버클리의 심상론의 의의는 무엇보다도 그가 일반성의 문제를 논의하는 과정에서 보편자 문제에 얽힌 커다란 난점의 원천인 '한 이름에 하나의 불리는 것'(unum nomen, unum nominatum)이라는 원리가 잘못된 것이라는 점을 밝혀 냈다는 데 있다.[40] 이렇게 본다면 보편자 문제에 대한 그의 대안 제시보다 개념론의 부정 자체가 의미 있는 것일 수도 있다. 그는 이 원리에 의해 일반어에 의미를 부여하는 상응체로서 보편자나 추상적 일반 관념이라고 불리는 실재물이 고안된 것이라고 본다. 그러나 그에 의하면 일반어는 문장 속의 기능에 의해서 의미를 갖지만 결코 이름이 아니며, 그것이 의미를 갖는다는 것이 어떤 실재물과 상응 관계에 있다는 것은 아니다. 나아가 그는 언어의 기능을 주로 관념의 전달, 즉 기술적(記述的)인 것으로 보는 견해도 이 원리와 관련된 것으로 본다. 그는 언어가 정념이나 행동을 불러일으키며, 우리의 마음을 특정한 경향에 빠지게 하는 것과 같은 다른 많은 목적을 위해서도 사용되며, 대개의

40) Woozley, 앞의 책(1967), 201면.

경우 관념의 전달이 없이도 이것들이 얻어질 수 있다는 점을 지적한다. 그는 언어의 기능을 주로 기술적인 것으로 볼 때 우리는 수학적 명제나 윤리적 명제, 과학적 명제가 일상적인 경험의 세계와는 다른 어떤 세계를 기술하는 것으로 여기고, 그 명제의 객관적인 상응체를 찾기 위해 많은 무익한 허구적 실재물을 발명하게 된다고 주장한다.[41] 그는 이처럼 감각의 한계를 넘어서는 특별한 형이상학적 고안물에 의존하거나 신비로운 실재물을 언급하지 않고 일상적 감각 경험에서 직접적인 검증에 의해 수립될 수 있는 진리를 제시하려 한다. 따라서 낱말에 의한 기만을 피하고 순전히 용어상의 논쟁인 것과 그렇지 않은 것을 식별함으로써 많은 철학적 난문으로부터 우리를 구출하기 위해서 추상 관념을 제거하려는 그의 심상론은 이러한 그의 철학적 입장에 잘 부합된다. 그는 우리의 인식 능력을 감각 능력으로 축소시켜 보았다는 비판을 면할 수 없으나, 인간의 마음이 전적으로 감각 능력이기 때문에 우리가 어떠한 추상 관념도 가질 수 없다고 주장하는 점에서는 로크보다 더 일관되고 철저한 경험주의자의 모습을 보여 준다. 그의 주장은 로크의 경험주의를 철저하게 밀고 나가면 도달하게 되는 결론이다. 만약 로크가 시작했던 곳에서 출발한다면 논리적으로 버클리가 도달한 곳에서 끝나야 한다. 로크의 주장대로 단순 관념들이 지각의 대상이고 복합 관념들이 그것들로부터 형성된다면, 버클리의 말대로 모든 추상 관념들은 상상할 수 있는 것이어야 한다. 그는 로크보다 그 외연이 훨씬 축소되기는 했으나 더 명백한 의미로 관념이라는 용어를 사용하고 있기 때문이다. 물질의 이해 가능성을 경험주의적 가설로 보고 그것은 추상 관념에 의존하므로 옹호될 수 없다는 그

41) I. Berlin, 앞의 책, 156면.

의 주장은 그가 해석한 의미에서는 분명히 옳으며,[42] 이것은 로크의 과학적 실재론으로부터 그의 과학적 현상론으로의 이행을 반영하고 있다.

그러나 어쨌든 버클리도 일반성의 문제를 만족스럽게 해결하지 못했는데, 그것은 특히 그가 이 문제를 논리적인 것이 아니라 심리적인 것으로 잘못 보고 있는 데서 비롯된 것이라는 것이 일반적인 평가다. 즉 일반어는 어떻게 의미를 갖게 되며, 그것은 과연 고유명사와는 다른 방식으로 의미를 갖게 되느냐 하는 것은 논리적인 문제로서 일반어에 상응하는 관념이나 심상을 찾기 위해 내성에 호소하는 것으로는 해결할 수 없는 문제라는 것이다.[43] 나는 버클리가 일반성의 문제를 해결하지 못했다는 것은 인정하지만, 그의 주장이 심리적인 것이어서 그런 결과를 낳았다고 생각하지는 않는다. 그가 추상주의자들이 심적 응시에 의해서 마치 발견할 수 있는 것처럼 여겼던 추상 관념이 없다는 것을 내성에 의해 명백히 알 수 있다는 표현을 함으로써 그러한 인상을 준다는 것은 사실이다. 그러나 추상 작용에 대한 버클리의 공격은 그 자신의 내성에 의한 추상 관념 발견의 실패에 의존하는 것이기보다는 그가 추상주의자들의 이론에서 발견한 모순에 근거를 둔 것이다.[44] 그는 추상주의자들이 우리의 사고에서만큼은 보편자를 개별자들로부터 분리할 수 있다고 주장하는 데 문제가 있음을 발견한다. 버클리에 의하면 개별자들로부터 보편자를 분리하는 것은 사물의 어떤 특성을 사물로부터 분리하는 것이며, 이것은 절대로 불가능하다. 절대로 불가능한 것은 모순을 포함하며, 모순을 포함하는 것은 무엇이든지 사고될

---

42) Urmson, 앞의 책, 29면.
43) I. Berlin, 앞의 책, 154~155면.
44) Weinberg, 앞의 책, 5~24면 참조.

수 없다는 일반 원리[45]와 관념을 심상으로 여기는 그의 관념 이론에 의하면, 추상적 일반 심상은 한정적 특성을 가져야 하며 결코 양립 불가능한 특성을 가질 수 없다는 논리적 근거에서 형성 불가능하다. 만약 보편자는 개별자들과 떨어져서 존재할 수 없는 마음속의 실재물이라는 추상주의자들의 주장과 모순을 포함하는 것은 존재할 수 없다는 일반 원리가 참이라면 '오직 보편적 특성만을 가진 마음속의 실재물'이라는 것은 용어상 모순이라고 버클리는 주장한다.[46]

또한 만약 로크가 버클리가 비판한 대로 추상 관념을 일종의 심상이라고 말한 것이 아니라면, 버클리의 주장은 표적을 빗나간 것이라는 평가에 대해서 나는 로크가 추상 관념을 심상으로 여겼든 그렇지 않았든 간에 버클리의 비판은 적절하다고 생각한다.[47] 왜냐하면 그는 로크의 개념론의 밑바닥에 놓여 있는 언어의 본성에 관한 두 가지 전제를 문제 삼고 있기 때문이다. 그 두 가지 전제란 첫째, 모든 낱말은 하나의 정확하고 고정된 의미를 가지며, 따라서 일반어의 참되고 직접적인 의미를 구성하는 추상 관념이 있어야만 한다는 것이고, 둘째, 언어의 기능은 의사 소통의 기능이며 모든 의

45) 버클리가 이 원리를 받아들이고 있다는 것은 다음의 인용문에 잘 나타나 있다. "나는 불가능한 일은 생각될 수 없다는 것은 기성의 공리(received axiom)라고 생각한다. 무엇 때문에 지성적 피조물이 신이 그것의 원인이 되었을 리 없는 것을 감히 생각한다고 할 것인가? 추상적이거나 일반적인 어떤 것도 실제로 존재하는 것일 수 없다는 것에는 모두가 동의한다. 그러므로 그것은 지성 속에 관념적 존재조차 가질 수 없다는 결론이 되는 것으로 보인다"(FD, 10, 125면). 초고의 이 내용은 출판된 《인간 지식의 원리론》에 그대로 반영된 것으로 보인다. "그러나 나는 그렇게 분리되어 존재하는 것이 불가능한 성질들 중 어떤 것을 다른 것으로부터 추상하거나 따로따로 생각할 수 있다는 것을 부인한다"(P, Intro., 10, 30면).

46) Weinberg, 앞의 책, 22면.

미 있는 낱말은 관념을 나타내야 한다는 것이다. 이에 대한 버클리의 반박은 첫째, 한 낱말은 추상적 일반 관념의 기호가 아니라, 그것이 무차별하게 마음에 암시하는 여러 개별 관념들 중 어느 하나의 기호가 됨으로써 일반적인 것이 되며(P, Intro., 11, 30~31면), 어떤 일반어에 덧붙여진 하나의 정확하고 한정적인 의미와 같은 것은 없다는 것이다(P, Intro., 18, 36면). 둘째, 관념들을 나타내는 의미 있는 낱말들이 그것들이 사용될 때마다 나타내도록 되어 있는 관념들을 지성에 불러일으켜야 할 필요는 없다는 것이다(P, Intro., 19, 37면). 이 두 전제가 잘못된 것임을 보여 줌으로써 버클리는 로크가 어떤 종류의 추상 관념이 있어야만 한다고 생각하게 된 근본적인 이유를 드러내고 그것을 무효화한다.

문제는 이미 살펴본 것처럼 개별 관념으로 하여금 일반 관념의 기능을 하게 하는 것이 무엇인가 하는 것이 바로 보편자 문제를 야기하는 것인데, 버클리는 이에 대한 대답을 하지 못하고 있다는 점이다. 버클리는 로크의 추상 작용 이론이 데카르트처럼 순수한 지적 개념을 인정한 것이므로 경험주의에서 벗어난다고 비판하지만, 그 자신도 만족스럽게 해결하지 못했을 뿐만 아니라 어느덧 추상 작용을 인정하고 있음을 보여 준다. 순수한 지성을 부인하면서 동시에 추상 관념을 부인하는 견해의 결과는 유명론의 일종이 될 수밖에 없으며, 버클리의 심상론은 이러한 면모를 잘 나타내 준다. 이처럼 로크의 추상 작용에 대한 버클리의 반박은 여전히 일반적 의미와 개별적 존재의 관계 문제를 근본적으로 해결하지 못하고 있다. 이것은 인간 지식의 기본 단위를 관념으로 보고, 존재에 관한 논의를 관념에 관한 논의로 환원하는 그들의 경험주의적 입장의 당연한 귀결이라고 할 수 있다.

제5장 흄의 온건 유명론

1. 인상과 관념

버클리는 로크의 경험론을 그것의 논리적 귀결로 이끌어서 지각의 주체와 그 주체의 심적 사태를 자신의 철학의 전제와 결론으로 삼음으로써 물질적 실체에 대한 신념을 폐기시켰다. 흄은 버클리보다 한 걸음 더 나아가 정신적 실체마저도 지각된 관념들의 다발로 환원시켜 버린다. 또한 그는 로크나 버클리처럼 독자들이 직접적인 내성에 의해서 즉시 확증할 수 있는 관찰의 결과로서 자신의 철학이 인간의 마음에 관한 자연 과학에서 출발하는 것처럼 제시한다.

흄은《인성론》의 첫 문장을 관념 이론으로부터 시작한다. 앞에서 보았듯이 로크에서 관념이라는 용어는 인간의 지성의 대상이 되는 것은 무엇이든지 가리키는 포괄적인 것이었다. 버클리는 마음의 작용적 측면을 '개념'이라고 표현함으로써 관념이라는 용어를 대상적 측면에 국한시키고 그것을 구체적 심상과 거의 같은 의미로 사용했다. 흄은 먼저 지각을 크게 인상과 관념의 두 가지로 나누고 다음과 같이 정의한다.

> 이것들의 차이는 이것들이 우리 마음에 부딪쳐서 우리의 사고나 의식에 들어오는 데서 갖는 강도와 활발함의 정도에 있다. 가장 힘있고 강렬하게 들어오는 지각들을 우리는 인상이라고 부를 수 있다. 나는 우리의 모든 감각과 정념, 감정들이 영혼에 처음 나타났을 때 그것들을 이 이름으로 파악한다. 나는 관념이라는 이름으로 사고나 추리에 나타나는 그것들의 희미한 심상들을 의미한다(T, 1. 1. 1, 1면).

이 인용문에 나타난 것처럼 인상과 관념의 차이는 그것들의 생생함의 차이에 있다. 물론 이러한 정도의 차이가 언제나 명백한 것은 아니다. 흄 자신도 "잠잘 때, 열광할 때, 미쳐 있을 때, 또는 영혼이 아주 강렬한 감정에 휩싸였을 때 우리의 관념은 인상과 비슷할지도 모른다. 다른 한편으로 우리의 인상이 너무 희미하고 강렬하지 않아서 그것들을 관념과 구별할 수 없을 때도 있다"(T, 1. 1. 1, 2면)고 말한다. 그러나 그는 일반적으로 인상과 관념의 구별은 유효하다고 고집한다. 마음의 직접적인 대상을 지각에 한정시키고, 그 안에서 인상과 관념을 구분하고자 하는 그로서는 당연한 일이다.[1)]

인상과 관념을 구분한 흄은 그것들을 다시 단순한 것과 복합적

1) 흄은 인상과 관념이라는 용어의 사용에 대해 특별히 각주를 달고 있다. "나는 여기서 인상과 관념이라는 용어들을 일반적으로 사용되는 것과는 다른 뜻으로 사용하며, 이러한 자유가 내게 허용되기를 바란다. 나는 로크가 관념이라는 낱말을 우리의 모든 지각들을 나타내는 것으로 곡해시켰던 것으로부터 그것의 원래의 의미로 되돌려 놓을 것이다. 인상이라는 용어에 의해서 나는 우리의 생생한 지각들이 영혼 안에 산출되는 방식을 표현하는 것이 아니라, 단지 지각들 자체를 표현하는 것으로 이해할 것이다…" (T, 1. 1. 1, 각주 1, 2면). 벌린에 따르면 로크는 인상과 관념을 발생 원천에 의해 구분함으로써 인상들이 외부 물체로부터 온다고 주장하는 함정에 빠졌으나, 흄은 그 함정을 피해 관념이 가질 수 없는 인상의 특성인 힘과

인 것으로 나눈다.

> 단순한 지각들, 또는 인상들과 관념들은 어떠한 구별이나 분리도 허용하지 않는 것들이며, 복합적인 것들은 이것들과 반대로 부분들로 구별될 수 있는 것들이다(T, 1. 1. 1, 2면).

인상과 관념을 단순한 것과 복합적인 것으로 나눈 뒤 흄은 인상과 관념은 상응 관계에 놓여 있음을 강조한다. 예를 들어 그는 "내가 눈을 감고 내 방을 생각할 때 내가 형성하는 관념들은 내가 느꼈던 인상들의 정확한 표상들이다. 인상에서 발견될 수 없는 관념의 세부 사항이란 있을 수 없다. … 관념과 인상은 항상 상응하는 것처럼 보인다"(T, 1. 1. 1, 3면)고 말한다. 여기서 흄은 관념이라는 낱말을 명백하게 심상을 의미하는 것으로 사용하고 있다. 그러나 '인상이 없는 관념이란 없다'(No ideas without impressions)는 이 원리는 복합 지각의 경우에는 적용이 안 된다. 우리는 그것에 상응하는 인상을 가진 적이 없는 복합 관념, 예를 들어 우리는 "결코 본 적이 없는 어떤 도시를 금으로 포장된 도로와 루비로 된 벽들로 이루어진 새로운 예루살렘이라고 상상할 수 있기"(T, 1. 1. 1, 3면) 때문이다. 그러나 이러한 복합 관념은 금·도로·루비·벽과 같은 단순 관념들로 나뉠 수 있으며, 이것들은 그에 상응하는 인상들의 표

생생함에 의해 그 둘을 구분했으며, 마음에 주어진 것을 택한 이상 순환론에 빠지지 않기 위해서는 그렇게 할 수밖에 없었다. 벌린, 앞의 책, 197면. 한편 나는 로크와 흄의 주장을 관념이 존재하게 되는 방식에 관한 심리학적 이론이 아니라, 그것이 분석될 수 있는 방식에 관한 논리적 이론으로 해석할 수 있으며, 이럴 때 우리는 모든 의미 있는 관념은 단순 관념이나 인상에 의해서 분석되어야 한다는 논리적 전제를 끌어낼 수 있다고 생각한다. Ayer, 앞의 책, 12면 참조.

상이라고 할 수 있다. 따라서 그의 원리는 "모든 단순 관념은 그것과 유사한 단순 인상을 가지며, 모든 단순 인상은 상응하는 관념을 가진다"(T, 1. 1. 1, 3면)는 것이 된다.

마지막으로 흄은 인상과 관념 사이에 이러한 유사성과 상응 관계가 언제나 성립한다는 것에 주목하고, 이러한 관계는 우연적일 수 없으며 모든 관념은 그것에 상응하는 인상의 결과로서 마음에 발생한다고 주장한다. 여기서 "단순 인상들은 이에 상응하는 관념들에 언제나 선행하며, 그 반대 순서로는 결코 발생하지 않는다"(T, 1. 1. 1, 5면)는 '관념에 대한 인상의 선행' 이라는 그의 대전제가 성립한다.

이러한 대전제에 따르면 관념은 인상의 모사물이거나 심상이다. 그러나 흄은《인간 지성 연구》에서는 관념을 사고와 동의어로 사용하기도 한다(EU, 2. 12, 18면). 그렇다면 그의 원리는 '인상이 없이는 어떠한 사고도 있을 수 없다' 는 것이 되며, 이것은 곧 그가 사고를 감각 경험으로 설명하려 한다는 것을 보여 준다. 여기서 인상과 관념의 차이가 그것들의 생생함의 차이에 있다고 주장하는 흄의 의도가 원초적으로 주어진 것과 그것으로부터 파생된 것을 구별하고, 관념은 인상의 모사물로서 그것의 타당성을 언제나 인상에서 얻는다는 것을 강조하려는 것이었다는 점이 명백해진다. 이러한 의도에 따르면 인상은 우리가 감각이나 지각으로 부르는 것에 해당하며, 관념은 개념에 해당한다. 예를 들어 내가 한 마리의 개를 지각할 때 나는 한 특정한 시각적 인상을 가지며, 내가 개를 생각할 때 나는 한 관념을 불러일으킨다. 이 관념은 나에게 '개' 라는 낱말의 의미를 구성하는 한 집합에 속한다. 이렇게 함으로써 흄은 우리가 감각의 영역과 지성의 영역으로 나누는 마음의 영역을 같은 것으로 한다. 이성론자들이 두 영역 사이에는 실재적 구별이 있으며,

단지 지성만이 우리를 지식으로 이끌 수 있다고 상정했던 것과는 달리 흄은 그 구별이 단지 정도의 문제라고 보는 로크의 전통을 따르고 있다.[2)] 동시에 그는 지식의 기원 문제에서 이성론자들이 경시했던 감각적 인상에 더욱 큰 의미를 부여한다. 만약 우리가 지성의 내용물이 감각 경험의 내용물의 쇠퇴한 변형물에 불과하다는 흄의 전제를 인정한다면, 감각 경험이 갖지 못한 지위를 지성에 부여한다는 것은 어리석은 일이 될 것이다.

한편 '인상 없는 관념은 없다'는 그의 원리는 경험할 수 없는 것에 대한 개념은 있을 수 없다는 경험주의의 기본적 가정을 명백하게 표현하고 있다는 점에서 그의 의미 이론이 근본적으로 로크의 관념 작용론적 의미 이론을 따르고 있다는 것을 보여 준다. 그의 대전제에 따르면 한 낱말이 의미를 갖기 위해서는 그것이 감각적 인상에 연결되어 있어야 한다. 따라서 그에게서도 이성론자들의 형이상학적 이론들을 믿을 근거나 또는 그것들을 표현할 적절한 수단은 있을 수 없다. 예를 들면, 실체의 인상은 있을 수 없으므로 그것의 관념 또한 있을 수 없고, '실체'라는 용어도 무의미하기 때문이다. 그의 의미 이론을 단적으로 나타내 주는 구절은 다음과 같다.

> 그러므로 그가 어떤 철학적 용어가 아무런 의미나 관념이 없이 사용되고 있다는(너무도 자주 있는 일이기는 하지만) 의심을 품을 때 우리는 단지 '그 상정된 관념은 어떤 인상에서 유래하는가' 하고 묻기만 하면 된다. 그리고 그 근원으로서 어떠한 인상도 들 수 없다면, 이것은 우리의 의심을 굳히는 데 도움이 될 것이다(EU, 2. 17, 22면).

그는 한 관념은 그것이 모사하는 인상의 희미해짐을 통하지 않

2) R. Scruton, *From Descartes To Wittgenstein－A Short History of Modern Philosophy*(London: RKP, 1982), 122면.

고서는 얻을 수 없다고 주장한다. 이러한 발생 가설로부터 흄은 말할 수 있는 모든 것의 의미는 그 안에 표현된 감각적 내용에서 발견되어야만 한다고 결론짓는다. 또한 2절에서 보게 되겠지만 그는 추상 관념에 대한 버클리의 공격을 받아들여서 한 용어는 특별한 종류의 추상 관념에 관련됨으로써가 아니라 개별 관념들의 한 집합과 관련됨으로써 그것의 일반성을 획득하며, 각각의 개별 관념은 희미해진 감각 인상에 불과한 것으로서 마음의 밖에 어떠한 실재적 존재도 갖지 못한다고 주장한다.

인상과 관념 사이의 관계에 관한 분석을 통해 흄은 이성론자들의 본유 관념 이론을 반박한다. 모든 단순 관념은 단순 인상에서 유래하므로 인상을 가지기 전에 어떤 관념이 존재한다는 것은 불가능하기 때문이다.

> 이것이 내가 인간 본성의 학문에서 수립한 첫번째 원리다. 우리는 그것이 단순하게 보인다고 해서 얕보아서는 안 된다. 왜냐하면 우리 인상이나 관념의 선행에 관한 현재의 문제는 다른 말로 하면 본유 관념이 존재하는지, 아니면 모든 관념들은 감각과 반성에서 유래하는지 여부에 관해 논쟁이 벌어졌을 때 커다란 소란을 피웠던 것과 동일한 문제라는 것은 주목할 만한 것이기 때문이다. … 나는 그 문제를 이렇게 명료하게 말하는 것이 그것에 관한 모든 논의들을 제거하고, 이 원리가 이제까지 그랬던 것보다 더 우리 추리에 유용한 것이 되게 하기를 바란다(T, 1. 1. 1, 7면).

우리는 3장에서 로크가 데카르트주의에서 본유 관념으로 설명하는 수학의 영역을 추상 작용 이론에 의해 대체하고자 하는 것을 보았다. 자신의 대전제에 의해 본유주의를 반박하는 흄은 더 나아가 수학에 대한 로크의 추상주의적 설명도 반박하는 것으로 보인다.

…흔히 수학자들은 그들의 대상이 되는 관념들이 너무나 정밀하고 정신적인 본성을 갖고 있기 때문에 결코 상상력에 의해서 마음에 그릴 수 있는 것이 아니라, 더 탁월한 영혼의 능력들만이 할 수 있는 순수하고 지적인 바라봄에 의해서 파악되어야만 한다고 주장한다. 이와 똑같은 생각이 대부분의 철학에 퍼져 있고, 우리의 추상 관념들을 설명하며, 예를 들어 이등변 삼각형도 부등변 삼각형도 아니며 어떤 특정한 길이나 비율을 가진 변들을 갖고 있지도 않은 한 삼각형의 관념을 어떻게 우리가 형성할 수 있는가를 설명하는 데 주로 사용되고 있다. 철학자들이 어떤 정신적이고 세련된 지각들에 대한 이러한 생각을 왜 그렇게 좋아하는지를 알기란 그리 어렵지 않다. 그것은 철학자들이 그런 것에 의해 수많은 불합리한 것들을 감출 뿐만 아니라, 모호하고 불확실한 것에 호소함으로써 명석한 관념들에 의한 판단에 승복하기를 거절할 수 있기 때문이다. 그러나 이러한 책략을 제거하기 위해 우리는 '모든 관념은 우리의 인상으로부터 모사된 것'이라는 자주 역설해 온 그 원리를 반성해 보기만 하면 된다. 왜냐하면 그것으로부터 우리는 모든 인상은 명석하고 정확한 것이기 때문에 인상으로부터 모사된 관념도 그와 동일한 본성을 가진 것임에 틀림없으므로 우리의 실수만 아니라면 그렇게 모호하고 복잡한 것은 어떤 것도 결코 포함할 수 없다는 결론을 즉각적으로 내릴 수 있을 것이기 때문이다…(T, 1. 3. 1, 72~73면).

우리는 로크에서 관계의 지식과 실재적 존재의 지식, 곧 사소한 명제와 시사적 명제의 이분법이 나타나고 있음을 보았다. 이와 비슷하게 흄은 모든 의미 있는 명제들은 논리적인 것과 경험적인 것으로 나눌 수 있다고 주장한다. 모든 경험적 명제의 의미는 사실에서 이끌어내어지며, 논리적 명제는 관념들 사이의 관계에 관해서만 말한다.

> 인간의 이성이나 연구의 모든 대상들은 두 종류, 즉 관념들의 관계와 사실로 자연스럽게 나눌 수 있다. 첫번째 종류에 속하는 것은 기하학, 대수학, 산술, 요컨대 직관적으로나 논증적으로 확실한 모든 주장에 관한 학문들이다. '직각 삼각형의 빗변의 제곱은 두 변의 제곱의 합과 같다'는 것은 이 모양들 사이의 관계를 표현하는 명제다. '3 곱하기 5는 15다'는 이 숫자들 사이의 관계를 표현한다. 이 종류의 명제들은 우주의 어느 곳엔가 존재하는 것에 의존하지 않고 단지 사고 작용에 의해서 발견할 수 있다. 자연에 원이나 삼각형이 결코 없을지라도 유클리드에 의해 증명된 진리들은 그 확실성이나 증거를 영원히 보유할 것이다. 인간 이성의 두 번째 대상들인 사실들은 같은 방식으로 확인되지 않으며, 그 진리에 대한 우리의 증거가 아무리 크다 하더라도 그것은 전자와 비슷한 성격의 것이 아니다. 모든 사실의 반대는 결코 모순을 함축하지 않기 때문에 여전히 가능하다…(EU, 4. 20, 25면).

이 인용문에 따르면 첫째, 논리적 명제는 거기서 사용된 상징들에 상응하는 대상들의 존재 여부와는 상관없으므로 경험을 통한 확증을 전혀 필요로 하지 않는 사소한 것이기 때문에 확실하고 필연적이다. 수학은 단지 관념들 사이의 관계를 나타내기 때문에 그 명제는 단지 그 안에 표현된 관념들에 의해서만, 또는 용어들의 의미에 의해서만 참인 형식적(formal) 명제이다.

둘째, 지식의 유일한 대안적 방식인 사실의 지식은 경험적 가설로서, 경험에 의해 수정될 가능성이 있기에 수학처럼 확실성이나 필연성이 없고 단지 개연성만 가진 기술적(descriptive) 명제이다. 명제에 표현된 관념들은 궁극적으로 그 내용을 그것들을 발생시킨 인상에서 끌어내야 한다는 그의 경험주의의 원리는 여기에만 적용된다.

이 두 가지 지식의 유형은 오늘날 일반적으로 분석 명제와 종합 명제로 불리는 것이다. 이러한 구분은 경험론자들이 단지 사고에 의해서만 얻게 되는 선험적 지식이 단순히 경험적인 것을 일반화시킨 것이라는 식으로 변명할 수 없음을 인정한 것이라고 할 수 있다. 나는 이성론자들이 본유 관념으로 설명하는 수학과 같은 필연성을 지닌 선험적 지식을 영국 경험론자들이 점차 현실 세계에 관한 정보를 줄 수 없는 단순히 언어상의 문제인 것으로 여기는 이러한 경향의 한 원인이 그들의 의미 이론의 변화에 있다고 생각한다. 우리는 앞에서 버클리가 "낱말들 가운데 어떤 고정된 관념을 불러일으키지 않은 채로 사용되는 것의 대표적인 경우가 대수학의 문자들이며, 이 문자들은 그것에 관한 관념의 형성이 불가능함에도 불구하고 계산에서 용도를 갖는다"고 주장하는 것을 보았다. 다음 절에서 우리는 흄이 예를 들어 "도형이라는 낱말의 의미를 고정시키기 위해 우리의 마음은 하나의 심상이나 관념에 머물지 않는다"거나, "그 수가 나타내는 특정한 양이 머릿속에 정확히 떠오르지 않더라도 아주 큰 수를 성공적으로 다룰 수 있다"고 말하는 것을 볼 수 있을 것이다. 이것은 그들의 의미 이론이 어떤 낱말이 갖는 의미에 관한 문제를 해결하기 위해 반드시 확인해야 하는 관념을 말하는 사람이나 듣는 사람의 마음속에서 찾아내지 못한다는 결점을 갖고 있는 관념 작용론적 의미 이론에서 벗어나 낱말은 마음의 성향을 부활시키는 자극의 역할을 하는 것이라는 행태론적 의미 이론의 방향으로 나아가고 있음을 보여 준다. 이러한 변화가 바로 선험적 지식을 언어상의 문제로 여기며, 추상 관념을 부정하고 유명론의 입장을 제시하는 것과 직결되어 있는 것이다.

2. 추상 관념의 부정

흄은 《인성론》의 제1부에서 관념의 기원, 기억과 상상력, 관념의 연합, 관계, 양태와 실체에 관해서 차례로 고찰한 뒤 바로 "추상 관념은 그것에 관한 마음의 개념에서 일반적인가 아니면 개별적인가" 하는 말로 추상 관념의 문제를 제기하고 있다. 그는 추상 관념 이론을 자신의 철학의 근본적 전제와 양립할 수 없는 것으로 여긴다. 그는 존재하는 모든 것은 그것의 모든 특성들에서 개별적이며 한정적이기 때문에 일반성이라는 속성을 가진 존재자의 관념은 불합리함을 포함한다는 버클리의 주장을 위대하고 가치 있는 발견이라고 추켜세운다. 그는 자신의 유일한 의도는 버클리가 이 문제에 관한 기성 견해(received opinion)[3]를 논박한 것을 의심과 논쟁의

3) T, 1. 1. 7, 17면. 특별히 여기에 주를 단 것은 흄과 버클리가 공통으로 이 용어를 사용하고 있으며, 이것은 그들이 논박하려는 견해가 동일한 것임을 나타내 주는 것이기 때문이다. 나는 흄의 철학에서 관념은 인상의 모사물이라는 주장(Copy Theory)이 하고 있는 역할을 버클리의 철학에서 esse est percipi가 하고 있는 역할과 같은 것으로 본다. 흄은 추상 작용을 인정하는 기성 견해를 사실상 잡다한 단순 관념들의 기원에 관한 설명에서 Copy Theory와 경쟁 관계에 있는 유일한 것으로 본다. 따라서 흄이 전통 형이상학을 파괴적으로 비판하는 데 필수적인 역할을 하는 Copy Theory를 확립하기 위해서는 기성 견해를 부정하는 것보다 더 중요한 일이 없다고 생각했음이 틀림없다. G.S. Pappas, "Abstract General Ideas in Hume", *Hume studies*, 15, No. 2(1989), 339~352면 참조.

여지가 없게 확실히 하려는 것이라고 말한다. 그리고 그는 버클리의 주장을 "모든 일반 관념들은 단지 어떤 용어에 수반되는 개별 관념들에 불과하며, 그 용어는 그 관념들에 더 광범위한 의미를 부여하고 그 관념들로 하여금 그것들과 비슷한 다른 개별자들을 필요에 따라서 상기시키게 한다"는 것으로 요약한다.

1. 문제의 제기

흄은 추상 관념의 본성에 관한 명백한 딜레마를 제시하고 자신의 의도를 다음과 같이 표현한다.

> 사람의 추상 관념은 모든 가능한 크기와 성질들을 한꺼번에 나타내거나 또는 결코 어떤 개별적인 것을 나타내지 않음으로써 모든 크기와 모든 성질의 사람을 나타낸다(결코 그럴 수 없다고 결론짓게 되지만). 그런데 전자를 옹호하는 것은 마음속에 무한한 능력을 함축하기 때문에 어리석은 것으로 여겨져 왔고 일반적으로 후자에 찬성해서 추론해 왔다. 그래서 우리의 추상 관념은 성질이나 양의 어떤 특정한 정도를 결코 나타내지 않는다고 여겨져 왔다. 그러나 나는 첫째, 그 정도들의 정확한[4] 개념을 형성하지 않고서 어떤 양이나 성질을 생각한다는 것은 전혀 불가능하다는 것을 증명하고, 둘째, 마음의 능력이 무한하지는 않지만 그래도 우리는 불완전하기는 해도 적어도 반성과 대화의 모든 목적에 이바지할 방식으로 양과 성질의 모든 가

---

4) 프라이스는 정확한(precise), 특수한(particular), 한정적인(determinate), 개별적인(individual), 유일한(unique) 같은 낱말들이 동일한 뜻으로 사용되고 있음을 지적한다. K.B. Price, "Hume's Analysis of Generality", *Philosophical Review*, 59, No. 1(1950), 62면.

능한 정도들의 한 개념을 즉시 형성할 수 있음을 보여 줌으로써 이러한 추론이 잘못된 것임을 드러내고자 한다(T, 1. 1. 7, 18면).

흄은 먼저 모든 관념은 구체적이라는 첫번째 명제를 세 가지 논증에 의해서 증명하고자 한다(T, 1. 1. 7, 18~20면).

첫째, 서로 다른 대상들은 구별될 수 있고, 구별될 수 있는 대상들은 사고나 상상력에 의해 분리될 수 있다. 그리고 역으로 분리될 수 있는 대상들은 구별될 수 있으며, 구별될 수 있는 대상들은 서로 다르다는 것도 역시 참이다.[5] 예를 들어 한 직선의 정확한 길이는 직선 자체와 서로 다르지 않으며 또한 구별될 수도 없다. 따라서 추상 관념의 형성에서 사물들의 개별적 특성들로부터 사물의 본질적 부분을 분리한다는 추상 작용은 어리석은 것이다. 다시 말해서 실재에서 서로 다르지 않으며, 구별될 수 없거나 분리될 수 없는 존재는 관념이나 사고에서도 마찬가지며, 추상 관념은 적어도 관념에서 분리 가능성을 인정해야 하는 것이므로 추상 관념은 없다는 것이다.

둘째, 모든 관념은 인상에서 유래하며 그것의 모사물에 지나지 않는다. 그리고 어떤 인상도 양과 성질의 정도가 결정되지 않고서는 마음에 현전할 수 없다. 따라서 추상 관념을 포함한 모든 관념은 필연적으로 한정적인 양과 성질을 가져야 한다.

셋째, 자연의 모든 것은 개별적이며, 사실과 실재에서 불합리한 것은 관념에서도 불합리하다. 따라서 추상 관념은 그 표상에서 아

5) 이 원리는 흄이 관념의 기원(T, 1. 1. 1)과 기억과 상상력의 관념(T, 1. 1. 3)을 논하면서 의식의 복합 구성 요소와 단순 구성 요소를 구별하는 토대의 역할을 한다. Weinberg, 앞의 책, 32면. 또한 이 원리는 4절에서 논의할 "이성의 구별"의 핵심적인 원리이기도 하다.

무리 일반적인 것이 된다 하더라도 본질적으로 개별적이다. 추리에서 마음속의 심상은 그것의 적용이 마치 보편적인 것 같다고 해도 한 개별 대상의 심상에 불과하다.

여기까지가 사실상 흄이 버클리의 입장을 옹호했다고 확신했던 부분이다. 우리는 흄이 버클리의 부정적 논증을 어김없이 받아들이고 있음을 잘 알 수 있다. 또한 우리는 그의 견해가 '관념에 대한 인상의 선행'이라는 그의 대전제에서 비롯된다는 것을 알 수 있다. 관념이 인상의 모사물이라면, 추상 관념에 선행하는 인상이 없으므로 추상 관념은 결코 있을 수 없는 것이다.

그러나 이 세 가지 논증은 버클리의 입장을 강화하지 못했으며 우리를 확신시키지도 못한다. 우선 첫번째 논증에서 우리가 어떤 개별적 길이를 갖지 않은 직선의 심상을 가질 수 없다는 것은 '추상 관념은 항상 심상'이라는 것을 증명하지 못한다. 또한 그것은 우리 마음이 심상이 아닌 일반적 직선의 개념을 형성하지 못한다는 것을 증명하지도 못한다.[6] 두 번째 논증에서 과연 모든 인상이 한정적인가 하는 것도 의문이며, 추상 관념이 사실상 심상이라고 가정되어 있을 뿐 증명되지 않고 있다. 세 번째 논증에서도 역시 추상 관념이 개별 사물의 정확한 모사물인 것처럼 전제되어 있다. 여기서 흄은 소박 실재론의 관점에서 추상 관념을 마음에 떠올리고 있는 것처럼 보인다.[7] 나아가 우리는 흄이 사용한 방법인 가장

6) 나아가 4절에서 논의될 "이성의 구별"에서 흄은 우리가 어떤 의미에서는 그것의 색깔을 생각하지 않고 대리석을 생각할 수도 있다는 것을 인정한다. 만약 이것이 정확한 길이를 생각하지 않고 직선을 생각할 수도 있다는 것을 의미한다면 그의 설명은 일관된 것이라고 할 수 없다.

7) N.K. Smith, *The Philosophy of David Hume*(London: Macmillan, 1941), 258면.

기초적인 내성에 의해서도 때때로 우리가 구체적이고 정확히 한정적인 심상을 마음속에 갖지 않고서도 확실히 일반화한다는 것을 알 수 있다.

그러나 흄의 이론은 단순히 버클리의 주장을 되풀이하는 것은 아니다. 그의 의도는 개별 관념이 가진 의미의 일반성을 긍정하는 버클리의 논증을 확증하려는 것이며, 한 걸음 더 나아가 버클리가 풀지 못한 난점에 대한 해결책을 나름대로 제시하고 있다. 그는 일반성의 문제를 습관과 마음의 성향에 의해서 설명하고 있으며, 이것이 그의 이론 중에서 새롭고 가치 있는 것이라고 할 수 있다.

2. 추상 관념과 일반어의 본성

흄이 두 번째 명제로써 반박하려고 하는 딜레마의 전자는 달리 표현하면 "추상 관념은 마음이 그 능력이 무한한 경우에만 양과 성질의 모든 가능한 정도들을 나타낸다"[8)]는 것이다. 그는 이것이 거짓임을 보여 주기 위해서 '마음의 능력이 유한하더라도 본성이 개별적인 관념들이 어떻게 그 표상에서 일반적인 것이 될 수 있는가' 하는 것을 설명하고자 한다. 다시 말해서 그는 어떠한 추상 관념도 존재하지 않으며 관념은 본성이 개별적이지만 그 표상에서는 일반적일 수 있다는 버클리의 주장에 덧붙여서 과연 그러한 것이 어떻게 일어날 수 있는가 하는 것을 보여 주고자 한다. 일반화에 대한 그의 설명은 다음과 같이 간추려 볼 수 있다(T, 1. 1. 7, 20~22면).

첫째, 우리는 여러 대상들 가운데 빈번하게 발생하는 유사성을 발견했을 때 개별적인 차이점들이 무엇이든지 간에 그 대상들에

---

8) G.S. Pappas, "Hume and Abstract General Ideas", *Hume Studies*, 3, No. 1(1977), 17면.

동일한 이름을 적용한다.

둘째, 그 대상들 중 어느 것과 마주치더라도 동일한 이름을 항상 사용하려고 주의하는 가운데 조건 반사와 비슷한 습관을 갖게 된다.

셋째, 이러한 습관을 갖게 된 뒤에 그 이름을 보거나 들으면 우리는 상상력에 의해서 그 대상들 중 적어도 하나의 관념을 되살아나게 하며, 마찬가지로 그러한 대상과 마주칠 때 그 이름을 되살아나게 한다.[9)]

넷째, 이 일반어는 우리 마음에 즉시 떠올려진 관념과 여러 측면에서 차이가 나는 개별자들의 관념을 모두 되살아나게 할 수는 없고, 단지 영혼을 건드려서 습관을 부활시킨다. 그 관념들은 마음에 실제로 현전하는 것이 아니라 단지 힘에 있어서 잠재적으로 현전할 뿐이며, 우리는 현재의 계획이나 필요에 따라 그것들 중의 어느 것을 개관할 준비 태세를 갖춘다.

다섯째, 이와는 달리 습관은 우리에게 익숙하지 않은 것을 언제든지 거부할 채비를 갖추고 있기도 하다. 예를 들어 우리가 삼각형이라는 낱말을 언급하고 그것에 상응하는 한 등변 삼각형의 관념을 형성한 뒤에 "삼각형의 세 각은 서로 같다"고 주장한다면, 우리가 처음에 간과했던 부등변 삼각형, 이등변 삼각형들이 즉시 우리에게 자꾸 떠올라서, 우리가 형성했던 그 관념에 대해서는 참이지만 결국 이 명제가 거짓이라는 것을 지각하게 한다.

마지막으로 흄은 습관의 불완전함에 대해서 지적하고 있다. 우선

---

9) 나는 여섯 가지로 간추려 본 흄의 설명에서 사실상 두 번째 것은 재비의 표현을 빌려온 것이며, 세 번째 것의 뒷부분도 마찬가지이다. 명명 과정에 관한 흄의 설명은 실제로 지나치게 단순화되어 있다. Zabeeh, 앞의 책, 120면.

주로 난해하고 복합적인 관념들의 경우에 마음이 항상 필요에 따라 관념들을 암시하지는 못하며, 이것이 잘못된 추리와 궤변의 원천이다. 또한 한 관념이 여러 낱말들에 수반되거나 서로 다른 추리에 사용될 수도 있다. 예를 들어 한 등변 삼각형의 관념이 도형, 직선 도형, 등각 등변 도형, 삼각형, 등변 삼각형이라는 낱말들에 수반될 수 있다. 그러나 이 낱말들이 적용되는 집합의 범위를 결정하는 습관이 낱말의 사용에 혼란을 일으킬 정도로 불완전하지는 않다. 아울러 습관이 완전한 것이 되기 전까지는 우리의 마음은 결코 한 개별자의 관념을 형성하는 것에 만족하지 않으며, 일반어의 의미와 적용되는 집합의 범위를 파악하기 위해서 여러 관념들을 훑고 지나간다. 예를 들어 '도형' 이라는 낱말의 의미를 고정시키기 위해서 우리는 하나의 심상이나 관념에 머무는 것이 아니라, 마음속에 서로 다른 크기와 정도를 가진 원, 사각형, 평행 사변형, 삼각형의 관념들을 맴돌게 한다.

흄의 설명은 우리는 특정한 순간에 마음속에 오직 하나의 개별 관념을 갖지만 경험에서 발견한 유사성 때문에 그 개별 관념은 같은 종류의 다른 관념들과 연합되는데, 그 관념들은 그때 실제로 마음에 현전하지는 않지만 적절한 경험이나 낱말의 자극에 의해 떠올려질 수 있다는 것이다. 그렇다면 본성상 개별적이며 그 수에서 유한한 관념들이 표상에서 일반적인 것이 되며 무수한 다른 관념들을 포함할 수 있는 것은 오직 적절한 자극이 일어날 때 일정한 종류에 속하는 어떤 관념을 갖는 마음의 성향, 즉 습관에 의해 발생되는 마음의 준비 태세에 의해서만 가능하다.[10] 그는 일정한 순간에 마음속에 실제로 추상 관념을 갖는다는 것을 하나의 개별 관

10) Collins, 앞의 책(2), 109면.

념과 더불어 적절한 연합적 성향을 갖는 것으로 설명하고 있다.[11] 물론 습관이 완벽한 것은 아니지만, 우리가 어떤 일반어를 사용할 때라도 개별자들의 관념을 형성하며, 우리는 이 개별자들을 결코 고갈시킬 수는 없고, 남아 있는 개별자들은 당면한 계기가 습관을 요구할 때마다 습관에 의해서 단지 표상된다는 것은 확실하다. 그는 "한 개별 관념은 습관적 결합으로부터 다른 많은 개별 관념들과 관계를 가지며 상상력 속에서 즉시 그것들을 상기하는 한 일반어에 수반됨으로써 일반적인 것이 된다"는 것이 바로 '추상 관념과 일반어의 본성' (T, 1. 1. 7, 22면)이라고 단언한다.

3. 습관과 마음의 성향

버클리는 마음에 의해서 한 개별 관념에 부여된 대표적 기능이 어떤 것인지 설명하지 않았지만 흄은 그것을 습관과 마음의 성향으로 설명한다. 그러나 그는 계기가 있을 때마다 모든 개별 관념들을 즉시 상기하며, 우리가 보통 그 개별 관념에 수반시키는 낱말이나 소리에 의해 불러일으켜지는 마음의 이러한 행위의 궁극적 원인을 설명하는 것은 불가능하다고 주장한다(T, 1. 1. 7, 22면). 이 주장은 그가 추상 관념의 문제에 앞서서 관념의 연합을 논의하는 부분에서 이미 제기되었다. 인상에 그 기원을 둔 관념은 상상력에 의해 자유롭게 분리되거나 결합될 수 있는데, 이 상상력은 아무런 제약 없이 무질서한 것이 아니고 모든 시간과 공간 속에서 그 자체를 어느 정도 일정하게 하는 보편적 원리에 의해 인도된다. 만약 관념들이 전적으로 자유롭고 연결되지 않는다면 우리의 사고 작용은

11) Woozley, 앞의 책(1967), 202면.

우연적일 뿐이며 그것들의 연관 속에 관찰할 만한 어떤 것도 없을 것이다. 관념은 인상의 모사물이기 때문에 인상에 의해서 부여된 조건들을 따라야만 하며, 아울러 이러한 제약이 있는 관념들 사이의 작용인 상상력 역시 일정한 제약을 벗어날 수 없는 것이며 보편적인 원리를 갖는 것이다. 흄은 이 보편적 원리의 엄밀한 본성이 무엇인지 알지 못한다고 공언하면서도 뉴턴의 중력이 물질 세계에 작용하는 것처럼 상상력을 정신 세계에 작용하는 만유인력으로 취급하고 있다(T, 1. 1. 4, 12~13면). 뉴턴이 그 본질을 지각하지 않고서도 중력의 결과를 계산했던 것처럼 흄은 그것의 궁극적 토대를 탐구하지 않고 연합의 힘의 과정과 결과를 그리는 데 만족하고 있다. 흄의 철학에서 일반적으로 작용하는 연합의 힘은 분석되지 않고 주어진 요소로 남아 있다. 그 기원과 구조는 모호하고 비한정적인 세계인 자연의 신비 속에 감추어져 있는 것이다.[12)]

그러나 흄은 습관의 궁극적 원인을 설명할 수는 없지만 우리의 경험적 사실에 관해서는 의심의 여지가 없음을 강조한다. 우리가 그 과정에 관한 적절한 인과적 설명을 제시할 수 없다 하더라도 그 과정은 일어난다는 것이다. 그는 세 가지 예[13)]를 들면서 경험과 유추에 의해 이 사실을 설명하고자 한다.[14)]

---

12) Collins, 앞의 책(2), 108면. 흄의 표현에 따르면 이 힘은 인간 지성의 최고 노력에 의해서도 설명이 불가능한 일종의 마술적 능력(magical faculty)이다. T, 1, 1, 7, 24면.

13) T, 1, 1, 7, 22~24면. 원래 흄은 네 가지 예를 들고 있는데, 나는 마지막 예를 유사성의 문제와 연결시키고, 여기서는 세 가지 예만 고찰하고자 한다.

14) 나는 이 점에서 흄이 많은 근대 심리학자들처럼 잠재력 또는 심적 경향의 존재에 대한 간접적 증거가 가장 강력한 것임을 발견했다고 본다. J. Laird, *Hume's Philosophy of Human Nature*(London: Methuen & Co.,

첫째, 우리가 1,000과 같이 아주 큰 수를 말할 때 마음은 일반적으로 그것에 관한 적합한 관념을 갖지 못하며, 그 수가 파악되는 십진법에 관한 적합한 관념에 의해 그런 관념을 산출하는 힘을 가질 뿐이다. 그러나 이러한 불완전함은 추리에서 결코 느껴지지 않는다.

둘째, 많은 시를 기계적으로 암기하고 있는 사람이 어떤 시를 생각해 내지 못하고 쩔쩔맬 때 그 시가 시작되는 한 낱말이나 표현에 의해 전체를 기억해 낼 수 있는 것처럼 단지 한 낱말에 의해서 되살아날 수도 있는 습관의 많은 예가 있다.

셋째, 우리가 '정부·교회·협상·정복'과 같은 낱말들을 사용할 때 우리는 좀처럼 이 낱말들이 불러일으키는 복합 관념들을 구성하는 모든 단순 관념들을 마음속에 뚜렷하게 떠올릴 수는 없다. 그러나 이러한 불완전함에도 불구하고 우리는 마치 그 관념들을 완전히 파악하는 것처럼 관념들 가운데서 모순을 지각할 수도 있으며 결코 그것들에 관해서 무의미하게 말하지 않는다. 그래서 만약 우리가 "전쟁에서 약자는 항상 협상에 의존하는 것이 아니라 정복에 의존한다"고 말한다면 습관은 우리로 하여금 이 명제의 불합리함을 즉시 지각하게 한다.

첫번째 예에서 흄은 십진법의 체계를 사용하고 이해하는 사람이라면 누구에게나 친숙한 현상을 지적하고 있다. 우리는 그 수가 나타내는 특정한 양이 머릿속에 정확히 떠오르지 않더라도 아주 큰 수를 성공적으로 다룰 수 있으며,[15] 대단히 유용하다는 것이 증명

1932), 61면 참조.

15) 우리는 이것과 거의 비슷한 표현을 버클리가 하고 있는 것을 볼 수 있다. "대수학에서는 어떤 특정한 양이 각각의 문자에 의해서 표시되지만 올바르게 진행되기 위해서 모든 단계에서 각 문자들이 나타내기로 정해진

된다. 마찬가지로 일반화도 그것의 도움 없이는 우리는 추리할 수도 없으며, 충분한 인간적인 삶을 누릴 수도 없는 가장 유용한 기술적인 성취라고 할 수 있다. 그렇지만 십진법의 관념은 심상도 아니고 적합한 것도 아니므로 이 예증 때문에 흄은 설명이 가장 필요한 것을 정확하게 인정된 것으로 가정하고 있다는 비판을 면할 길이 없다.[16)]

두 번째 예는 우리가 한 낱말을 듣거나 봄으로써 적절하게 반작용하도록 자극될 수 있는 방식에 관한 것으로서 흄은 일반화라고 불리는 마음의 작용 전반에 걸쳐 이런 종류의 것이 일어난다는 것을 암시하고 있다. 그에게 일반어란 습관을 부활시키는 자극의 작용을 하는 것으로 여겨진다.

세 번째 예에서 흄은 우리가 일상적으로 정확하게 정의되지 않은 낱말들을 성공적으로 의미 있게 사용한다는 것을 지적한다. 이것은 일반어에 의해 포함되는 모든 가능한 예들을 그때 마음속에 정확하게 갖지 않아도 그 낱말이 성공적으로 사용되는 방식을 예증한다. 나는 흄이 여기서 말하고자 하는 것은 "일반어의 의미는 우리가 그것을 사용할 때 고정된다고 할 수는 없다"[17)]는 것이라고 생각한다.

흄은 이 세 가지 유추에 의해 마음의 작용을 예증한 뒤 상상력이 유사한 관념들을 상기하는 준비성에 의해 크게 촉진되는 방식에 관한 반성을 마지막으로 덧붙인다.

특정한 양이 여러분의 머릿속에 떠오르게 할 필요는 없다." P, Intro., 19, 37면.

16) Smith, 앞의 책, 263면.

17) Aaron, 앞의 책(1941~1942), 129면 참조.

> 개별자들은 그것들이 서로 맺고 있는 유사성 때문에 한데 모여서 한 일반어에 의해 기억에 되살려지기 때문에 이 관계는 개별자들이 상상력 속에 나타나는 것을 손쉽게 하며, 필요에 따라 더 즉각적으로 그것들이 생각나게 하도록 하는 것임에 틀림없다(T, 1. 1. 7, 23면).

3. 유사성의 문제

이제까지의 논의에서 흄은 어떤 종류의 추상 관념도 없고 오직 어떤 하나의 개별 관념만 있으며, 그것 이외에는 적절한 연합적 성향을 가진 마음의 작용이 있을 뿐이라고 대답하는 것처럼 보인다. 그러나 자세히 보면 그는 우리의 마음이 개별 관념들의 유사성을 파악할 수 있을 뿐만 아니라, 유사성의 파악이 습관이 기초하고 있는 일반어의 사용에 앞서서 발생해야 한다고 주장하고 있다. 그가 설명하고 있는 일반화의 맨 첫 단계가 바로 우리가 여러 대상들 가운데 빈번하게 발생하는 유사성을 발견하는 것임은 이미 앞에서 보았다. 또한 바로 앞의 인용문에서도 그가 개별자들이 서로 유사하다는 것을 주어진 사실로 받아들이고 있다는 것을 알 수 있다. 그의 주장대로라면 유사성의 파악은 사물의 명명 과정에 앞서며, 따라서 습관의 작용에 앞선다. 다시 말해서 그의 관념 연합의 기계적 작용은 그것 자체가 전제하고 있는 것, 즉 마음으로 하여금 일반어 사용의 욕구를 느끼게 하는 파악, 낱말의 사용을 유사성에 국한시킴에 있어서 그것에 적합한 심상과 그렇지 않은 심상을 마음으로 하여금 구별할 수 있게 해주는 파악을 설명할 수 없는 것이다.[18] 그의 온건 유명론에서 필수적인 역할을 하는 이 유사성의 문제에 관해서 흄은 단순히 우리가 유사하다고 파악한 것들을 받아들일 뿐, 우리가 어떻게 그것들을 유사한 것들로 인정하게 되었는지 논의하지 않음으로써 주된 문제를 해결하는 것이 아니라 회피하고 있다는 것이 일반적인 평가이다.[19]

그렇지만 유사성의 문제에 관한 흄의 주장에는 주목할 만한 새로운 점이 있다. 그는 《인성론》의 본문에서는 유사성 발견의 과정에 관해서 어떠한 분석도 시도하지 않고 있지만, 부록에서 짤막한 각주를 덧붙임으로써 이 문제를 다루고 있다.

> 서로 다른 단순 관념들도 서로 유사할 수 있다는 것은 명백하다. 또한 유사한 점 또는 세부 사항은 반드시 그 관념들이 서로 차이가 나는 바로 그 측면과 구별되거나 분리될 수 있어야 한다는 것도 아니다. 청색과 녹색은 서로 다른 단순 관념들이지만 청색과 주홍색보다는 더 유사하다; 그렇지만 그것들의 완전한 단순성은 분리나 구별의 모든 가능성을 배제한다. 이것은 개별적인 소리·맛·냄새의 경우도 마찬가지다. 이것들은 어떤 공통적인 세부 사항을 동일하게 갖지 않고서도 일반적인 현상과 비교에 의거한 무한한 유사성을 허용한다. 우리는 '단순 관념'이라는 매우 추상적인 용어들로부터 이것을 확신할 수 있다. 그 용어들은 모든 단순 관념들을 포함한다. 단순 관념들은 그 단순성에 있어서 서로 유사하다. 그러나 모든 구성(composition)을 배제하는 바로 그 본성으로부터 그것들이 서로 닮은 이 세부 사항은 나머지로부터 구별될 수 없거나 분리될 수 없다. 이것은 어떤 성질의 모든 정도들의 경우에서도 마찬가지다. 그것들은 모두 유사하지만 어떤 개체에서 성질은 그 정도로부터 구별되지 않

18) Smith, 앞의 책, 260면.

19) 같은 책, 261면; J. Trusted, *An Introduction to the Philosophy of Knowledge*(London: The Macmillan Press, 1981), 153면.

는다(T, Appendix, 637면).

3장에서 보았듯이 로크에서 단순 관념들의 유사성 문제는 설명되지 않은 채로 남았다. 유사성의 문제에 관한 흄의 언급은 바로 이 점에서 시작한다. 그는 단순 관념의 경우 공통 특성이 없이도 유사성이 있을 수 있다고 주장한다. 우리가 청색과 녹색이 청색과 주홍색보다 더 유사하다는 것을 알 수 있는 것은 우리가 공통 특성의 발견에 의해서가 아니라 단순 관념들의 유사성에 주목함으로써 일반화할 수 있기 때문이라는 것이다. 그리고 유사한 세부 사항이 반드시 단순 관념들의 다른 측면으로부터 구별되거나 분리되어야 하는 것도 아니라는 말은 단순 관념들은 동일하지 않고서도 유사하다는 것을 의미한다. 흄이 이처럼 질적으로 판명한 색깔들의 유사성은 그 색깔들 자체로부터 구별될 수 있는 것이 아니라고 말하는 것은 그 유사성은 유사한 그 개별 색깔들에 전적으로 의존하는 것이지 결코 유사한 색깔들이 연결될지도 모르는 제3의 중간물(tertium quid)에 의존하는 것이 아님을 강조하려는 것이다. 만약 유사성이 제3의 중간물에 의존한다면 그것이 적용되는 단순 관념들과 구별되는 유사성에 관한 비한정적인 추상 관념이 있어야 하며, 이것은 바로 흄이 기성 견해로 되돌아간다는 것을 뜻하기 때문이다.[20] 다시 말해서 유사성이 개별적이지도 않고 완전히 한정적인 심상도 아니며, 어떤 한정적인 심상들이 그 안에서 서로 일치하는 것이라면 유사성의 관념은 비한정적인 추상 관념이라는 말이 되므로 추상 관념의 존재를 부정하는 그의 이론은 뿌리째 흔들리게 되기 때문이다. 나는 흄이 유사성의 분리 불가능함을 거듭해서 강조

20) Weinberg, 앞의 책, 36면 참조.

하는 이유가 유사성의 문제를 무한 퇴행의 논의에 빠지지 않고 설명하기 위한 것이라고 생각한다. 또한 "개별적인 소리·맛·냄새들은 어떤 공통적인 세부 사항을 갖지 않고서도 일반적인 현상과 비교에 의거한 무한한 유사성을 용인한다"는 말은 유사성 관념에 대한 외적 인상이나 내적 인상 산출의 난점을 회피하려는 흄의 시도를 드러내주는 중요한 진술이다. 만약 흄이 둘 이상의 관념들이 모든 경우에 공통 특성을 갖지 않고서도 비교, 분류될 수 있거나 또는 이름 이외에는 보편적인 것이 없다고 주장할 수 있다면 그는 개념론을 대신하려는 자신의 이론을 실재론에 빠지지 않고 성공적으로 제시하는 것이 되기 때문이다.[21]

흄은 단순 관념의 경우 우리가 전통적 견해에서 가정하고 있는 동일성을 알지 못한다고 해도 일반화하기에는 충분하다고 주장한다. 이것은 유사성의 발견과 일반화에 관한 새로운 설명이며, 유사성에 관한 현대의 이론도 단지 이것을 발전시킨 것에 불과하다.[22] 그런데 우리는 여기서 왜 흄은 여러 특성이 복합된 개별자의 경우는 말하고 있지 않은지 생각해 볼 필요가 있다. 나는 흄이 곧바로 단순 관념의 유사성을 언급하는 것은 복합 관념의 경우는 이미 그가 추상 작용에 의해서 개별자에 특유한 것을 배제하고 모두에 공통된 특성만을 갖는 추상 관념이 형성된다는 기성 견해를 부정했으므로 더 언급할 필요가 없다고 생각했기 때문이라고 본다. 그는 이미 추상 작용 대신에 습관과 관념의 자연스러운 연합을 내세움으로써 공통 특성을 발견하지 않고서도 개별자들의 유사성을 관찰할 수 있다고 생각했다. 그의 성향 이론은 일반어의 사용에 앞서 공통 특성의 의식적 선택과 그에 따르는 보편자의 형성이 있다는

21) Zabeeh, 앞의 책, 124면.
22) Aaron, 앞의 책(1952), 74면 참조.

기성 견해에 반대하는 것이다.[23)]

그러나 인용문의 뒷부분에 이르면 흄의 주장은 애매해진다. 그는 모든 단순 관념들을 '단순 관념'이라는 추상적인 용어로 무리 지을 수 있게 해주는 것을 단순 관념들이 그 단순성에서 서로 유사하다는 사실에서 찾는다. 앞에서 그는 단순 관념들이 동일하지 않고서도 유사하다고 했는데, 여기서는 단순 관념들이 단순성이라는 하나의 동일성에 관해서 서로 유사한 것처럼 말하고 있다. 만약 흄이 한 단순 관념 a의 단순성이 다른 단순 관념 b의 단순성과 동일하다는 의미로 말했다면 그는 전통적 견해에서 완전히 벗어나지 못하고 있다고 할 수 있다.

유사성의 본성에 관한 흄의 설명의 애매함은 여기에 그치지 않는다. 그는 관계를 논할 때 유사성이 자연적 관계일 뿐만 아니라 철학적 관계이기도 하다고 주장한다.[24)] 유사성이 자연적 관계인 경우에 관념들은 그것에 의해 상상력 속에서 서로 연결되어서 한 관념이 자연스럽게 다른 관념을 상기시키는 경향이 있게 된다. 유사성이 철학적 관계인 경우에 대상들 사이에 어떤 유사성이 있다면 우리는 마음내키는 대로 비교할 수 있는데, 이 비교에서 마음은 연합의 자연적 힘에 의해서 한 관념에서 다른 관념으로 나아가도록 강제되지 않는다. 어떤 대상들도 그것들 사이에 어느 정도의 유사성이 없는 한 비교될 수 없으므로 유사성은 그것이 없으면 어떤 철

23) Aaron, 앞의 책(1941~1942), 131면.

24) T, 1. 1. 5, 13~15면. 흄은 자연적 관계로 유사성, 근접성, 인과 관계의 세 가지를 들고, 철학적 관계로는 유사성, 동일성, 시간과 공간의 관계, 양 또는 수의 비율, 어떤 성질의 정도, 반대와 인과 관계의 일곱 가지를 들고 있다. 따라서 사실상 세 가지 자연적 관계가 모두 철학적 관계의 목록에 들어 있다.

학적 관계도 존재할 수 없는 하나의 관계다. 그렇다고 해서 모든 유사성이 관념들의 연합을 산출하는 것은 아니다.[25] 흄은 앞에서 습관을 설명할 때 "우리는 특정한 순간에 마음속에 오직 하나의 개별 관념을 갖지만 경험에서 발견한 유사성 때문에 그 개별 관념은 동일한 종류의 다른 관념들과 연합되는데 그 관념들은 그때 실제로 마음에 현전하지는 않는다"고 말한 바 있다. 그렇다면 관념들 사이의 자연적 관계가 아니라 단지 의식이 관념들을 비교할 때 의식에 대해서만 있는 철학적 관계인 유사성이 어떻게 비교된 관념들 중 어느 한쪽이 없을 때 그것을 암시하는 데 작용할 수 있는가? 흄은 여기에 대해 어떤 설명도 시도하지 않고 있으며, 이것은 그의 유사성의 관계가 중복되어 있고 엄밀한 구분 없이 논의에 따라 서로 대체되기 때문인 것으로 생각된다.[26]

이처럼 유사성의 본성에 관한 흄의 설명은 애매하지만 어쨌든 일반화가 유사성의 발견으로부터 비롯한다면 유사성의 발견이 없이는 어떠한 일반화도 있을 수 없다. 그는 "여러 예에서 유사한 대상들이 유사한 관계를 가진 것으로 관찰되며, 이것은 지성의 작용과 관계없으며 그것에 선행한다"(T, 1. 3. 14, 168면)고 말한다. 그러나 엄밀히 말해서 유사성을 발견하기 전에 우리가 유사성의 범위를 어떻게 제한하는지 알지 못한다면 대상들이 어느 측면에서 서로 유사한지 알 수가 없다. 흄은 이러한 문제를 설명하지 못하고 단지 대상들의 유사성이 자연에서 발견된다고 주장한다. 따라서 추

25) 나는 이러한 흄의 언급이 유사성은 마음의 산물이 아니라 자연에 존재하지만, 자연의 분류는 우리의 관심에 의존하므로 결국 분류는 자연과 우리의 공동 작업이라고 내가 서론에서 정의한 유사성 이론의 특징을 잘 보여 주는 것이라고 생각한다. 1장 각주 27 참조.

26) Smith, 앞의 책, 264면.

상 관념의 부정에도 불구하고 유사성의 발견을 이미 전제하고 들어가는 그의 이론은 극단적인 형태의 유명론은 결코 아니다.

4. 이성의 구별

흄은 추상 관념에 관한 논의의 마지막 부분에서 "이성의 구별"이라는 제목 아래 앞에서 논의한 추상 작용의 문제, 유사성 발견의 문제와 밀접하게 관련된 주장을 한다.(T, 1. 1. 7, 24~25면) 이성의 구별이란 그에 의하면 '모양과 모양을 가진 물체, 운동과 운동하는 물체의 구별'과 같은 것을 말한다. 우리는 2절에서 흄이 "분리된 채로 존재할 수 없는 성질들 가운데 어떤 것을 다른 것으로부터 추상하거나 따로따로 인식할 수 없다"는 버클리의 부정적 논증을 어김없이 받아들이고 있음을 보았다. 또한 흄은 '관념의 기원'을 논하는 절에서 "단순 지각 또는 인상과 관념은 어떠한 구별이나 분리도 허용하지 않는다"(T, 1. 1. 1, 2면)고 말하고 있다. 무엇보다도 우리는 그가 추상 작용을 부정하는 논증에서 "서로 다른 대상들은 구별될 수 있고, 구별될 수 있는 대상들은 사고나 상상력에 의해 분리될 수 있으며, 이것의 역 또한 참"이라는 원리를 제시한 것을 보았다. 이 원리에 따르면 복합 관념은 구별과 분리가 가능하지만, 모양을 가진 물체의 관념과 같은 단순 관념은 실제로 구별할 수도 없고 다르지도 않으며 분리될 수 없다. 그렇다면 명백히 단순 관념의 경우에만 적용되는 것으로 보이는 이성의 구별은 분리된 구성 요소를 갖고 있지 않기에 애당초 구별될 수 없는 단순 관념을 도대체 어떻게 구별한다는 것인가? 이에 대한 흄의 대답은 "마음이 단순성 속에 포함되어 있는 여러 가지 서로 다른 유사성들과 관계들을 주목함으로써 그러한 구별을 한다"는 것이다. 다시 말해서 흄은 추상 작용을 부정하는 데 적용했던 원리에 따라 이성의 구별을 설명하는 데 생기는 난점을 자신의 유사성 이론에 의해서 제거하려 한다. 마음은 주목의 방향에 의해 실제로 분리할 수 없는 것을 구별한다는 그의 설명은 다음과 같다.

> 흰 대리석 공이 주어질 때 우리는 어떤 형태를 가진 흰색의 인상을 받아들일 뿐 색깔과 형태를 분리하고 구별할 수 없다. 그러나 검은 대리석 공과 흰 대리석 정육면체를 본 뒤 앞의 대상과 비교해 보면 우리는 앞에서는 완전히 분리할 수 없는 것으로 보였고 실제로 분리할 수 없는 것에서 두 가지의 분리된 유사성을 발견한다. 이러한 종류의 실행을 더 많이 한 뒤에 우리는 이성의 구별에 의해 모양과 색깔을 구별하기 시작한다. 즉 우리는 모양과 색깔이 사실상 같으며 구별할 수 없는 것이기 때문에 그것들을 함께 고려한다. 그러나 우리는 그것들이 갖고 있는 유사성에 따라 여전히 그것들을 서로 다른 측면에서 본다. 우리가 흰 대리석 공의 모양만을 고려할 때 우리는 실제로 모양과 색깔 모두의 관념을 형성하지만 암암리에 흰 대리석 공과 검은 대리석 공의 유사성에 눈을 돌린다. 마찬가지로 우리가 그것의 색깔만을 고려할 때도 우리는 흰 대리석 공과 흰 대리석 정육면체의 유사성에 시선을 돌린다. 이러한 방법에 의해서 우리는 습관에 의해 대부분 느낄 수 없게 된 일종의 반성을 우리 관념에 수반시킨다. 우리에게 흰 대리석 공의 색깔을 생각하지 않고 모양을 고려하라고 요구하는 사람은 불가능한 것을 요구하는 것이다. 그러나 그의 의도는 우리가 색깔과 모양을 함께 고려하지만 여전히 검은 대리석 공, 또는 어떤 색깔이나 재료로 된 다른 공과의 유사성을 유념하라는 것이다(T, 1. 1. 7, 25면).

이와 같은 흄의 주장의 의미를 분석하기 위해서는 '이성의 구별'이라는 용어부터 살펴볼 필요가 있다. 우선 데카르트에서 이 용어는 존재에서 분리되어 있지 않지만 사고에서 구별될 수 있는 것을 표현하는 것, 즉 명확히 실재적 구별에 반대되는 지성의 추상 작용에 의한 구별을 일컫는 것이었다. 한편 우리는 흄이 《인성론》의 다른 부분에서 이 용어에 관해 언급하고 있는 것을 발견할 수가 있다.

> 폭이 없는 길이를 생각한다는 것은 불가능하기는 하지만 우리가 두 마을 사이의 길의 길이를 그 폭을 빠뜨리고도 생각할 수 있는 것과 마찬가지로 우리는 분리 없는 추상 작용에 의해 폭에 상관없이 길이를 고려할 수 있다. 길이는 자연에서나 우리의 마음에서나 모두 폭으로부터 분리할 수 없다. 그러나 이것은 부분적 고려와 이성의 구별을 배제하지는 않는다(T, 1. 2. 4, 43면).

폭에 상관없이 길이를 고려할 수 있다는 이 주장은 《포르 루아이얄 논리학》에서 인용된 것이다. 우리는 《포르 루아이얄 논리학》에서도 데카르트에서와 마찬가지로 이성의 구별이란 오직 사고에서만 분리될 수 있는 여러 특성들을 가진 한 사물의 한 특성을 배타적으로 생각하는 추상 작용에 의한 구별임을 알 수 있다. 이러한 이성의 구별과 '사실상 분리되어 존재할 수 없는 것은 사고에서도 분리될 수 없다'는 흄의 원리가 조화를 이루기 어렵다는 것은 명백하다. 따라서 그는 이성의 구별이 복잡한 비교와 습관에 의해 확립되기 전까지 우리가 색깔과 형태를 구별할 수 있다는 것을 부정하고자 한다. 그의 설명에 따르면 더 이상 분해할 수 없는 의식의 세부 사항의 완전한 단순성 속에도 서로 다른 많은 유사성과 관계들이 포함되어 있다. 앞의 인용문에서 본 것처럼 우리는 흰 대리석 공에서 그것의 테두리를 정하는 형태와 색깔을 구별할 수 없어도 그 공을 그것과 닮은 다른 공들과 비교할 수 있다. 흰 대리석 공은 하나의 유사성의 범위에 속하는 것이 아니라 근본적으로 다른 여러 유사성의 범위들에 속한다. 특정한 형태는 이러한 유사성의 범위들 중의 하나며, 특정한 색깔은 그것들 중의 또 다른 하나다. 이처럼 의식의 세부 사항의 서로 다른 측면들은 그것들이 닮을 수 있는 유사성들에 의해 구성된다. 따라서 흰 당구공의 형태를 고려하지 않고 색깔을 고려하는 것은 유사성의 범위들 중의 하나에 관하여 습관적 연합이 활성화된다는(또 다른 하나에 관해서는 전혀 또는 동일한 정도로 활성화되지 않고서) 것을 의미한다.[27)]

이 주장에 의하면 우리가 하나의 단순한 사물이 채색되어 있고 형태를 띠고 있다고 말하는 것은 그것이 근본적으로 다른 두 가지 유사성의 범위에 속한다고 말하는 것이다. 그리고 이것은 그 사물이 한편으로는 하나 또는 그 이상의 사물들과 유사하고, 다른 한편으로는 하나 또는 그 이상의 또 다른 사물들과 유사하다는 것을 의미한다. 그런데 '단일하고 근본적으로 단순한 한 사물이 여러 다양하고 서로 본질적으로 다른 유사성들을 가진다'는 이 견해는 3절에서 흄이 "유사성은 유사한 사물들로부터 구별되지 않는다"고 거듭해서 강조했던 것과 모순된다. 거기서 흄은 우리가 비교에 의해서 유사성을 구성하는 것이 아니라 단지 발견하는 것이라고 명백히 주장하므로 다양하고 근본적으로 다른 유사성들은 배제되는 것처럼 보인다. 왜냐하면 형태와 색깔을 나타내는 성질들이 다양한 유사성의 범위들로 구성된다면 이 범위들은 번갈아 유사한 세부 사

27) Weinberg, 앞의 책, 39면.

항들로 남김없이 분해될 수 있기 때문이다. 그러나 이 세부 사항들 자체는 근본적으로 단순하기 때문에 어떠한 내적 구별도 허용하지 않는다. 흄이 자신의 원리가 다른 선택의 여지를 남기지 않기 때문에 "유사성은 유사한 사물들로부터 구별되지 않는다"는 견해를 고수할 수밖에 없다는 것은 명백하다. 그러나 마찬가지로 이성의 구별을 설명하기 위해서 "단일하고 근본적으로 단순한 한 사물이 여러 다양하고 서로 본질적으로 다른 유사성들을 가진다"는 견해를 다른 방식으로는 입증할 도리가 없다는 것도 명백하다.[28] 나는 이러한 골칫거리의 근원은 이미 3절에서 지적한 대로 흄에서 유사성이 관념들 사이의 자연적 관계와 의식이 관념들을 비교할 때 의식에 대해서 있는 철학적 관계로 겹쳐 있고 엄밀한 구분 없이 섞여서 사용되는 데 있다고 생각한다.

2절에서 우리는 버클리가 마음에 의해서 한 개별 관념에 부여된 대표적 기능이 어떤 것인지 논의하지 않았던 것을 흄이 습관과 마음의 성향으로 설명한다는 것을 보았다. 흄이 자신의 원리에 따라 이성의 구별을 설명하려고 한 것은 바로 이것과 직접적으로 관련된다. 그는 사실상 분리되어 존재할 수 없는 것을 구별할 수 있다는 이성의 구별을 우리는 실재에서 분리될 수 없는 것의 분리된 심상을 형성할 수 없다는 것을 근거로 논박한다. 그에게 감각적으로 단순한 것은 감각적 분리의 한계이므로 한 사물의 특성을 그 사물과 구별한다는 것은 불가능하다. 따라서 그는 이성의 구별 대신에 "우리는 사물들을 분리된 관념들로 구별하거나 분리시키지 않은 채 비교할 수 있다. 즉 사물들이 가질 수 있는 유사성에 의해서 그것들을 여러 다른 측면에서 볼 수 있다"는 견해를 내세운다. 그러

28) 같은 책, 40면.

나 이 견해는 사실상 그가 앞에서 부인한 것처럼 보였던 것을 인정하는 것이며, 결국 그가 보편자 문제에 관한 대안을 제시하는 데 실패했다는 것을 보여 준다. 주목의 방향에 의해 마음은 실제로 분리할 수 없는 것을 구별한다는 그의 설명에서 우리는 여러 가지 유사성을 "서로 다른 측면에서 본다", "암암리에 눈을 돌린다", "시선을 돌린다", "유념한다"는 표현들을 발견할 수 있다. 또한 우리는 그가 "모든 추상 관념들은 사실상 어떤 정해진 시각에서 고려된(considered in a certain light) 개별 관념들에 불과하다"(T, 1. 2. 3, 34면)고 말하는 것을 볼 수 있다. 이것은 '추상 관념이 그것에 관한 마음의 개념에서 개별적이 아니라 일반적'이라고 주장하는 사람들이 요청할 필요가 있는 것을 폭넓게 허용하는 것이라고 할 수 있다.[29] 그리고 그가 인정하는 구별들은 표상의 습관이 형성될 수 있기 전에 발견되어야 하는 유사성들 중에 있는 것으로서 마음은 습관이 사실상 작용하기 전에 한 개별 관념을 보편적인 것으로 고려할 수 있다는 것을 뜻한다. 이것은 그가 추상 관념을 개별 관념과 습관으로 대체했지만 습관 자체는 개념에 의해서만 설명될 수 있음을 설명하지 못한다는 것을 보여 준다.[30] 엄격히 말해서 흄에서 인상이나 관념이 아닌 것은 아무것도 아니며, 마음에 잠재해 있는 연합의 힘은 인상도 관념도 아닌 것으로서 신비로운 것으로 남아 있다. 그는 모든 관념은 심상이므로 추상적이고 일반적인 관념은 없다고 주장했지만 유사성 이론에서 인상이나 심상이 아닌 관념들을 인정하게 됨으로써 경험론의 입장에서 개념의 대상을 분석하는 데 실패했다.

---

29) Smith, 앞의 책, 266면.

30) C. Mound, *Hume's Theory of Knowledge*(London: Macmillan, 1937), 175~176면.

5. 의의와 문제점

흄은 로크의 개념론에 대한 버클리의 반박을 그대로 받아들이고, 한 걸음 더 나아가 버클리가 설명하지 못한 '어떻게 우리가 다른 것을 무차별하게 나타내는 한 관념을 가질 수 있는가, 즉 어떻게 한 관념이 마음에 현전하지 않는 다른 관념들을 대표할 수 있는가'에 관한 심리학적인 설명을 덧붙인다. 그의 경험주의의 대전제인 '관념에 대한 인상의 선행'이라는 원리에 따라 흄은 선행하는 인상이 없는 추상 관념은 결코 인정할 수 없다. 그는 우리가 추상 관념을 형성하지 않고 무한히 많은 개별 관념들을 생각하지 않으면서도 일반어를 이해할 수 있는 것을 습관과 마음의 성향에 의해 설명한다. 여기에 따르면 우리가 일반어의 의미를 안다는 것은 유사한 대상들에 동일한 낱말을 적용할 수 있는 습관을 갖는다는 것을 뜻한다. 서로 다른 의미를 가진 낱말들은 그것들과 연합된 서로 다른 습관에 의해서 구별된다. 따라서 일반어의 의미로 여겨지는 어떤 것이 있다면 그것은 습관이며, 낱말을 의미 있게 사용하기 위해 우리는 마음속에 반드시 한 관념을 가져야 할 필요는 없다. 흄에서 한 개별 관념을 택하는 것이 중요한 것이 아니라 습관과 마음의 성향이 중요하므로 '한 개별 관념을 택해서 같은 종류의 모든 관념들을 대표하게 한다'는 버클리의 주장이 더 이상 흄의 이론의 중심이 되는 특징이라고 할 수 없다.[31] 그의 주장은 보편자란 관념적 내용의 굳건한 핵이 아니므로 단순히 관념이나 심상에 의해 적절하게 기술될 수 없으며 마음의 성향에 의해 생각해야 한다는 것이다. 그러나 이 습관 또는 마음의 성향은 심적 실재물이 아니며, 일반어의

31) Aaron, 앞의 책(1952), 80면.

의미인 실재물을 인정하지 않는다는 의미에서 흄의 이론은 유명론이다.[32] 아울러 우리는 흄이 '하나의 개별 관념은 습관적 결합으로부터 다른 많은 개별 관념들과 관계를 가지며 상상력 속에서 즉시 그것들을 상기하는 하나의 일반어에 수반됨으로써 일반적인 것이 된다는 것이 추상 관념과 일반어의 본성'이라고 단언하는 것을 보았다. 나는 흄이 버클리보다 낱말의 역할에 더 비중을 두게 된 것은 그가 낱말을 습관을 활성화시키는 일종의 자극으로 여기는 데서 비롯된 것이라고 생각한다.

습관과 마음의 성향을 강조하는 흄의 이론에 대해 아론은 흄이 우리가 추상 작용을 할 수 있다는 것을 부정하려는 것이 아니라 그 과정이 일상적인 삶의 수준에서 일어나는 일반화의 과정과 아주 다르다는 것을 부정하려는 것이라고 말한다.[33] 흄은 결국 명백한 추상 작용인 이성의 구별을 인정함으로써 로크가 말한 지성의 작품으로서의 정확하고 명백한 보편자가 있다는 것을 인정한다. 다만 로크의 설명은 특별히 마음속에 수학적인 능력을 가진 정확하고 과학적인 사고에 의한 보편자의 경우에만 적합하고 일상의 느슨한 사고에 의한 정확하지 않은 보편자의 경우에는 적합하지 않다. 어린아이나 보통 사람이 별다른 어려움 없이 일반어를 사용한다는 사실은 그것이 사물의 공통 특성을 선택해서 보편자를 형성하는 추상 작용에 의한 의식적 행위가 아니라는 것을 보여 준다. 그들은 의식적으로 개념을 형성하기 전에 일반어를 사용하며, 그것은 경험이 그들로 하여금 반복되는 어떤 사실들에 친숙하게 했고 그 결과 습관이 형성되었기 때문이다. 아론은 모든 사고는 부정확하고 모든

32) J. Tienson, "Hume on Universals and General Terms", *Nous*, 18(1984), 324면.

33) Aaron, 앞의 책(1941~1942), 140면.

보편자도 불완전하며, 보편자는 사고가 더 정확해질수록 점진적으로 정확하게 정의된 개념으로 변해 가는 일종의 성향과 기대라고 설명한 흄을 일상적인 삶의 수준에서 일반어의 사용을 설명한 최초의 인물이라고 평가한다.[34]

이러한 긍정적인 평가에도 불구하고 나는 이제까지의 논의에서 드러난 몇 가지 문제점을 지적하고자 한다.

첫째, 흄이 당면한 문제는 버클리가 설명하지 못했던 '우리가 어떻게 하나의 개별 관념에 의해 다른 관념들이 대표되는지 결정하는가'라는 것이었다. 그러나 흄은 '어떻게 개별 관념이 마치 일반적인 것처럼 작용하는가' 하는 문제에만 주목함으로써 여전히 그 문제를 해결하지 못하고 있다.

둘째, 흄은 2절의 첫머리에서 자신의 의도가 버클리의 주장을 확실히 하려는 것이라고 말하면서 그것을 요약했는데, 사실상 이것은 버클리의 주장에 관한 적절한 진술이 아니다. 오히려 버클리의 주장은 "하나의 관념은 그 종류의 모든 관념들을 대표하게 됨으로써 일반적인 것이 되며, 그 자체는 개별적인 한 낱말이 대표적인 기능을 하게 된 관념에 대한 기호가 됨으로써 일반적인 것이 된다"는 것이라고 할 수 있다.[35] 이것과 '하나의 개별 관념은 일반어에 수반됨으로써 일반적인 것이 된다'는 흄의 요약을 비교해 본다면 낱말과 관념의 관계가 거꾸로 되어 있다는 것을 알 수 있다. 흄에서 낱말을 일반적인 것으로 만드는 것은 습관이며 낱말은 관념에 일반적인 의미를 부여하는데, 이것의 역은 불가능하다.[36] 그런데 문제는 한 낱말의 일반성에 의해 한 관념의 일반성을 설명하려는 흄의

---

34) Aaron, 앞의 책(1952), 83면.

35) Woozley, 앞의 책(1967), 202면.

36) Tienson, 앞의 책, 324면.

시도는 성공할 수 없다는 데 있다. 흄은 모든 관념이 개별적이라고 전제하는데 그것과 똑같은 의미에서 모든 낱말은 개별적인 것임에 틀림없다. 그렇다면 모든 개별 문장에서 사용되는 것은 개별 낱말이므로, 일반어는 어떤 문장에도 쓰일 수 없다는 것을 의미하게 되기 때문이다.[37)]

셋째, 일반어의 이해에는 어떤 방향으로 지속하려는 성향뿐만 아니라 그 낱말의 사용에서 실수를 피하고 정정하는 능력도 요구된다. 2절에서 내가 요약한 일반화에 대한 흄의 설명의 다섯째 부분에서 흄은 부적절하기는 해도 일반어에 올바른 종류의 관념을 선택함에 있어서 마음이 하는 차별적인 역할을 설명하고 있다. 그러나 그는 일반어의 사용에서 왜 우리는 단지 어떤 관념들만을 그 낱말과 연합하며 다른 관념들은 무관하다고 배제하는지 충분히 설명하지 못한다. 또한 그는 우리가 전에 결코 마주치지 못했던 새로운 예들에 정확히 한 낱말을 적용할 능력을 갖추고 있다는 사실을 설명하지 못한다.[38)]

넷째, 러셀이 비판한 것처럼 흄의 유사성 이론은 단순히 용어만 변형시켜서 보편자를 유사성이나 측면이라고 부를 뿐 보편자의 문제를 해결하지 못한다고 볼 수 있다.[39)] 러셀에 따르면, 만약 우리가 흼(whiteness)이라는 보편자를 제거하기 원한다면 우리는 특정한 흰색 띠를 선택하고 어떤 것이 우리가 선택한 개별자와 올바르게 유사한 종류면 그것을 희다고 말하면 된다. 그런데 이때 필요한 유사성은 보편자여야 한다. 많은 흰 사물들이 있기에 그 유사성은 개별적인 흰 사물들의 많은 쌍에서 얻어지는 것으로서 이것은 바로

37) Woozley, 앞의 책(1967), 203면.
38) Tienson, 앞의 책, 312면.
39) I. Berlin, 앞의 책, 212면.

보편자의 대표적인 특징이다. 이에 대해 흄처럼 각 쌍에 대해 서로 다른 유사성이 있다고 말하는 것은 아무 소용이 없다. 왜냐하면 우리는 이 유사성이 서로 닮았다고 말해야 하며, 이것은 바로 유사성을 보편자로 인정하는 것이기 때문이다. 따라서 유사성의 관계는 보편자이며, 이러한 보편자를 인정해야만 하기에, 흼 같은 보편자를 인정하지 않으려고 더 어렵고 이치에 맞지 않는 이론을 고안해 내는 것은 가치가 없다. 러셀은 추상 관념을 부정한 버클리나 흄은 그들의 주장에 이러한 논박이 있을 수 있다는 것을 깨닫지 못했으며, 그들의 근원적인 오류는 보편자로서 관계를 무시한 데 있다고 비판한다.[40] 우리는 이미 앞에서 관계에 관한 흄의 견해가 아주 애매하다는 것을 보았다. 러셀은 사실상 실재론을 옹호하는 입장에서 유사성 이론을 비판한 것으로서, 그의 의미 이론은 언어적 표현의 의미를 그 표현이 지시하는 대상이나 지시 관계와 동일시하는 지시론적 의미 이론이므로, 그가 유사성 이론의 난점의 근원을 관계에 있는 것으로 파악한 것은 당연한 것이라고 할 수 있다.

마지막으로, 심리학적으로나 논리적으로 추상 관념은 구체적 심상과는 아주 다른 것인데, 흄은 그것들을 동등한 지위를 가진 것으로 여긴다. 그것은 물론 경험주의의 원칙을 고수하려는 그가 순수한 지성에 의해 파악된 관념을 인정하지 않으려는 데서 비롯된 것이다. 그러나 추상 작용에 의한 관념의 형성은 심상에 의해 설명이 불가능한 대단히 복잡한 생리학적인 사건과 과정을 포함하므로 원리적으로 직접적인 검사가 불가능하다.[41] 게다가 흄이 추상 작용 대신 내세운 습관도 그가 사용하는 방법인 내성에 직접적으로 개

40) 버트란드 러셀, 《철학의 문제들》, 박영태 옮김(서울: 서광사, 1989), 106~107면.

41) Weinberg, 앞의 책, 59면.

방되지 않는다. 우리는 연속적으로 발생하는 관념들은 알지만 그것들을 산출하는 습관은 모른다. 말하는 사람은 습관의 증거로 작용하는 관념에 접근하는 특혜를 누리지만 습관 자체에는 접근하지 못한다.[42)]

42) Tienson, 앞의 책, 325면.

제6장 결론

영국 경험론은 주로 외부 세계에 관한 우리의 지식에 관한 이론이며, 그것의 핵심은 감각 경험을 통하는 것 이외에 외부 세계에 접근할 다른 길이 없다는 것이다. 따라서 감각에 주어진 것을 출발점으로 삼는 경험론자들이 순수한 지성의 힘에 의해 외부 세계의 보편적인 성질을 알 수 있다는 실재론을 거부하는 것은 매우 자연스러운 일이다. 나는 이러한 영국 경험론의 반실재론적 경향의 실마리를 데카르트와 아르노의 개념론에서 찾고자 했다. 나는 로크가 마음의 대상적 측면과 작용적 측면을 모두 포함해서 관념이라는 용어로 표현하는 것이 데카르트를 그대로 따르고 있는 것이라는 점, 영국 경험론자들이 추상 작용을 긍정하든지 부정하든지 간에 그들이 염두에 두고 있는 것은 《포르 루아이얄 논리학》에서 전개된 것이라는 점을 드러내고자 했다. 그 결과 데카르트와 아르노의 개념론에서는 감각 경험에서 추상한 경험적 보편자들과 본유 관념으로 설명하는 선험적 보편자들을 모두 인정하고 있다는 것이 밝혀졌다.

로크는 데카르트와 마찬가지로 관념을 표상적 지각과 개념적 사고를 포함하는 넓은 의미로 사용하지만, 본유 관념을 부정하고 단순 관념과 복합 관념의 구분의 원리를 제시함으로써 보편자 문제를 경험주의의 입장에서 설명하고자 한다. 그가 이 원리로써 시도한 것은 지각에 주어진 것만으로 마음의 모든 내용물들이 어떻게 형성되는가를 밝히려는 것이었다. 로크는 일반어의 의미가 그것에 상응하는 추상 관념에 의해서 주어진다고 봄으로써 지시론적 의미 이론에서 벗어나지 못하고 있지만, 추상 관념은 정신적인 것이 아닌 어떤 것에도 존재하지 않는다는 점에서 그의 이론은 개념론이라고 할 수 있다. 그러나 감각 경험의 원인을 경험 외적인 존재로 가정하지 않을 수 없었던 그의 경험주의의 원리에 근본적인 어려움을 안고 있는 로크의 개념론은 제1성질과 제2성질의 구분, 물질적 실체의 복합 관념, 실재적 본질과 명목적 본질의 구분, 실재적 존재에 관한 지식의 문제 같은 실재론적 요소들을 간직하고 있음을 보여 준다. 그리고 그는 존재론적 토대로 자연에서 관찰될 수 있는 유사성을 들고 있으나 단순 관념의 유사성 문제는 설명하지 못하고 있다. 그 결과 그의 개념론에는 추상 관념을 지성에 의해 대표적 기능을 부여받은 개별 관념, 공통 특성만을 가진 관념, 같은 종류에 속하는 모든 개별 관념들의 특성들을 융합한 관념, 명목적 본질로서 의미로 여기는 네 가지 서로 다른 견해가 섞여 있게 된다. 나는 그 이유를 그가 관념을 마음의 작용까지 포함하는 넓은 의미로 사용하며, 사실의 문제와 논리의 문제를 혼동한 데서 찾고자 했다. 로크는 그의 원리를 일관되게 사용하지 못함으로써 보편자 문제를 경험주의적으로 설명하는 데 한계가 있다는 것을 보여주었고, 버클리와 흄은 더욱더 철저한 경험주의의 입장에서 이 문제를 해결하고자 한다.

버클리는 추상 관념에 관한 로크의 설명은 추상 관념의 일반성이 그것이 가진 본질적 특성에 의존한다고 상정하는 잘못을 저질

렀을 뿐만 아니라, 로크가 그것을 자신의 실체 이론의 주된 토대로 생각했다는 점에서 로크를 논박하고자 한다. 그의 경험주의적 관념론의 대전제인 esse est percipi에 의거해서 관념을 구체적 심상과 동일시하고 있는 버클리는 로크의 개념론을 부정하지 못하면 물질적 실체를 인정할 수밖에 없다고 생각한다. 그는 로크의 관념 이론이 표상적 실재론과 함께 주장되는 것은 불가능하며, 로크의 개념론이 잘못된 원인을 자신의 의미 이론에서 찾고자 한다. 그는 로크의 네 가지 견해 중에서 첫번째 견해를 제외하고 나머지 견해들을 차례로 공통 특성의 관념은 각 개별자에 특유한 모든 개별성이 제거되면 그 내용이 전혀 없는 것이 되며, 모든 특성들의 융합 관념은 자기 모순이며, 낱말을 항상 동일한 관념을 나타내게 하는 것은 불가능하다는 근거를 들어 논박한다. 이 과정에서 그는 언어의 여러 다른 목적과 기능을 언급함으로써 행태론적 의미 이론이 등장하고 있음을 시사한다. 그는 추상 관념이란 같은 종류에 속하는 다른 관념들을 대표하는 하나의 개별 관념일 뿐이며, 관념의 일반성은 추상 관념의 본질적인 특성에 있는 것이 아니라, 다른 관념들을 대표하는 그 기능에만 있다는 로크의 첫번째 견해만을 인정한다. 관념을 구체적 심상의 의미로 사용하는 그로서는 추상적 심상을 형성하는 것은 불가능하며, 따라서 개별 관념이나 낱말의 기능에 의존하여 보편자 문제를 설명하는 유명론의 방향으로 나아가는 것은 당연하다. 그러나 그의 이론에는 개별 관념들이 그 예인 어떤 종류를 우리가 이미 안다는 것이 전제되어 있으며, 존재론적인 토대인 유사성의 문제에 관해서는 별다른 언급이 없다. 또한 그는 마음은 관념을 갖는다는 점에서 경험의 대상일 수 없으므로 그것에 관한 '개념'을 갖는다고 하지만, 그것을 일종의 추상 작용으로 인정하고 있음을 드러내준다. 그에게 마음 자체나 마음의 작용에 관한 논의는 여전히 형이상학의 영역으로 남아 있다.

흄은 로크의 네 가지 견해 중에서 첫번째 견해를 제외한 나머지 견해들을 차례로 양과 질의 정확한 관념이 있어야 하므로 공통 특성의 관념은 있을 수 없고, 모든 특성들의 융합 관념은 인간의 능력을 무한하다고 가정하는 불합리한 것이며, 일반어의 의미는 우리가 그것을 사용할 때 반드시 고정되는 것은 아니라는 근거에서 논박한다는 점에서 버클리를 그대로 따르고 있다. 그에게 관념이란 인상의 모사물인 심상이라는 의미로 사용되고 있으므로, 그는 상응하는 인상이 없는 추상적 심상을 형성하는 것은 불가능하다고 여긴다. 그는 마음이 유사한 인상들을 반복해서 경험하고 난 뒤 그것들 중 어느 하나를 지각하거나 또는 그것들을 가리키는 낱말에 의한 자극을 받으면 그와 동시에 다른 것들을 떠올리게 되는 습관과 성향을 갖게 된다는 것을 강조함으로써 버클리가 제시하지 못한 해결책을 제시한다. 그러나 습관과 성향은 일반적으로 더 원초적인 감각 경험들을 비교·선택·추상하는 과정에 의해 획득된 것이라고 할 수 있다. 더구나 흄은 습관과 성향을 인상이나 관념으로 설명하지 못하는 신비로운 것으로 남겨 놓는다. 또한 그는 단순 관념의 유사성의 문제에 대해 새롭게 설명함으로써 로크보다 한 걸음 나아갔다고 할 수 있으나, 여전히 유사성의 발견을 일반어의 사용에 앞서서 발생하는 것으로 여기며, 이성의 구별을 완전히 논박하지 못함으로써 추상 작용을 인정하고 있다. 버클리와 흄은 인간의 마음이 전적으로 감각 능력이기에 감각과 상상의 영역에서 찾을 수 없는 추상 관념을 우리가 가질 수는 없다고 주장하는 점에서는 로크보다 일관된 입장을 보이고 있다. 그들은 데카르트와 로크에서 내가 질료적 의미나 성향적 의미의 관념이라고 분류했던 마음의 작용을 '개념'과 습관이라고 표현하고 관념의 영역에서 제외한 그들의 대전제의 논리적 결과로 유명론으로 나아갔지만, 개별 관념이나 낱말이 가진 대표적 기능에 앞서는 보편자의 인식을 전제함으로써 일반성의 문제를 해결하지 못한다.

나는 영국 경험론자들이 일반어의 의미에 관한 문제를 해결하려는 과정에서 그들이 드러낸 몇 가지 문제점을 지적하고자 한다.

첫째, 그들은 우리의 의사 소통의 단위는 명제이며, 언어의 의사소통적 기능에 근거한 의미 이론은 어디까지나 명제를 의미론적으로 기본적인 것으로 다루어야 한다는 것을 아직 깨닫지 못하고 있다. 그들은 의미 이론을 명제가 아닌 낱말에 관한 것으로 제시함으로써 한 명제 안에서 일정한 기능을 하는 비기술적 표현이나 수학적이고 논리학적인 개념들을 비롯하여 실제로는 유의미하게 사용되는 많은 표현들을 무의미한 것으로 여겼다. 이것은 그들의 철학이 당시의 요소 심리학의 감각적 원자론을 바탕으로 하고 있기 때문이며, 사적 언어와 유아론의 난점과 맥락을 같이하는 것이라고 할 수 있다.

둘째, 그들은 일반어와 추상 명사를 혼동한 것으로 보인다. 우리가 사용하는 일반어가 모두 감각 경험적인 개념을 가리키는 것은 아니다. 그들의 설명은 우리가 그 대상을 만남으로써 의미를 얻는, 즉 직시적 정의가 가능한 낱말들에는 혹시 적용될 수 있을지 모른다. 그러나 그들은 자유, 평등, 한계 효용, 논리적 함축과 같이 거기에 상응하는 심상이 없이도 언어적인 설명을 통해 의미를 얻을 수 있는 추상 명사에는 자신들의 경험론적 설명이 적용되지 않는다는 사실을 간과하고 있다. 이것은 물론 그들의 관심이 주로 외부 대상 세계에 관한 지식에 쏠려 있기 때문에 나온 결과라고 할 수 있다.

셋째, 경험주의의 딜레마는 감각적 개념으로 볼 수 없는 것들을 감각적 개념들과 다른 지위를 갖는 것으로 설명하느냐, 아니면 결국 같은 지위를 갖는 것으로 설명하느냐 하는 데 있다. 논의의 과정에서 엿볼 수 있었듯이 그들은 데카르트에서 본유 관념으로 설명하던 수학적 개념들을 결국 언어상의 문제로 처리함으로써 전자의 길을 택했다. 그들은 감각적 성질을 가진 것으로 볼 수는 없고 마음의 작용에 의해 얻어진다고 할 수 있는 관계 관념과 같은 것의 설명에 난점을 드러내고 있으며 결국 이성주의적인 해결책에 의지하고 있다는 것을 보여 준다. 물론 이것이 영국 경험론이 본유주의로 돌아간다는 것을 의미하는 것은 결코 아니지만, 영국 경험론에는 뜻하지 않게 이성주의적 요소가 많이 들어 있음을 부정할 수가 없다.

나는 이제까지의 논의를 통해서 경험주의가 더 철저해질수록 추상 관념의 설명은 더욱더 어려워지며, 순수한 지성을 부정하고 감각 경험의 연속선 위에서 개념적 사고를 설명하려는 경험주의 시도는 어떤 종류의 역할이든 능동적인 마음의 역할이 개입되어야 한다는 것을 보여 주었다. 흄의 경험론은 로크의 경험론을 철저히 밀고 나가서 도달된 필연적 귀결이다. 그러나 감각 경험은 엄격한 의미에서 필연성과 보편 타당성을 갖지 않는 것이므로 인식의 기원이 감각 경험에 있다고 보는 한 지식의 필연성과 보편 타당성을 단념해야 한다는 것은 당연하다.

나는 이 글의 주제인 영국 경험론의 추상 관념 문제를 그들이 사용한 관념이라는 용어의 의미가 서로 다르다는 점과 그들의 철학의 바탕에 놓여 있는 관념 작용론적 의미 이론이 지시론에서 행태론으로 옮겨가는 과정을 함축하고 있다는 점에 주목해서 그 특징과 한계를 지적하였다. 특별히 나는 철학과 심리학이 나누어지지 않은 상태에서 그들은 추상 관념의 문제를 심리주의적으로 설명하고 있다는 일반적인 평가를 받아들이면서도 그들의 이론이 개념론에서 심상론을 거쳐 유명론으로 나아가게 된 것은 어디까지나 그들의 경험주의적 대전제에 따른 논리적인 귀결이라는 것을 강조하였다. 그러나 영국 경험론자들은 추상 관념의 문제에 관하여 결코 만족스러운 해결책을 제시하지는 못했다. 이것은 보편자 문제가 경험주의적 설명만으로는 결코 해결될 수 없는 문제라는 것을 보여준다.

영국 경험론의 추상 관념 문제의 전개 과정을 요약하면 다음과 같은 도표로 정리될 것이다.

<table>
<tr><td></td><td>데카르트
아르노</td><td>로크</td><td>버클리</td><td>흄</td></tr>
<tr><td rowspan="2">관념의
의미</td><td rowspan="2">표상
본유관념
추상작용</td><td rowspan="2">표상

추상작용</td><td>심상</td><td>심상</td></tr>
<tr><td>‘개념’</td><td>습관</td></tr>
<tr><td>의미
이론</td><td>지시론
관념작용론</td><td>지시론
관념작용론</td><td>관념작용론
행태론</td><td>관념작용론
행태론</td></tr>
</table>

제2부

제1장 영국 경험론에서 수학의 필연성 문제

제2장 토머스 리드의 추상 관념 이론

제1장 영국 경험론에서 수학의 필연성 문제

1. 서론

베이컨 이래 영국 경험론자들은 모든 지식이 감각 경험에서 유래하며, 내성의 방법을 사용해서 지식의 범위와 한계를 알 수 있다고 주장한다. 실험과 관찰을 중시하는 자연 과학의 비약적인 발전에 힘입은 이러한 주장은 스콜라 철학과 대륙 이성론의 형이상학을 논박하는 주된 무기였다. 그러나 지식에 관한 경험적 토대를 제시하려는 과정에서 경험론자들은 스콜라 철학의 삼단 논법과 연역 추리, 수학과 같은 논증적 학문에 대해 지나친 적대감을 보이거나 또는 불충분한 실험적 학문으로 평가절하하는 경향을 보여 준다. 이러한 경향은 이성론자들이 자명한 원리를 토대로 체계를 구축하면서 일관성을 이유로 경험을 도외시하거나, 또는 수학적 개념들이 경험과 무관하다는 점에서 형이상학적 개념과 같이 세련되고 정신적인 본성을 가진다고 주장한 것에 대한 반작용이라고 할 수 있다.[1] 어쨌든 수학적 진리의 정확성과 필연성, 비감각적 개념의 기원

---

1) Zabeeh, 앞의 책, 8~9면.

문제는 경험론자들이 결코 지나칠 수 없는 문제였다. 곧 모든 비감각적 개념이 감각 경험에서 유래하며 모든 진리는 경험적 진리라고 주장하든가, 아니면 모든 의미 있는 표현이 전부 감각 경험에서 나온 것은 아니며 모든 진리가 경험적인 것도 아님을 인정하든가 양자택일을 해야 하는 것이 경험론자들의 딜레마였다.

잘 알려져 있는 것처럼 데카르트는 경험과 관찰의 불확실성에 주목하고 철학과 과학에서 이루어진 결과가 진정한 지식의 지위를 얻기 위해서는 수학이 갖고 있는 확실성과 필연성을 얻는 것이 필요하다고 주장했다. 그리고 그는 수학의 필연성은 초월적이고 비감각적인 실재를 지성적으로 파악함으로써 얻어진다는 플라톤주의와 감각적인 개별자들로부터 추상에 의해 얻어진다는 추상주의자들의 견해에 반대하고, 감각과 무관하게 마음의 작용에서 스스로 발견할 수 있는 본유 관념에 의해서만 설명이 가능하다고 주장한다.

영국 경험론을 대표하는 인물들인 로크·버클리·흄은 공통으로 플라톤주의를 거부하며 본유 관념도 부인하고, 수학적 지식을 궁극적으로 감각 경험에서 유래한 것으로 설명하고자 한다. 하지만 그들의 설명은 동일하지 않다. 나는 그 이유를 그들의 추상 관념 이론의 차이에서 찾고자 한다. 이 글에서 나는 로크의 견해를 추상 작용에 의해 마음속에 형성된 추상 관념의 존재를 인정하는 개념론으로, 버클리의 견해를 한 낱말은 표상적 기능을 하는 심상의 기호가 됨으로써 일반어가 된다는 심상론[2]으로, 흄의 견해를 한 관념이 일반어에 수반됨으로써 일반적인 것이 된다는 유명론으로 규정

2) 심상론은 추상 관념을 인정하지 않는다는 점에서 유명론의 일종이다. 내가 굳이 양자를 구별하는 이유는 흄은 버클리가 간과했던 표상적 기능을 습관과 마음의 성향으로 설명하며, 또한 수학에 대한 그들의 설명이 같지 않기 때문이다.

한다. 또한 나는 수학에 대해 영국 경험론자들이 주로 사용했던 필연성이라는 용어를 그대로 받아들인다. 이것은 선험성, 분석성이라는 용어가 주로 칸트 이후에 널리 쓰이기 시작했으며, 내가 영국 경험론을 칸트의 전주곡이 아니라 그 자체로 보고자 하기 때문이다. 이 글에서 이 용어들의 구별 문제는 다루지 않을 것이다.

2. 로크의 명제 이원론

로크의 철학은 우리가 가질 수 있는 지극히 추상적이고 논리적인 지식들조차도 그 뿌리를 감각 경험에 둔다는 것을 보여 주려는 시도이다. 그가 가장 먼저 한 것은 적어도 우리 지식의 어떤 부분은 본유 관념과 원리들에 기인한다는 본유주의를 반박한 것이었다. 그 이유는 당시에 본유주의에 호소하는 것이 감각 경험에서 성립할 수 없는 필연적이고 논리적인 진리들을 다루는 데 일반적으로 유행한 방법이었기 때문이다. 본유주의를 논박한 뒤 로크는 자신의 경험주의의 핵심 원리인 '단순 관념과 복합 관념 구분의 원리'를 제시한다. 여기에 따르면 인간의 지성은 감각과 반성에서 주어진 원초적 재료들인 단순 관념들을 거부하거나 변경하거나 없애거나 창조할 수 없다. 그에게 단순 관념은 인간과 실재 세계의 대면을 나타내므로 인간의 지식은 감각과 반성에서 유래하지 않는 요소들을 포함할 수 없기 때문이다. 그는 원초적 재료들의 특징인 불명료함과 혼란을 제거하는 지성의 근본적 능력을 지각·보유·식별·명명·비교·결합·추상 작용으로 보는데, 뒤의 세 가지가 복합 관념을 형성하는 주된 능력이다. 추상 작용은 이러한 마음의 작용들 가운데서도 가장 주목할 만한 것이다. 그것은 로크가 경험주의의

입장을 고수하면서 수학적 진리의 성립을 해명하는 기초이기 때문이다.[3)]

비교 · 결합 · 추상 작용에 의해서 만들어진 복합 관념들은 그 수가 아무리 많고 다양해도 양태 · 실체 · 관계라는 세 종류로 환원될 수 있다(E, 2. 12. 3). 그는 양태를 단순 양태와 혼합 양태로 나누고, 후자의 예로 미, 의무, 술취함, 위선, 신성 모독, 살인, 정의, 자유, 용기를 들며, 전자의 예로는 공간, 지속, 수, 도형, 무한, 운동, 소리, 색깔, 맛, 냄새를 든다.

복합 관념을 이렇게 구분할 수 있다면 로크에서 하나의 낱말은 단순 관념, 단순 양태, 혼합 양태, 관계, 실체 관념의 이름일 수 있다(E, 3. 4. 1). 여기서 실체 관념의 이름을 제외한 나머지 이름들은 항상 명목적 본질뿐만 아니라 실재적 본질도 의미한다. 즉 그 이름들의 경우에는 두 가지 본질이 동일하기 때문에 이 구분이 적용될 수 없으며, 실체 관념의 경우에만 두 본질의 대조가 적절한 것이다(E, 3. 3. 18). 단순 관념의 이름은 하나의 단순 지각을 나타내며, 마음에 작용하는 실재의 사물이 마음에 나타나는 그대로 받아들일 뿐이므로 사람들은 그 의미에 대해 착오를 일으키거나 언쟁을 할 여지가 없다(E, 3. 4. 15 ; 3. 5. 2). 혼합 양태와 관계 관념은 실재와 관련이 없이 마음에 의해서 임의로 만들어진 추상 관념이므로 그 이름은 단지 마음 자체가 형성하는 그 관념을 의미한다(E, 3. 5. 3 ; 3. 5. 14). 단순 양태 관념은 단순 관념의 경우와 다르지 않다.[4)] 반

3) 그에게 수학적 진리는 본유적이지 않으므로 단순 관념이나 복합 관념이다. 그런데 그가 본유 관념을 부인하면서 수학적 진리를 예로 든 것으로 보아 수학적 진리의 자명성과 필연성을 이미 인정한 것으로 보인다. Aaron, 앞의 책(1955), 85면.

4) "단순 양태의 이름은 단순 관념의 이름에 버금가며, 특히 사람들이 그것

면에 실체 관념의 이름은 그것의 명목적 본질을 나타낸다.

로크는 실재적 본질과 명목적 본질의 일치 여부에 따라 실체 관념의 이름과 나머지 이름들을 나누었던 것과 다른 각도에서 이 이름들을 분류한다. 혼합 양태 관념의 이름은 아주 임의로 관념을 나타낸다. 실체 관념의 이름은 완전히 그렇지는 않으며 어느 정도 어떤 원형에 관련된다. 단순 관념의 이름은 완전히 사물 존재로부터 주어지므로 전혀 임의적인 것이 아니다(E, 3. 4. 17). 다시 말하면 혼합 양태 관념은 그 자체가 행위의 원형이며 그것을 넘어선 아무것도 지시하지 않으므로 그것의 이름은 그 관념만 의미한다. 반면에 실체 관념과 단순 관념은 사물이나 성질을 지시하므로 그것의 이름은 비록 직접적으로는 관념을 지시하지만, 간접적으로 사물과 성질을 지시한다. 로크는 단순 관념과 실체 관념을 자연을 반영하는 관념으로, 혼합 양태 관념을 자연의 원형 없이 특수한 목적을 위해 구성된 관념으로 분류한다.

혼합 양태 관념의 이름에는 주로 도덕적, 신학적, 법률적 낱말들이 포함된다. 로크가 혼합 양태 관념의 이름은 인간의 지성에 의해서 실재와 관련 없이 임의로 만들어진다는 것을 강조한 것은 혼합 양태 관념의 이름이 의미의 규약적 요소를 가장 많이 함축하고 있음을 지적하기 위한 것이다. 로크에게 실재적 의미라는 것은 없고, 우리가 의미를 결정하는 유일한 길은 낱말의 용법을 결정하는 것이다. 도덕적 낱말의 의미는 도덕적 관념들의 개념적 관계를 제시하는 논증에 의해 보여 줄 수 있다. 도덕적 낱말들은 그 자체가 우

에 관한 명석 판명한 관념을 갖고 있는 도형과 수의 이름은 의심이나 불확실의 여지가 없다. 그것을 이해하는 사람이라면 7이나 삼각형의 통상적인 의미를 잘못 아는 사람이 있을까? 일반적으로 모든 종류에서 가장 덜 혼합된 관념들이 가장 의심스럽지 않은 이름을 가진다"(E, 3. 9. 19).

리의 행위가 그것에 따르거나 따르지 않을 원형이며 표준으로서 외부에 어떤 원형을 갖고 있는 것이 아니기 때문이다. 이처럼 로크에서 도덕학 또는 윤리학은 논증적 학문이다.

한편 로크는 혼합 양태 관념은 자연에 원형을 갖지 않는 마음의 창조물로서 우리가 부여한 특성 이외의 것을 갖지 않으므로 그 자체가 실재적 본질이라는 것을 별다른 설명 없이 단순 양태 관념에도 그대로 적용시킨다. 단순 양태의 대표적인 것은 수[5]와 도형이며, 로크는 이것으로부터 대수학과 기하학이 논증적 지식임을 끌어낸다.

> 나는 논증이 단지 수학에서만 일반적으로 추구되고 상정되어 온 이유를 그 학문의 일반적인 효용뿐만 아니라, 수의 양태들의 같음이나 초과를 비교함에서 그것들이 모든 최소의 차이를 매우 명백하게 지각할 수 있게 하기 때문이라고 생각한다. 연장에서 최소의 초과는 지각될 수 없지만 마음은 두 각이나 연장, 또는 도형의 같음을 검사하고 논증적으로 발견하는 방법을 찾아냈다. 수와 도형은 고려중인 관념들이 그 안에서 완벽하게 한정되는 가시적이고 지속적인 표시에 의해 고정될 수 있다(E, 4. 2. 10).

수학과 윤리학은 다 같이 논증적 학문이지만 수학은 윤리학보다

---

5) 로크는 단지 자연수나 양수만을 다루고 있는데 이것은 당시의 수학 수준에 비추어서도 상당히 뒤진 것이다. Aaron, 앞의 책(1955), 160면. 한편 "마음속에서 단일성 또는 하나의 관념을 반복해서 더함으로써 어떤 다른 수를 얻는다"(E, 2. 16. 2)는 로크의 주장은 시간적 셈이라는 직관을 수학의 기초로 여기는 직관주의(intuitionism)를 예견한 것으로 볼 수도 있다. E.E. Dawson, "Locke On Number and Infinity", *Philosophical Quarterly*, 9(1959), 304면.

두 가지 점에서 유리하다. 우선 수학에서는 수와 도형을 표상하는 데 사용할 수 있는 감각적 표시와 도표가 있다는 점이며, 그 다음으로는 도덕적 관념이 수와 도형의 관념보다 더 복잡하다는 점이다.[6)]

로크는 수학적 대상이 외부 세계에 존재한다는 플라톤주의자와는 달리 마음속에 형성된 수학적 관념이 외부 사물이 따라야 할 원형이며 본질이라고 주장했다. 곧 수학적 관념들 사이에 필연적으로 성립하는 것으로 발견되는 관계는 이 관념들과 일치하는 사물들 사이에 필연적으로 성립한다는 것이다. 그러나 표상적 실재론자인 로크가 과연 이러한 주장을 할 수 있을까?

로크는 지식을 두 관념들 사이의 일치나 불일치에 대한 파악으로 정의하고, 이러한 일치나 불일치를 동일성 또는 차이, 관계, 공존 또는 필연적 결합, 실재적 존재의 네 종류로 나눈다(E, 4. 1. 3). 그러나 동일성, 공존이나 필연적 결합 자체는 관계들이므로 지식은 사실상 관계의 지식과 실재적 존재의 지식으로 나뉜다. 관계의 지식은 추상 관념들의 일치나 불일치, 또는 상호 의존을 표현하는 것으로서 보편적이고 확실한 반면에, 실재적 존재의 지식은 관념에 상응하는 어떤 사물의 존재에 관한 것으로서 단지 개별자들에 관한 지식이다(E, 4. 11. 13). 관계의 지식은 예를 들면 "밑변이 같고 두 평행선 사이에 있는 두 삼각형은 같다"(E, 4. 1. 7)는 것처럼 추상 관념들 사이의 관계, 또는 한 관념과 다른 관념의 내용 사이의 관계에 대한 지각에 있다. 추상 관념들 사이의 관계를 산출하는 명

6) 여기서 우리는 로크의 논증 개념이 원리로부터의 연역이라는 전통적인 의미가 아니라, 직관을 포함하며 관념들의 관계를 보여 주고 명백하게 하는 것이라는 의미로 사용되고 있다는 점을 주목해야 한다. J.W. Yolton, *A Locke Dictionary*(Oxford: Blackwell Publishers, 1993), 59~61면.

제는 영원한 진리이며, 그 대표적인 예가 수학적 명제이다. 로크에서 수학은 감각 가능하거나 구체적인 존재들에 직접 관련되는 것이 아니라 관념의 구성물에 관련된다. 실재와 실제로 접촉함에 의해서 획득되는 실재적 존재의 지식과 반대로 수학의 보편적 지식은 우리 자신의 추상 관념의 응시에 기인하며[7], 그 본성상 존재에 대한 주장은 금지되어 있다. 로크는 지식을 관념들의 일치나 불일치라고 정의하므로 존재 언명을 안다는 것을 허용할 수 없는 것이다.

그런데 수학의 명제는 그것이 우리 관념들 사이에 표현하는 관계가 실재적 사물들이 이 관념들에 상응하게 존재하는 한 그것들에 적용될 것을 함축한다. 이 관계들은 추상석 내용이 구체적 존재에 체현되는 모든 경우에 적용됨에 틀림없으며, 수학적 지식의 보편성은 바로 그 토대의 추상적 특성에 포함된다. 추상 관념들 사이에 관한 지식은 그것들에 상응하는 어떤 것의 존재와 무관하지만 실재적 지식이라는 주장은 로크가 이 내용이 현실화될 수 있는 존재 세계를 인정하고 있음을 보여 준다.

> 나는 우리가 수학적 진리들에 대해서 가질 수 있는 지식이 확실할 뿐만 아니라 실재적 지식이라는 것이 쉽게 인정되리라는 것을 의심하지 않는다. 그러나 우리는 그것이 오직 자신의 관념들에 관한 것임을 발견할 것이다. 수학자는 원이나 직사각형에 속하는 진리와 특성

7) 로크는 수학자들이 언어를 제쳐 놓고 관념에 집중하는 특별한 능력 때문에 정확성에 도달한다고 생각함으로써 수학의 성공이 복잡한 언어의 창조와 조작을 위한 전문적인 규칙의 학습에서 비롯한 것임을 이해하지 못하고 있음을 보여 준다. D.A. Givner, "Scientific Preconceptions in Locke's Philosophy of Language", *Journal of the History of Ideas*, 23(1962), 384면.

들이 오직 자신의 마음속의 관념에 있는 것으로 여긴다. 왜냐하면 그가 그것들 중의 어떤 것도 그의 삶에서 수학적으로, 즉 정확하게 참인 것으로 존재한다는 것을 발견하지 못했을 수 있기 때문이다. 그러나 그가 원이나 어떤 다른 수학적 도형에 속하는 진리나 특성에 관해 갖는 지식은 존재하는 실재적 사물에 관해서도 참이며 확실하다. 왜냐하면 실재적 사물들은 그것들이 실제로 그의 마음속에 있는 원형들에 일치하는 것 이상으로 어떤 그러한 명제들에 의해서도 의미되는 것으로 관련되거나 의도되지 않았기 때문이다(E, 4. 4. 6).

실재적 존재의 지식은 사실상 지식에 관한 로크의 일반적인 정의에 어긋나는 것이다.[8] 로크의 관념의 객관적 성격을 아무리 강조한다 해도 나의 관념의 내용이 실제로 존재하는 어떤 것의 특성을 기술하는 것이라고 말하는 것과 단지 관념들의 결합을 나타내는 것이라고 말하는 것이 결코 같은 것일 수는 없기 때문이다. 그렇지만 우리는 그의 지식론 전반에 걸쳐 제1성질과 제2성질, 실재적 본질과 명목적 본질의 구분, 물질적 실체의 복합 관념 등 우리 관념들과는 다른 실재 세계에 대한 암시적인 언급이 포함되어 있음을 알 수 있다.

관계의 지식과 실재적 지식의 이분법에서 보이는 불명료함은 사소한 명제와 시사적 명제의 이분법에서도 그대로 나타난다.

오직 하나의 용어만을 포함하는 명제, 예를 들어 “삼각형은 세 변을 갖는다”, “샛노랑은 노랗다”와 같은 명제를 만드는 사람은 낱말들을 갖고 장난을 하는 것이다(E, 4. 8. 7).

8) Gibson, 앞의 책, 166면.

> 그렇다면 우리는 완전한 확실성을 가진 두 종류의 명제들의 진리를 알 수 있다. 하나는 그것들 안에 시사적 확실성이 아니라 단지 문자적 확실성을 갖는 사소한 명제들의 진리이다. 둘째로 우리는 그것의 정확한 복합 관념의 필연적 결과이긴 하지만 그것 안에는 포함되지 않는 다른 것에 관해서 무엇인가를 긍정하는 명제들 안에 있는 확실한 진리를 알 수 있다. 예를 들어 "모든 삼각형의 외각은 그 맞은편 내각들 중의 어느 것보다도 크다"는 명제에서 외각과 맞은편 내각들 중의 어느 하나와의 관계는 삼각형이라는 이름에 의해 의미되는 복합 관념의 어떤 부분도 이루지 않는다. 이것은 실재적 진리이며, 그것과 함께 시사적인 실재적 지식을 전달한다(E, 4. 8. 8).

이와 같은 사소한 명제와 시사적 명제의 구별은 분석 명제와 종합 명제의 구별을 연상시킨다.[9] 그러나 로크는 수학의 명제들이 세계에 관한 지식이 아니라는 것을 깨닫지 못했으며, 사소한 명제들을 중요하지 않은 것으로 여겼다.[10] 어쨌든 로크는 우리가 지각한 어떤 관념들을 추상해서 그것들을 마음에 고정시키고 임의로 원형으로 삼음으로써 수학적 지식의 확실성과 보편성을 확보했다. 곧

---

9) 실제로 1870년대 이후 로크의 명제 이분법은 칸트의 것과 같은 것이며, 나아가 수학 명제가 필연적 진리를 표현할 뿐 아니라 시사적이며 실재적인 지식을 전달한다는 로크의 언급을 칸트의 선험적 종합 판단의 선구로 여기는 것이 기성 견해다. 그러나 월프램은 이 주장이 기성 견해로 왜곡되는 과정을 추적하고, 로크는 '분석적, 종합적'이라는 용어가 아닌 '자명한, 자명하지 않은'이라는 용어를 사용했으며, 수학 명제가 종합적이라는 주장은 E, 4. 8. 8 이외의 전거를 대지 못한다고 반박한다. S. Wolfram, "On the Mistake of Identifying Locke's Trifling-Instructive Distinction with the Analytic-Synthetic Distinction", *The Locke Newsletter*, 9(1978), 27~53면.

10) I. Berlin, 앞의 책, 126, 130면.

로크는 데카르트가 본유 관념으로 설명하는 수학의 영역을 추상 작용 이론에 의해서 대체하고자 했다. 그러나 추상 작용의 본성이 명백히 밝혀지지 않는 한 그의 수학 이론은 불명료한 채로 남을 수 밖에 없다.

그의 주장에 따르면 수학에서는 일단 기본 개념들을 경험에서 얻고 나면 경험에서 눈을 떼고 사고의 일관성과 내적 필연성에 주목하면 된다. 그의 대전제에 의해 수학적 관념은 경험에서 온다고 주장했지만, 수학적 증명은 감관에 의존하지 않고 순전히 연역적이며, 따라서 비경험적이다(E, 4. 11. 16). 수학적 관념들은 경험에서 유래하지만 수학적 지식의 필연성과 타당성은 그 경험적 기원에 의존하는 것이 아니라는 결과가 된다.[11)]

3. 버클리의 형식주의

버클리의 철학은 지각되는 것과 실제로 존재하는 것을 구별하는 표상적 실재론에 반대하여 지각되는 것, 곧 관념의 존재만 인정하는 경험적 관념론이다. 그의 철학에서 관념은 더 이상 실재의 표상으로서 매개물이 아니며, 우리가 일상적으로 접하고 논의하는 대상인 감각적 사물 자체다. 이것이 '존재하는 것은 지각되는 것'(esse est percipi)이라는 그의 대전제가 의미하는 바다.

이 대전제의 성립 근거로서 버클리는 표상적 실재론의 이론적 토대인 제1성질과 제2성질의 구분에 대해 반박하며, 물질과 그것의 표상인 관념 사이에 상정된 유사성은 경험적으로 확증될 수 없음

11) Aaron, 앞의 책(1955), 233~234면.

을 지적한다. 그리고 그는 표상적 실재론자들이 지각과 무관한 실재 세계를 상정하고 감각적 사물의 배후에 그 원인으로서 물질이 존재한다고 주장하게 된 이유는 그들이 추상 관념을 인정하기 때문이라고 보고, 그 추상 관념의 존재를 부정한다. 그는 본질적으로 비한정적인 성격의 심상으로 상정되는 추상적 일반 관념의 존재를 부정하고, 개별 관념이 그것과 유사한 다른 개별 관념들을 대표하는 비추상적 일반 관념으로 사용될 수 있다고 주장한다.[12)]

버클리는 추상 관념의 존재를 부정함으로써 이에 상응하는 물질의 존재를 부정한다. 그의 논의의 핵심은 "우리 지각의 직접적인 대상은 관념이며, 관념은 오직 관념과 유사하므로 우리는 물질의 존재를 인정할 수 없다. 그리고 '물질'이라는 낱말은 관념을 나타내지 않으므로 무의미한 낱말에 불과하다"는 것이다. 그런데 이러한 논리에 의하면 우리는 정신의 존재도 인정할 수 없다. 그의 철학에서 정신은 지각하고 행위하며 의욕을 가진 능동적 존재이며, 관념은 정신에 의해 지각되고 정신의 행위와 의지의 대상이 되는 수동적 존재이다. 따라서 만약 정신이 관념으로 알려진다면 그것은 곧 정신이 수동적인 대상이라는 말이 되며, 이것은 그의 철학에서는 있을 수 없는 일이다. 정신의 관념을 가질 수 없다면 정신의 존재를 인정할 수 없을 뿐만 아니라 '정신'이라는 낱말도 전혀 무의

---

12) 버클리의 수학관은 추상 관념의 부정과 직접 관련된다. 그는 개별자들로부터 추상 작용에 의해 추상적 일반 관념을 형성한다는 로크의 개념론이 수학자들을 그릇된 길로 이끈다고 주장한다. 그는 이른바 로크의 '빗각 삼각형도, 직각 삼각형도, 등변 삼각형도, 등각 삼각형도, 부등변 삼각형도 아니면서 이 모든 것임과 동시에 아무것도 아닌 것이어야 하는' 삼각형의 추상 관념을 부정하고, 기하학적 논증의 일반성은 하나의 개별 삼각형이 다른 모든 삼각형들의 표상적 기호로 사용됨으로써 이루어질 수 있다고 주장한다. P, Intro., 13; 118.

미한 낱말이다. 그러나 버클리는 정신의 존재를 부인하지 않는다. 지각의 주체인 정신은 대상화될 수 없는 실체이며, 그것의 본질은 지각함으로서 'esse est percipi'를 능동적인 정신에 적용시킬 때는 'esse est percipere'가 된다.

그는 정신이 정신 자체를, 또는 정신의 행위나 작용을 인식할 때 발생하는 정신의 행위를 '개념'이라고 표현함으로써 관념의 지각과 구별한다. 이와 관련하여 그는 지식을 관념에 관한 지식과 정신에 관한 지식으로 나눈다(P, 86). 관념에 관한 지식은 물질의 존재와 추상 관념의 존재를 부정하는 그의 철학의 중심을 이루고 있으며, 크게 자연 철학, 곧 과학과 수학으로 나누어진다. 정신 자체나 정신의 작용에 관한 지식은 다름아닌 형이상학이다.

수학의 지위에 대해 《비망록》에서 버클리는 수학은 감각적 지식의 영역에 속한다고 주장한다. "선과 삼각형은 정신의 작용이 아니다"(PC, i, 22)라는 말에서 정신의 작용이란 바로 '개념'이다. 또한 《인간 지식의 원리론》에서는 수학을 '모든 개별 학문들에 영향을 주는 초월적 격률들에 관한 탐구'(P, 118)와 구별한다. 《운동론》에서는 물리학자의 실천적이고 진부한 작업과 형이상학자가 관여하는 '좀더 고상한 학문에 속하는 최고 차원의 사변'(DM, 42)의 차이를 강조한다. 그에 의하면 "물리학자는 감각적 사물들을 연결하는 법칙과 그것들이 유지하는 질서를 연구하고, 어떤 것이 원인으로 선행하고 어떤 것이 결과로서 뒤따르는지 관찰한다. … 그러나 진정으로 능동적인 원인들을 덮어 감추는 어두움으로부터 그것들이 이끌어내질 수 있어서 어쨌든 알려지게 되는 것은 오직 반성과 추리에 의한 것이다. 그런 탐구가 제1철학 또는 형이상학의 관심사다"(DM, 71~72). 《분석자》에서는 "수학보다 더 우월하고 더 광범위한 초월적 학문인 제1철학이 실제로 있든지 없든지 간에 오늘날의 분석자들은 그것을 경멸하기보다는 배우는 것이 당연한 일이 아닐까?"(AN, Qu, 49)라고 말하고 있다.

버클리는 이와 같이 지식을 구분하고, 관념의 지식을 형이상학적 전제로부터 완전히 자유로운 학문으로 규정하고자 한다. 두 종류의 지식은 동등하게 참이며, 그것들 사이에 모순은 없다. 관념의 지식은 단지 관찰된 사실들의 편리한 요약이며 우리 경험을 체계적으로 기술해 놓은 것인 반면에 형이상학은 그것 자체는 경험될 수 없는 경험의 원인에 대한 설명이다. 그러나 관념의 지식이 형이상학의 영역을 침범하여 원인을 다루려 하거나, 정신이나 관념 중 어느 것도 가리키지 않는 무의미한 낱말을 사용할 때 그것은 틀리거나 무의미한 것이 되고 만다.

버클리에게 수학은 이론적 정확성이 아니라 사물을 세거나 측정하는 실제적 문제에 관여하는 실천적 학문이다. 그는 "수에 관한 모든 탐구가 실천에 도움이 되지 않으며 삶의 편의를 도모하지 않는 한, 그것을 단지 다루기 어려운 사소한 일(difficiles nugae)로 여길 것"(P, 119)이라고 주장한다. 또한 그는 만약 우리가 어떤 실천적 문제도 명심하지 않는다면 수학적 추리는 무미건조하고 사소한 것이 되리라고 주장한다(P, 120). 그리고 《분석자》에서 '기하학의 목적은 실천'(AN, Qu, 53)이라고 다시금 강조한다. 이렇게 본다면 그에게 수학이란 우리의 행위를 이끄는 유용성에 의해 정당화된다고 볼 수 있다(P, 122).

수학은 기하학과 산술 및 대수학으로 나눌 수 있는데, 버클리에 의하면 기하학은 지각 가능한 유한 연장을 다루는 학문이며, 산술과 대수학은 기호의 학문이다. 산술과 대수학에 대한 그의 견해는 오늘날 형식주의라고 부를 수 있을 만한 것이며, 기하학에 관해서는 전반적으로 지각 가능한 유한 연장을 다루는 경험 과학이라는 견해를 보이고 있지만 《운동론》에서는 형식주의적 견해를 엿볼 수도 있다.

먼저 버클리는 연장을 다루는 기하학은 수학 중에서도 최고의 학문이어야 한다고 주장한다. 그러나 정신과 독립적으로 존재하는 물질을 거부하는 그에게 유한 연장은 오직 지각 가능한 한에서만 존재한다. 버클리는 《인간 지식의 원리론》에서 기하학의 주제는 절대 공간이나 순수 공간, 또는 공간의 추상 관념이 아니라 구체적인 경험의 공간, 즉 보고 만질 수 있는 선이나 면이어야 하며, 따라서 기하학의 공간은 무한 분할될 수 있는 것이 아니어야 한다고 주장한다. 그의 철학에서 유일한 연장은 우리가 보고 만질 수 있는 연장이므로 그것은 관념이다. 나는 그것을 지각하며, 그것은 내 마음 속에, 내 앞에 바로 여기에 있다. 그러므로 나는 그것을 완벽하게 안다. 그것은 감관의 대상이며, 그 안에 감각될 수 없는 것은 존재하지 않는다. 우리가 보고 만지는 유일한 선이나 면은 보거나 만질 수 없는 것으로 가정된 무수한 부분들을 포함할 수 없다. 미세하고 거의 감각 불가능한 양들은 무한소(infinitesimal)라고 불리지만 사실 그것은 유한하다. 왜냐하면 최소 감각 가능자(minima sensibilia)보다 더 작은 양은 있을 수 없기 때문이다. 이것이 완전한 무도 아니고 그렇다고 유한한 어떤 존재도 아닌 어중간한 상태의 것으로 모호하게 생각되었던 당시의 무한소 개념에 대한 버클리의 비판이다.[13)]

기하학에 관한 버클리의 주장은 《운동론》에서는 다소 다르게 나타난다. 우선 그는 수학이나 물리학과 형이상학을 구분하는 것에서 한 걸음 더 나아가 물리학과 수학적 물리학을 구별한다. 물리학은

13) G.A. Johnston, *The Development of Berkeley's Philosophy*(N.Y.: Russell & Russell Inc., 1965), 265면.

현상에서 관찰된 사실들을 체계적으로 기술하는 경험적 학문이며, 수학적 물리학은 수학적 가설과 이론적 용어를 포함하는 학문, 곧 역학이다.

> 물리학에서는 오로지 명백한 결과들에 도달하는 감각과 경험이 지배한다. 역학에서는 수학자들의 추상 개념이 허용된다. 제1철학 또는 형이상학에서 우리는 비물질적인 사물들, 그리고 사물들의 원인, 진리, 존재에 관여한다(DM, 71).

버클리에 따르면 수학적 가설은 사물의 본성 속에 불변의 본질을 갖고 있는 것이 아니라, 대체로 그것을 정의하는 사람에 따라 그 내용이 주어지므로 동일한 것이 여러 가지로 설명될 수 있다(DM, 67). 따라서 수학적 가설의 진리 여부에 관한 물음은 발생하지 않으며, 단지 계산 도구로서 효용에 관한 물음만 있을 뿐이다. 버클리는 기하학에 관해서도 이와 똑같은 견해를 적용시킨다.

> 기하학자들은 그들의 학문을 위하여 그들 스스로 사물의 본성에서 기술하거나 찾을 수 없는 많은 고안물들을 사용한다. … 수학적 추상 작용에 의해 이루어진 기하학자들의 허구는 우선 이론과 그 구성에 유용하지만…(DM, 39).
>
> 하나의 곡선은 실제로는 그렇지 않지만 무한 수의 직선들로 이루어진 것으로 고려될 수 있다. 이 가설은 기하학에서 유용하다(DM, 61).

버클리에 따르면 산술과 대수학은 기하학보다 열등한 학문이다. 수에 대한 직접적인 경험적 토대가 결여된 난점을 가진 산술과 그것의 연장선 위에 있는 대수학이 기하학보다 우위에 있을 수 없는 것은 경험주의자인 그에게는 당연한 일이다. 버클리에 의하면 수는 사물의 속성이 아니다.

> 수는 사물들 자체 안에 실제로 존재하는 불변하는 고정된 것이 아니라고 여겨야 한다. 그것은 정신이 관념을 홀로 고려하거나 또는 하나의 이름을 부여한 관념들의 어떤 결합을 고려해서 그것을 하나의 단위로 간주하는 정신의 창조물이다. 정신이 그것의 관념들을 다양하게 결합함에 따라 단위도 변한다. 그리고 단위가 변화하면 단지 단위들의 집합인 수도 마찬가지로 변화한다. 우리는 창문도 하나라고 부르며 굴뚝도 하나라고 부르지만, 많은 창문과 많은 굴뚝을 가진 어떤 집도 마찬가지로 하나라고 부를 수 있으며, 많은 집들이 하나의 도시를 이루게 된다(NT, 109).

수는 이처럼 정신의 창조물이므로 플라톤적인 실재가 아니다. 그는 수는 뚜렷하게 상대적이며 사람들의 지성에 의존하는 것으로서 그것을 정의하는 사람의 개념에 의존하므로 동일한 사물이 서로 다른 방식으로 설명될 수 있는데, 어떻게 그것에 정신 밖에 있는 절대적 존재를 부여하는지 의아하다고 말한다(P, 12 ; 119). 또한 그는 수를 나타내는 이름들과 숫자들에 의해 지시된 추상적인 수의 관념들은 없다고 말함으로써 로크의 주장도 일축한다(P, 120). 그러나 산술과 대수학이 감각적 대상에 직접 관여하는 학문인 것은 아니다. 그것들은 오히려 기호에 직접 관여하는 학문이다. 우리들은 기호가 실제로 의미하는 것에 관계없이 계산할 수 있다. 그는 추리가 의미를 고려하지 않고 낱말에 대해 이루어지며, 어떤 유용한 기호들은 관념을 전혀 나타내지 않는다고 주장하면서 그 예로서 주로 대수학을 든다. 대수학에서는 모든 특정한 양이 각각의 문자에 의해서 표시되지만 모든 단계에서 각 문자들이 표시하는 특정한 양이 머릿속에 떠오를 필요는 없다는 것이다(P, Intro., 19).

> 마이너스 제곱근을 표시하는 대수 기호는 그런 양의 관념을 형성하는 것이 불가능해도 기호 논리학 계산에서 그 용도를 갖는다. 대수 기호에 해당하는 것은 마찬가지로 낱말이나 언어에도 해당하며, 근대 대수학은 사실상 더 간결하고 적절하고 인공적인 종류의 언어다. 따라서 덜 편리하기는 하지만 대수학의 과정의 모든 단계들을 낱말에 의해서 기다랗게 표현할 수 있다(A, 7, 14).

대수학에서 우리는 사물이 아니라 기호를 고려하는 것이라면 대수학은 사물로부터 이중으로 떨어지며 더 사소한[14] 것이다. 대수학의 기호는 수를 나타내고 수는 사물을 나타내므로 대수학의 기호들은 명명의 명명들(denominations of Denomination)이다. 기호들의 체계는 규약적 개념으로 정교하게 되며, 기호들의 계산을 위한 규칙들이 발견된다. 수학적 논증의 정확성은 우리가 순수한 기호와 임의적인 규칙들을 다룬다는 사실에서 기인한다. 우리가 기호들에 관해서 그렇게 잘 논증할 수 있는 이유는 그것들이 완전하게 임의적이며, 우리의 손 안에 있고, 하고 싶은 대로 만들어지기 때문이다

---

14) 이 용어는 P, 81에서도 볼 수 있다. 여기서 버클리는 인간에게 특유한 경험적 한계에 근거한 불가능성과 그런 한계와 무관한 불가능성, 즉 개념적 분석에 의해 증명되는 불가능성을 비교하면서 후자를 'trifling with words' 라고 표현한다. 이런 의미에서 '사소한'을 '분석적'으로 해석할 수도 있다. P.S. Wenz, "Berkeley and Kant on the Analytic and Synthetic a priori", *Berkeley Newsletter*, 5(1981), 4면.

(PC, 732).

요컨대 허구의 세계를 참된 세계라고 믿는 추상 관념의 원리에 빠지지 않는다면 수학은 경험 과학임에도 불구하고 확실한 것이다. 버클리가 물리학과 수학적 물리학을 구별한 것으로 보아 수학을 물리학처럼 단순한 경험의 요약과는 다른 것으로 보았음에 틀림없다. 버클리가 수학을 필연적 지식으로 보았다는 증거는 '사소한'이라는 용어의 사용에서도 볼 수 있다. 로크에서 수학은 추상 관념들 사이의 관계에 관한 연구이며, 매개적 관념들에 의해 논증을 할 수 있었다. 버클리에서는 수학은 추상 관념들 사이의 관계들이 아니라 기호와 상징들 사이의 관계를 고찰하는 것이다. 기호 그 자체는 본질적인 가치를 갖지 않으며, 추상적인 수를 나타내지도 않는다. 따라서 기호는 우리를 추상적이고 사변적인 진리로 이끌지 않으며, 단지 실천적인 일에서 우리의 행위를 인도한다.

4. 흄의 필연적 진리와 우연적 진리

흄은 《인성론》의 첫 문장을 관념 이론으로부터 시작한다. 그는 먼저 지각을 그 강도와 생생함의 차이에 따라 인상과 관념의 두 가지로 나눈다. 그는 관념을 발생 기원에 따라 구분함으로써 단순 관념, 곧 인상이 외부 물체로부터 온다고 주장할 수밖에 없었던 로크와 달리 일단 마음에 주어진 것 중에서 그 특성에 따라 구분한다.[15)]

인상과 관념을 단순한 것과 복합적인 것으로 나눈 뒤 흄은 인상과 관념이 상응 관계에 놓여 있음을 강조한다. 그는 인상과 관념

15) I. Berlin, 앞의 책, 197면.

사이에 언제나 성립하는 상응 관계는 우연적일 수 없으며, 모든 관념은 그것에 상응하는 인상의 결과로서 마음에 발생한다고 주장한다. 여기서 "단순 인상들은 이에 상응하는 관념들에 언제나 선행하며, 그 반대 순서로는 결코 발생하지 않는다"(T, 1. 1. 1, 5면)는 '관념에 대한 인상의 선행'이라는 그의 대전제가 성립한다.

인상과 관념 사이의 관계에 관한 분석을 통해 흄은 본유 관념 이론을 반박한다. 모든 단순 관념은 단순 인상에서 유래하므로 인상을 가지기 전에 어떤 관념이 존재한다는 것은 불가능하기 때문이다.

> 이것이 내가 인간 본성의 학문에서 수립한 첫번째 원리이다. 우리는 그것이 단순하게 보인다고 해서 얕보아서는 안 된다. 왜냐하면 우리 인상이나 관념의 선행에 관한 현재의 문제는 다른 말로 하면 본유 관념이 존재하는지, 아니면 모든 관념들은 감각과 반성에서 유래하는지 여부에 관해 논쟁이 벌어졌을 때 커다란 소란을 피웠던 것과 동일한 문제라는 것은 주목할 만한 것이기 때문이다(T, 1. 1. 1, 7면).

우리는 로크가 데카르트가 본유 관념으로 설명하는 수학의 영역을 추상 작용 이론에 의해 대체하고자 하는 것을 보았다. 자신의 대전제에 의해 본유주의를 반박하는 흄은 더 나아가 수학에 대한 로크의 추상주의적 설명도 반박하는 것으로 보인다.

> 흔히 수학자들은 그들의 대상이 되는 관념들이 너무나 정밀하고 정신적인 본성을 갖고 있기 때문에 결코 상상력에 의해서 마음에 그릴 수 있는 것이 아니라, 더 탁월한 영혼의 능력들만이 할 수 있는 순수하고 지적인 바라봄에 의해서 파악되어야만 한다고 주장한다. 이

와 똑같은 생각이 대부분의 철학에 퍼져 있고, 우리의 추상 관념들을 설명하며, 예를 들어 이등변 삼각형도, 부등변 삼각형도 아니며, 어떤 특정한 길이나 비율을 가진 변들을 갖고 있지도 않은 하나의 삼각형의 관념을 어떻게 우리가 형성할 수 있는가를 설명하는 데 주로 사용되고 있다. 철학자들이 어떤 정신적이고 세련된 지각들에 대한 이러한 생각을 왜 그렇게 좋아하는지를 알기란 그리 어렵지 않다. 그것은 철학자들이 그런 것에 의해 수많은 불합리한 것들을 감출 뿐만 아니라, 모호하고 불확실한 것에 호소함으로써 명석한 관념들에 의한 판단에 승복하기를 거절할 수 있기 때문이다. 그러나 이러한 책략을 제거하기 위해 우리는 자주 역설해 온 '모든 관념은 우리의 인상으로부터 모사된 것'이라는 원리를 반성해 보기만 하면 된다. 왜냐하면 그것으로부터 우리는 모든 인상은 명석하고 정확한 것이기 때문에 인상으로부터 모사된 관념도 그와 동일한 본성을 가진 것임에 틀림없으므로 우리의 실수만 아니라면 그렇게 모호하고 복잡한 것은 어떤 것도 결코 포함할 수 없다는 결론을 즉각적으로 내릴 수 있을 것이기 때문이다(T, 1. 3. 1, 72~73면).

흄은 추상 관념에 대한 버클리의 반박을 그대로 받아들인다(T, 1. 1. 7, 17면). 그의 경험주의의 대전제에 따라 흄은 선행하는 인상이 없는 추상 관념을 결코 인정할 수 없다. 그는 우리가 추상 관념을 형성하지 않고 무한히 많은 개별 관념들을 생각하지 않으면서도 일반어를 이해할 수 있는 것을 습관과 마음의 성향에 의해 설명한다. 여기에 따르면 우리가 일반어의 의미를 안다는 것은 유사한 대상들에 동일한 낱말을 적용할 수 있는 습관을 갖는다는 것을 뜻한다. 따라서 일반어의 의미로 여겨지는 어떤 것이 있다면 그것은 습관이며, 낱말을 의미 있게 사용하기 위해 마음속에 반드시 한 관념을 가져야 할 필요는 없다. 이 습관 또는 마음의 성향은 심적 실재물이 아니며, 일반어의 의미인 실재물을 인정하지 않는다는 의미에서 흄의 이론은 유명론이다.

추상 관념의 존재를 부인하는 흄은 수학적 관념도 어떤 의미에서든 감각 경험에서 유래한다고 주장하는 셈인데, 그것의 인상에 관해서는 단지 모호한 주장을 할 뿐이다. 그에 의하면 수적 관계는 양이나 수를 허용하는 모든 대상들 사이에 수립될 수 있다(T, 1. 1. 5, 14면). 그러나 수의 관념은 항상 우리 마음에 실제로 현전하는 것이 아니라 단지 능력에서만 현전한다. 예를 들어 우리가 1,000과 같은 큰 수를 언급할 때 정신은 일반적으로 그 수의 적확한 관념을 가질 수 없지만, 1,000이라는 수가 이해될 수 있는 십진법에 대한 적확한 관념을 통해 그런 관념을 산출하는 능력은 있다(T, 1. 1. 7, 23면). 곧 수는 경험에서 유래하지만 우리는 마음속에 그것에 상응하는 관념을 필연적으로 갖지 않고서도 수를 사용할 수 있다는 것이다. 이것은 '관념에 대한 인상의 선행'이라는 그의 대전제에 어긋난다.

산술 관념의 지위에 관한 다소 모호한 주장과는 달리 그는 점·선·각과 같은 기하학적 관념은 모두 지각 가능한 실재물을 가리킨다고 명백히 말한다. 그에게 기하학적인 점은 볼 수 있는 최소한의 것(minima visibilia)이다. 우리의 상상력은 최소한의 것에 도달하여 더 이상의 세분을 생각할 수도 없고 완전히 소멸되지 않는 한 더 축소될 수도 없는 종류의 관념을 스스로 불러일으킬 수 있다(T, 1. 2. 1. 27면). 그러므로 버클리와 마찬가지로 그에게도 연장을 무한 분할할 수 있다는 이론은 성립될 수 없다.

흄에게 기하학의 근원적이고 기초적인 원리들은 오직 현상에서 유래한다. 기하학이 대상들이나 관념들을 비교함에 있어 우리의 눈이나 상상력만으로 획득할 수 있는 것보다 훨씬 나은 정확성에 이를 수 있다는 것은 사실이다. 그러나 기하학은 결코 대수학과 산술이 갖는 완전한 정확성과 확실성에는 도달할 수 없다. 흄은 기하학에는 대수학과 산술에 이상적인 정확성을 주는 대등의 기준(standard of equality)이 없다는 점을 주된 이유로 들고 있다(T, 1. 3. 1. 71면). 이를테면 우리가 눈으로 1,000각형의 각이 1,996직각과 대등하다고 결정하거나 또는 그 비율에 걸맞는 추측을 한다는 것은 불가능하다(T, 1. 3. 1, 72면). 오직 우리에게 어떻게 나타나는가를 토대로 판단하는 기하학은 학문이라기보다 차라리 기술(art)이다(T, 1. 3. 1, 70면).

그러나 흄의 주장이 한결같은 것은 아니다. 그는 2×2를 4가 되도록 하는 것, 또는 삼각형의 세 각이 2직각과 같도록 하는 필연성은 우리가 이 관념들을 고찰하고 비교하는 지성의 행위에만 있다고 함으로써 두 학문을 동등한 지위에 놓기도 한다(T, 1. 3. 14, 166면). 나아가 《인간 지성 연구》에는 기하학에는 엄밀한 대등의 기준이 없다는 언급이 없으며, 기하학은 물리적 공간의 특성에 관여하는 학문이지만 기하학자가 감관에 의존하지 않고 기하학의 공리에서 타당한 결론을 끌어낼 수 있다는 의미에서 산술이나 대수학과 마찬가지로 논증적 학문이다(EU, 4. 20, 25면). 흄의 이러한 태도는 그가 이성과 관찰에 의한 예측 둘 다에 의해 좌우되는 기하학의 이중적 성격을 설명할 길이 없었다는 것을 잘 보여 준다.[16)]

그러면 흄은 수학의 필연성과 확실성을 어떻게 설명하는가? 우리는 로크에서 관계의 지식과 실재적 존재의 지식, 사소한 명제와 시사적 명제의 이분법이 나타나고 있음을 보았다. 흄도 이와 비슷

16) 한스 라이헨바흐, 《과학의 발전과 함께 새로운 철학이 열리다》, 김회빈 옮김(서울: 새길, 1994), 107면.

한 견해를 보이고 있는데 《인성론》에서는 필연적 관계와 우연적 관계의 이분법으로, 《인간 지성 연구》에서는 관념들의 관계와 사실의 이분법으로 나타난다.

흄은 《인성론》에서 수학적 명제는 우리가 함께 비교하는 관념들에 전적으로 의존하는 관념들 간의 관계를 주장한다는 견해를 제시한다(T, 1. 3. 1, 69면). 지식과 확실성의 대상일 수 있는 그런 관계들은 유사성, 반대, 성질의 정도, 그리고 양과 수에서 비례라는 네 가지다. 이것들은 관념들에 어떤 변화가 없어도 변할 수 있는 다른 종류의 관계들인 수적 동일성, 공간과 시간의 관계들, 그리고 인과 관계와 대조를 이룬다. 앞의 네 가지 관계들은 필연적 관계, 뒤의 세 가지 관계들은 우연적 관계라고 할 수 있다.[17)]

그런데 유사성, 반대, 성질의 정도라는 세 가지 필연적 관계들은 인상들을 단지 수동적으로 받아들임으로써 첫눈에 발견할 수 있으며, 논증보다는 직관의 영역에 포함시키는 것이 더 적절하다(T, 1. 3. 1, 70면). 따라서 흄에게 엄밀한 의미의 지식은 오직 수학의 영역에서만 도달할 수 있다.[18)] 수학의 영역에서 우리의 정신은 대상들의 관계를 발견하기 위해서 감관에 직접 현전하는 것을 넘어설 수 있으며(T, 1. 3. 2, 73면), 불변의 관계들에 관해서 어느 정도 복잡하게 연쇄적으로 추리를 해도 완전한 정확성과 확실성을 유지할 수 있다(T, 1. 3. 1, 71면). 수학적 명제들은 추상적 추론과 반성에 의해 발견될 수 있는 필연적 관계들을 주장하므로 우리가 경험에서 정보를 얻는 우연적 관계들을 주장하는 명제들과 구별된다(T, 1. 3. 1, 69면).

---

17) R.E. Atkinson, "Hume on Mathematics", *Philosophical Quarterly*, 10(1960), 128면 참조.

18) Zabeeh, 앞의 책, 114면.

《인간 지성 연구》에서 흄은 모든 의미 있는 명제들은 논증적인 것과 경험적인 것으로 나눌 수 있다고 주장한다. 모든 경험적 명제의 의미는 사실에서 이끌어내어지며, 논증적 명제는 관념들 사이의 관계에 관해서만 말한다.

인간의 이성이나 연구의 모든 대상들은 두 종류, 즉 관념들의 관계와 사실로 자연스럽게 나눌 수 있다. 첫번째 종류에 속하는 것은 기하학, 대수학, 산술, 요컨대 직관적으로나 논증적으로 확실한 모든 주장에 관한 학문들이다. '직각 삼각형의 빗변의 제곱은 두 변의 제곱의 합과 같다'는 것은 이 도형들 사이의 관계를 표현하는 명제다. '3 곱하기 5는 15다'는 이 숫자들 사이의 관계를 표현한다. 이 종류의 명제들은 우주의 어느 곳엔가 존재하는 것에 의존하지 않고 단지 사고 작용에 의해서 발견할 수 있다. 자연에 원이나 삼각형이 결코 없을지라도 유클리드에 의해 증명된 진리들은 그 확실성이나 증거를 영원히 보유할 것이다. 인간 이성의 두 번째 대상들인 사실들은 같은 방식으로 확인되지 않으며, 그 진리에 대한 우리의 증거가 아무리 크다 하더라도 그것은 전자와 비슷한 성격의 것이 아니다. 모든 사실의 반대는 결코 모순을 함축하지 않기 때문에 여전히 가능하다(EU, 4. 20~21, 25면).

모든 추리는 두 종류, 즉 관념들의 관계에 관한 논증적 추리와 사실과 존재에 관한 도덕적 추리로 나눌 수 있다(EU, 4. 30, 35면).

이러한 표현은 《인성론》에서도 볼 수 있다.

진리나 허위는 관념들의 실재적 관계들 또는 실재적 존재와 사실에 대한 일치나 불일치에 있다…(T, 3. 1. 1, 458면).

> 인간 지성의 작용은 관념들의 비교와 사실의 추론이라는 두 종류로 나뉜다…(T, 3. 1. 1, 463면).

이 인용문들에 따르면, 첫째, 논증적 명제는 거기서 사용된 상징들에 상응하는 대상들의 존재 여부와는 상관 없으므로 경험을 통한 확증을 전혀 필요로 하지 않는 사소한 것이기 때문에 확실하고 필연적이다. 수학은 단지 관념들 사이의 관계를 나타내기 때문에 그 명제는 단지 그 안에 표현된 관념들에 의해서만, 또는 용어들의 의미에 의해서만 참인 형식적 명제다.

둘째, 지식의 유일한 대안적 사실의 지식은 경험적 가설로서, 경험에 의해 수정될 가능성이 있기에 수학처럼 확실성이나 필연성이 없고 단지 개연성만 가진 기술적 명제이다. 명제에 표현된 관념들은 궁극적으로 그 내용을 그것들을 발생시킨 인상에서 끌어내야 한다는 그의 경험주의의 원리는 여기에만 적용된다.

이 두 가지 명제의 유형은 오늘날 일반적으로 분석 명제와 종합 명제로 불리는 것이다. 이러한 구분은 흄이 단지 사고에 의해서만 얻게 되는 필연적 지식이 단순히 경험적인 것을 일반화한 것이라는 식으로 변명할 수 없음을 인정한 것이라고 할 수 있다. 경험주의의 딜레마는 감각적 개념으로 볼 수 없는 것들을 감각적 개념들과 다른 지위를 갖는 것으로 설명하느냐, 아니면 같은 지위를 갖는 것으로 설명하느냐 하는 것인데, 흄은 결국 전자의 길을 택했다. 그는 단지 연합의 원리에 의해서만 결합되는 내적이고 소멸해 가는 인상과 관념의 세계에서 수학의 필연성과 확실성을 설명할 수 없었던 것이다. 그렇지만 흄이 이성주의로 되돌아간 것은 아니다. 그는 관념들의 관계와 사실의 구분에 의해 경험적 진리와 본성이 다른 진리가 있음을 인정했지만, 그것은 신이 준 것이 아니며 본유적

이지도 자명하지도 않다고 함으로써 이성주의의 핵심을 침범하기 때문이다.[19]

어쨌든 흄은 명제를 구성하는 모든 관념이 경험에서 유래한다고 해도 그 명제 자체가 참인 것으로 주장되기 위해 어떤 경험적 검증도 필요로 하지 않는 수학의 필연성을 사실적이라기보다는 개념적인 것 또는 순전히 정의에 의한 것으로 주장하고자 한 것으로 보인다.[20] 개념들간의 필연적 연결은 궁극적으로 경험 세계에서 발견되기보다는 마음에 의해 창조되는 것이다. 흄은 추상 관념을 개별 관념과 습관 또는 마음의 성향으로 대체했지만 습관과 마음의 성향 자체를 인상이나 관념으로 설명하지 못했다. 습관과 마음의 성향 자체의 본성이 신비스러운 것으로 남아 있는 한 필연적 진리에 관한 그의 설명은 실패로 돌아갈 수밖에 없다.

5. 결론

로크・버클리・흄은 공통으로 지식을 두 종류로 나누었다. 로크에서는 관계의 지식과 실재적 지식 또는 사소한 명제와 시사적 명제, 버클리에서는 관념의 지식과 정신의 지식, 흄에서는 관념들의 관계와 사실 또는 필연적 관계와 우연적 관계가 그것이었다. 또한 그들에게 수학은 모두 전자에 속하는 것으로 여겨졌다. 그들은 모두 수학적 지식에 대한 플라톤주의나 본유주의의 설명에 반대하고, 자신들의 대전제에 따라 수학적 관념들도 다른 모든 관념들과 마

---

19) 같은 책, 152면.

20) R.G. Meyers, "Locke, Analycity and Trifling Propositions", *The Locke Newsletter*, 10(1979), 90~91면.

찬가지로 감각 경험에서 유래한다고 주장한다. 그러나 그들은 수학적 지식의 필연성 문제에 대해서는 조금씩 달리 설명한다.

로크는 수학적 관념을 복합 관념으로 설명한다. 복합 관념 중에서도 실재와 관련이 없이 마음에 의해서 임의로 만들어진 추상 관념인 혼합 양태 관념은 그 자체가 외부 사물이 따라야 할 원형이며 실재적 본질이다. 로크는 혼합 양태의 특징을 그대로 수와 도형이라는 단순 양태에 적용시켜 산술과 기하학의 필연성을 동등하게 확보한다. 그러나 로크는 관계의 지식과 실재적 지식, 사소한 명제와 시사적 명제의 경계선을 넘나들면서, 수학이 지성의 창조물이지만 여전히 실제로 존재하는 사물들의 특성을 기술한다고 말함으로써 모호한 모습을 보여 준다. 이것은 '마음에 의해 형성된 추상 관념에 상응하는 어떤 것이 세계에 있는가' 하는 존재론적 물음에 대답하기 곤란한 개념론의 직접적인 결과다.

버클리는 수학을 감각적 지식의 영역에 귀속시킨다. 세 철학자 가운데 수학의 필연성을 설명하면서 정신의 작용을 형이상학의 영역으로 배제한 채 문제 삼지 않은 이는 버클리뿐이다. 경험주의를 고수하는 그에게 명확한 물리적 상응체를 제시하기 곤란한 산술과 그것의 연장선 위에 있는 대수학은 기하학보다 열등한 학문이다. 수학을 유용성에 의해 정당화되는 실천적 학문으로 보는 그는 수학은 아무런 의미 없는 기호에 의해 형식화된 체계에 불과하다는 형식주의적 견해를 제시한다. 수학적 표현은 어떤 실재물도 나타내지 않지만 우리는 그것을 의미 있게 사용할 수 있는데, 그 이유는 그것이 완전히 임의로 마음에 의해 창조된 것이기 때문이다.

흄은 버클리와 마찬가지로 추상 관념을 부정하지만, 수학의 임의성이라는 버클리의 대안을 따르지 않는다. 오히려 그는 필연적 관계와 우연적 관계, 관념들의 관계와 사실을 나누고 수학적 관념의 기원은 경험에 있지만, 수학의 필연성은 마음의 작용에 의한 것이라고 주장함으로써 버클리보다는 로크와 비슷한 견해를 보여 준다. 그는 로크의 추상 작용을 부정하고 습관과 마음의 성향으로 대신하지만, 그것의 본성이 해명되지 않는 한 수학적 지식의 필연성의 근거를 명확히 설명할 수 없다. 엄격한 의미에서 감각 경험은 필연성과 확실성을 갖지 않는 것이므로 경험론자들이 지식의 기원이 감각 경험에 있다고 보는 한 지식의 필연성과 확실성을 단념해야 한다는 것은 당연하며, 따라서 그들의 시도는 성공할 수 없었다.

한 가지 눈여겨볼 만한 것은 로크에서 동등한 관계였고 버클리에서는 기하학보다 열등한 것으로 다루어졌던 산술과 대수학이 흄에서는 기하학보다 우월한 것으로 여겨진다는 점이다. 설명에 어려움이 많은 수보다는 도형을 다루는 기하학은 그리스 시대부터 대수학보다 우월한 학문으로 인정되어 왔다. 영국 경험론자들은 명료한 사고와 경험주의를 신봉한 사람들이다. 굳이 무리수나 허수와 같은 예를 들지 않더라도 모든 수의 명확한 물리적 상응체를 제시하기 곤란한 산술이나 대수학보다 궁극적으로 물리적 대상을 다룬다고 생각되는 기하학이 경험주의 신조에 적합하다는 것은 말할 것도 없다.[21] 그러나 흄에서 이 관계는 역전된다. 이것은 영국 경험론자들이 수학을 점차 사실적인 것이 아니라 개념적이며 정의에 의한 것으로 보고자 하는 것과 무관하지 않다.

---

21) H.M. Pycior, "Mathematics and Philosophy: Wallis, Hobbes, Barrow and Berkeley", *Journal of the History of Ideas*, 48(1987), 268면.

제2장 토머스 리드의 추상 관념 이론

1. 서론

토머스 리드(Thomas Reid, 1710~1796)의 대표적인 저작은 《상식의 원리에 따른 인간 마음에 관한 탐구》, 《인간의 지적 능력에 관한 시론》, 《인간의 능동적 능력에 관한 시론》이다. 이 세 권의 저작을 통한 리드의 계획은 데카르트에서 시작하는 근세 철학의 관념 이론이 회의주의로 귀결됨을 밝히고, 인간의 지성은 로크가 말한 대로 수동적인 것에 불과한 것이 아니라 능동적인 것임을 주장하는 두 가지로 요약할 수 있다. 관념 이론 논박은 그의 첫번째와 두 번째 저작의 대부분에 걸쳐 이루어지고 있다. 이 글에서 다루려고 하는 추상 관념 이론은 이러한 관념 이론 논박과 뗄 수 없는 관련을 맺고 있으며, 주로 두 번째 저작에서 논의되고 있다.

리드의 추상 관념 이론은 로크·버클리·흄의 추상 관념 이론에 대한 직접적인 반박이다. 먼저 추상 관념의 문제란 일반어(general word 또는 term)[1]의 의미에 관한 것으로서 플라톤까지 거슬러올라

1) 특별히 리드는 전치사·접속사·관사를 제외하고 명제의 주어나 술어가 될 수 있는 것을 general term이라고 하여 general word와 구별한다. 그러

갈 수 있는 보편자 문제의 부분 집합이라고 할 수 있다. 전통적인 보편자 문제가 존재론과 인식론에 모두 해당되는 것이라면, 추상 관념의 문제는 주로 인식론의 문제이기 때문이다. 하지만 영국 경험론자들은 인식의 모든 대상을 관념에 국한시키고, 개별자를 개별 관념과, 보편자를 보편 관념이나 일반 관념, 추상 관념과 동일시하고 있으므로,[2] 그들에게는 추상 관념의 문제가 곧 보편자 문제라고 할 수 있다. 영국 경험론자들에게 이 추상 관념의 문제는 하나의 걸림돌이었다. 존재하는 모든 것은 개별자들이며, 우리의 관념이나 인상도 모두 구체적인 것임을 당연시하는 그들에게 언어의 대부분을 차지하고 있는 일반어가 나타낸다고 상정되는 추상 관념을 어떻게든 설명해야 했기 때문이다. 그러나 순수한 지성을 부정하고 감각 경험의 연속선 위에서 추상 관념의 문제를 설명하려는 그들의 시도는 능동적인 마음의 역할을 인정하지 않을 수 없게 됨으로써 결국 실패로 돌아간다.

리드는 추상 관념 문제에 대한 영국 경험론자들의 설명이 실패할 수밖에 없었던 이유를 그들이 전제로 삼았던 관념 이론 때문이라고 지적한다. 그들이 사고의 직접적인 대상이라고 주장하는 관념이라는 존재는 허구에 불과하며, 따라서 추상 관념도 있을 수 없다는 것이다. 그러나 그는 추상 작용을 부정하는 버클리와 흄을 집중

나 이 글에서는 두 낱말을 구별하지 않는다. IP, 5. 1, 261면.

2) 보편적(universal), 일반적(general), 추상적(abstract)이라는 용어는 각각 개별적(particular), 수적으로 유일한(numerically unique), 구체적(concrete)이라는 용어와 대조적인 뜻으로 사용되지만, 버클리처럼 추상 관념과 일반 관념을 구별하는 경우가 아니면 대체로 영국 경험론자들은 보편 관념과 일반 관념, 추상 관념을 구별하지 않는다. 이 글에서는 원문에 나오는 대로 쓸 것이며, 그 이외의 경우에는 되도록 추상 작용의 능력과 관련되는 추상 관념이라는 용어를 쓰기로 한다.

적으로 공격함으로써 추상 작용을 긍정하고 있음을 보여 준다. 또한 추상 관념을 끌어들이지 않는다는 점을 제외하면 일반성에 대한 설명에서도 로크의 주장과 거의 일치한다. 이 글은 추상 작용을 인정하면서도 추상 관념은 부인하는 리드의 견해가 어떤 것인지 밝히려는 것이다. 따라서 먼저 영국 경험론자들의 추상 관념 이론과 그 가운데 버클리와 흄의 이론에 대한 리드의 비판을 간략히 알아보고, 리드의 견해의 뿌리가 되는 관념 이론 비판, 그리고 마지막으로 리드의 대안을 차례로 고찰하고자 한다.

2. 버클리와 흄의 추상 관념 이론 비판

1. 로크 · 버클리 · 흄의 추상 관념 이론

로크는 언어의 주된 목적을 의사 소통으로 보고, 낱말을 본성상 사적인 것이어서 남들이 직접 지각할 수 없는 관념에 대한 외적으로 감각할 수 있는 공적인 기호로 여긴다. "낱말은 원래의 직접적인 의미에서 그것을 사용하는 사람의 마음속에 있는 관념들 이외의 아무것도 나타내지 않는다"(E, 3. 2. 2). 그런데 세계는 개별자들로만 이루어진 반면에 언어는 고유 명사보다는 주로 일반어로 이루어져 있으며, 의사 소통의 가능성도 일반어의 사용에 의존한다. 여기서 그는 개별자들과 일반어를 연결하는 고리로 추상 관념을 제시한다. 그에게 우리가 일반어를 사용한다는 것은 바로 우리가 추상 관념을 가진다는 증거이다. 한 낱말은 직접 개별 사물이나 성질들의 집합, 또는 개별 관념들의 집합을 무차별적으로 나타내는 것이 아니라, 하나의 추상 관념을 나타냄으로써 일반어가 된다. 그리고 이 추상 관념은 추상 작용에 의해서 각 개별 관념들에 특유한 것이 제거되고 공통된 것만이 보존된 관념으로서 개별 관념들의 기호가 된다. 로크에서 이 추상 작용의 능력이야말로 사람과 짐승을 구분짓는 근본적인 것이다. 그런데 이 세계에 존재하는 것은 모두 개별자들이므로 추상 작용의 산물인 추상 관념은 실재 세계에는 존재하지 않는다. 나아가 로크는 그것이 갖는 보편성은 개별적인 사물뿐만 아니라 낱말이나 관념 그 어디에도 속하지 않으며, 다수의 개별자들을 의미하는 지성의 기능에 있다고 말한다. 또한 로크에서 추상 관념의 형성은 개별 대상들의 특징이나 그것들 사이의 관계가 지각될 수 있는 유사성을 보여 주는 한에서만 가능하다.

버클리는 대표 저서인《인간 지식의 원리론》의 서론 전체에 걸쳐 추상 관념 이론을 논박하고 있다. 추상 관념을 부정하는 논증에서 그는 로크를 비롯한 추상주의자들이 일반적으로 인정하는 두 가지 추상 작용의 가능성을 부인한다. 분리된 채로 존재할 수 없는 성질들 가운데 어떤 것을 다른 것에서 추상하거나 따로따로 인식할 수 없으며, 개별자들에서 추상 작용에 의해 일반 관념을 만들어낼 수 없다는 것이다. 하지만 그가 추상 작용의 능력을 전면 부정하는 것은 아니며, 단지 분리할 수 있는 부분들을 독립적으로 고려하는 능력으로 제한한다. 버클리에서 관념이란 감각적 사물, 즉 구체적인 실재물이기 때문에 그가 로크를 비판할 때 주로 공격하는 것은 절대적으로 한정적인 심상이 아닌 관념, 즉 추상적 일반 관념이 있다는 로크의 주장이다. 그는 개별 관념이 동일한 이름으로 포섭되는 다수의 사물을 표상하는 일반 관념으로 사용될 수 있음을 부정하지는 않는다. 일반 관념은 단지 다양하고 유사한 개별 관념들을 표상하게 된 개별 관념에 불과하며, 그것은 비한정적이라는 뜻에서 추상적이지는 않다. 버클리는 한 개별 관념을 같은 종류의 관념들의 표상인 일반 관념이 되게 하는 능력을 '추상적 고려'라고 부른다. 버클리는 로크나 흄에 비해서는 유사성의 문제를 소홀히 다루고 있지만, 개별자들이 서로 유사하다는 것을 인정한다.

흄은《인성론》의 첫 문장을 관념 이론으로 시작한다. 로크에서 관념은 인간의 지성의 대상이 되는 것은 무엇이든지 가리키는 포괄적인 것(E, Intro., 8 ; 2. 8. 8)이었고, 버클리는 관념을 구체적 심상과 거의 같은 의미로 썼다. 흄은 지각을 인상과 관념의 두 가지로 나눈다. 인상과 관념의 차이는 그것들의 생생함의 차이에 있다. 모든 관념은 그것에 상응하는 인상의 결과로 마음에 발생한다. 흄은 추상 관념에 대한 버클리의 반박을 그대로 받아들인다. 그러나 흄은 선행하는 인상이 없는 추상 관념을 결코 인정할 수 없다. 그는 우리가 추상 관념을 형성하지 않고 무한히 많은 개별 관념들을 생각하지 않으면서도 일반어를 이해할 수 있는 것을 습관과 마음의 성향에 의해서 설명한다. 우리가 일반어의 의미를 안다는 것은 유사한 대상들에 동일한 낱말을 적용할 수 있는 습관을 갖는다는 것을 뜻한다. 따라서 일반어의 의미로 여겨지는 어떤 것이 있다면 그것은 습관이며 낱말을 의미 있게 사용하기 위해 반드시 관념을 가져야 할 필요는 없다. 흄은 유사성의 발견과 관련해서 오직 사고에서만 분리될 수 있는 여러 특성들을 가진 사물의 한 특성을 배타적으로 생각하는 추상 작용에 의한 구별인 '이성의 구별'을 인정한다.

우리는 경험주의가 철저해질수록 '관념'이라는 낱말의 외연이 좁아져서 대상적 측면에 국한되고, '추상적 고려'나 '이성의 구별' 같은 마음의 능동적 역할을 배제하지 못하며, 자연에서 발견되는 유사성을 전제하고 있다는 것을 알 수 있다. 리드의 비판은 여기에 초점을 맞추고 있다. 우선 리드는 로크를 개념론자로, 버클리와 흄을 유명론자로 분류한다. 그는 로크의 주장을 보편적인 사물이 있는 것이 아니라 우리의 추상 작용에 의해서 형성되는 추상 관념이 있으며, 이 추상 작용의 능력이 사람과 짐승을 지성의 측면에서 뚜렷이 구별시킨다는 것으로 요약한다. 그는 이 문제에서 일단 버클리와 흄이 유리한 처지에 있다고 본다. 그 이유는 그가 근대 철학자들이 쓰는 관념이라는 낱말이 가진 어떤 의미에서도 추상 관념이란 있을 수 없다고 보기 때문이다. 리드가 보기에 버클리와 흄은 로크보다는 관념 이론의 결과를 멀리 내다보았고, 자신들의 대전제에서 정당하게 결론을 끌어냈다. 하지만 로크가 인간과 짐승의 종차를 드러내는 추상 관념 형성 능력이 자신의 관념 이론과 모순이 되는 것을 알지 못한 반면에, 버클리와 흄은 이 점을 알았으면서도 관념 이론의 틀 안에서 단지 추상 작용 능력을 교묘히 둘러대어 모면함으로써 인간과 짐승의 종차를 없애 버린 결과를 낳았다(IP, 5. 6, 301면).

2. 리드의 버클리 비판

버클리에 대한 리드의 비판은 크게 두 가지다.

첫째, 상상(imagination)이라는 낱말의 본래의 엄격한 의미에서 보편자는 상상의 대상일 수 없다. 리드에게 상상은 한 대상이 실제로 보일 때 눈에 나타나는 현상의 개념을 뜻한다.[3] 명제나 논증, 지

3) IP, 5. 6, 300면. 리드에서 '상상'이라는 낱말의 뜻은 일관되게 사용되고 있지 않다. 그러나 명백한 것은 상상이 개별자들에 국한되며, 심적인 상(mental picture)을 포함하지 않는다는 것이다. 리드에서 개념(conception)이 사물을 생각할 때 일어나는 마음의 행위나 작용을 뜻하는 것처럼, 심상(image)도 개별자의 상이 아니라 마음의 행위나 작용을 뜻한다. IP, Intro.,

성, 의지, 덕과 악덕, 불가능한 것들은 생각할 수 있지만 상상할 수는 없다. 보편자는 여하한 감관의 대상도 아니므로 상상될 수 없다. 그러나 그것은 뚜렷하게 생각될 수는 있다.

둘째, 버클리는 본의 아니게 추상적 일반 개념[4])을 지지하는 데 필요한 모든 것을 허용하는 것으로 보인다. 이 비판은 다시 세 가지로 나눌 수 있다.

우선 리드는 버클리가 추상적 고려를 인정하는 것을 끄집어낸다. 리드는 버클리가 추상을 할 수는 있지만 추상 관념을 형성할 수는 없다고 주장하는 것으로 여기고 흔쾌히 동의한다. 그러나 리드는 앞에서 분리되어 존재할 수 없는 성질들을 분리시켜 생각할 수 있음을 부인하는 버클리가 뒤늦게 동일한 능력을 추상적 고려라는 말로 인정하는 것은 모순이라고 지적한다.

그 다음으로 일반 관념을 인정하는 버클리의 주장처럼 한 개별 관념이 한 종류의 모든 것을 나타내는 기호로 된다면, 이것은 사물들을 종으로 구별하는 것을 상정하는 것이다. 종에 속한다는 것은 그 종을 특징짓고 거기에 속하는 모든 개체들에 공통된 속성들을 갖는다는 것을 함축한다.

마지막으로, 버클리는 로크가 말한 것처럼 추상적 일반 관념을 형성하는 것이 어렵고 고통과 기술이 필요하다면 그렇게 어려운 것이 모든 사람에게 쉽고 친숙한 대화에 필수적일 리가 없다고 주장한다.[5]) 그러나 리드가 보기엔 어려운 추상적 일반 개념만 있는

27~28면; 4. 1, 233면 각주 참조.

4) IP, 5. 6, 301면. 여기서 리드가 '추상적 일반 개념'이라고 쓴 것은 그가 '관념'이라는 낱말이 가진 어떤 의미에서도 추상적 일반 관념은 있을 수 없다고 주장했기 때문이다. 그러나 리드에서 개념이 관념에 대신하는 또 다른 심적 실재물(mental entity)은 아니라는 점이 중요하다.

것이 아니고 어린아이들도 갖는 것들이 수없이 많다. 일반 개념을 갖지 않는 문장은 단 하나도 있을 수 없으므로 일반 개념을 습득하지 않고 언어를 배운다는 것은 불가능하다.

리드의 비판의 핵심은 버클리가 마음에 그릴 수 없다는 이유로 추상 관념을 부정하는 점이 바로 버클리가 상상과 사고를 동일시한 것이라는 지적이다. 버클리가 실제로 그랬다는 것은 "나는 어떤 사고의 노력으로도 위에서 기술한 추상 관념을 생각할 수 없다"(P, Intro., 10)는 구절에서도 명백히 나타난다. 또한 리드는 한 개별 관념이 동일 종류의 모든 개별 관념들의 표상으로서 일반 관념의 기능을 하려면, 동일 종류에 속한다는 것이 무엇인지를 먼저 알고 있어야 하고, 이것은 동일 종류에 속하는 개별자들이 공통 속성을 갖는다는 것을 함축한다고 비판한다.

3. 리드의 흄 비판

흄에 대한 리드의 비판 역시 크게 두 부분으로 나눌 수 있다.

첫째, 리드는 흄이 성질이나 양의 어떤 특정한 정도를 결코 나타내지 않는다는 추상 관념을 부정하기 위해 '정신이 성질이나 양의 정도에 대한 정확한 관념을 형성하지 않고서는 성질이나 양에 대하여 어떤 관념도 형성할 수 없다'는 것을 세 가지 논증으로 증명한 것(T, 1. 1. 7, 18~20면)을 비판한다.

---

5) 버클리는 로크가 추상적 일반 관념 형성의 어려움을 나타내는 예로 제시한 삼각형의 일반 관념(빗각 삼각형도, 직각 삼각형도, 등변삼각형도, 등각삼각형도, 부등변 삼각형도 아니어야 하지만, 이 모든 것인 동시에 아무것도 아니어야 하는)을 추상 관념은 불가능하다는 자신의 주장의 결정적 증거로 삼는다. E, 4. 7. 9 ; P, Intro., 13.

우선 '서로 다른 대상들은 구별될 수 있고, 구별될 수 있는 대상들은 사고나 상상에 의해 분리될 수 있으며, 이것의 역 또한 참'이라는 흄의 첫번째 논증에 대해 리드는 본성상 분리할 수 없는 사물들도 우리 개념에서 구별할 수 있다고 주장한다(IP, 5. 6, 307면 ; 5. 3, 276면 참조).

흄은 둘째 논증에서 감관의 대상, 즉 인상은 단지 강도와 생생함에서만 관념과 차이가 나며, 모든 인상은 개별적이므로 모든 관념도 개별적이라는 결론을 끌어냈다. 그러나 만약 관념이 인상과 정도 차이만 난다면 단지 생각된 대상(object merely considered)은 관념이 아니라는 결과가 된다. 왜냐하면 그런 대상은 강도와 생생함과는 아주 다른 본성에 관해서는 인상과 다르기 때문이다. 감관의 모든 대상은 실재적 존재, 시간과 공간을 갖지만, 단지 생각된 것들은 그런 것을 갖지 않으므로, 추상 관념이 있을 수 없다고 해서 추상적이고 일반적인 것들이 생각될 수 없다는 결론이 되지는 않는다.

흄의 세 번째 논증에 나오는 "명석 판명한 관념을 형성할 수 없는 것은 불합리하거나 불가능하다"는 원리에 대해 리드는 수학의 귀류법의 증명을 예로 든다(IP, 4. 3, 258~261면 참조). 귀류법에서 우리는 불가능한 것을 상정하고 생각하게 되며, 불가능할 뿐만 아니라 불합리한 결론에 도달할 때까지 추리한다. 그 결과 우리는 처음에 상정된 명제가 불가능하므로 그것의 모순은 참이라고 추론한다. 그러므로 우리는 불가능한 것을 명석 판명하게 생각할 수 있다는 것이다.

둘째, 리드는 "본성상 개별적인 관념이 어떻게 그 표상에서 일반적일 수 있는가" 하는 것에 관한 흄의 설명에 대해 네 가지 비판을 하고 있는데, 그 가운데 우리의 관심을 끄는 것은 유사성에 대한 비판이다.

흄은 우리가 여러 대상에서 유사성을 발견하고, 그 유사성이 우리를 그것들 모두에 같은 이름을 적용하게 한다고 했다. 그러나 공통 속성을 갖지 않은 대상들에 유사성이 있을 수 없으며, 우리에게 그 공통 속성을 관찰하고 생각하며 이름을 붙일 능력이 있다면, 이것이 바로 일반 개념을 갖는 것이다.

흄에 대한 리드의 비판 역시 추상 관념 부정의 논증이 우리가 추상적이고 일반적인 것들을 생각할 수 없음을 증명하는 것은 아니며, 공통 속성을 갖지 않은 대상들에 유사성이 있을 수 없다는 데 초점이 맞춰져 있다. 나는 버클리와 흄에 대한 리드의 비판을 추상 관념 부정과 추상 작용 긍정으로 나누고, 후자를 다시 공통 속성과 그러한 공통 속성을 생각할 수 있는 능력의 문제로 나누어 요약할 수 있다고 보고, 3절과 4절에서 차례로 살펴보고자 한다.

3. 관념 이론 비판

리드는 자신이 철학에 대해 공헌한 것이 있다면 그것은 관념 이론을 반박한 것이라고 스스로 말하고 있다.

> 네가 나의 철학이라고 기꺼이 부르는 것의 가치는 내가 생각하기에는 주로 사고의 유일한 대상인 마음속의 관념 또는 사물의 심상에 관한 일반 이론을 의문시했다는 데 있다.[6)]

---

6) Letters to Dr. James Gregory, in *Account of The Life and Writings of Thomas Reid*, ed., Dugald Stewart(Charlestown: Samuel Etherridge, Jr., 1813~1814), 88면.

리드는 관념 이론을 ideal system, ideal theory, theory of ideas처럼 여러 가지로 부르고 있는데, 어떤 단일한 체계를 가리킨다기보다는 '사고의 유일한 대상인 마음속의 관념'을 전제하는 이론의 결과를 가리킨다고 보는 것이 옳다.[7] 그의 첫번째 저서인《상식의 원리에 따른 인간 마음에 관한 탐구》의 주된 목표는 데카르트에서 흄에 이르는 관념 이론을 공격하는 것이고, 주장의 핵심은 일단 그러한 관념 이론을 받아들이게 되면 회의주의에 빠지게 된다는 것이다. 리드는 흄의 철학이야말로 관념 이론이 회의주의로 이끈다는 것을 일관되게 보여 준다고 주장한다.

리드의 두 번째 저서인《인간의 지적 능력에 관한 시론》에서 관념 이론 비판이 가장 잘 나타나 있는 곳은 지식 발전의 장애가 되는 낱말의 애매함을 제거하기 위해 주요 용어를 해설하고 정의하는 1권 1장이다. 이 책에서 관념 이론 비판의 토대가 되는 것은 첫째로 감각을 제외한 마음의 모든 작용은 마음과 마음의 작용, 마음의 작용의 대상의 구별을 포함한다는 리드의 주장이다.

> 언어를 고안했고, 언어를 이해하면서 쓰는 모든 인류는 이와 같은 세 가지 것들을 서로 다른 것으로 구별했다—즉 능동적인 동사들로 표현되는 마음의 작용, 그 동사들의 주격인 마음 자체, 사격(斜格, 또는 목적격, the oblique case)에서 그 동사들의 지배를 받는 대상(IP, 1. 1, 11면).

리드에 따르면 문자 그대로 마음속에 있는 것은 심적 작용이다.

7) S.A. Grave, "The 'Theory of Ideas'", *Thomas Reid: Critical Interpretations*, ed., S.F. Barker & T.L. Beauchamp(Philadelphia: The Univ. City Science Center, 1976), 55면.

"마음의 힘, 기능, 작용들이 마음속에 있는 것들이다. 마음이 그것의 주체인 모든 것들은 마음속에 있다고 말한다."(IP, 1. 1, 6면) 우리는 때때로 '마음속'이라는 표현을 비유적인 뜻으로 사용한다. 그래서 어떤 것이 마음속에 있다고 말하는 것은 우리가 그것에 관한 생각을 갖고 있다고 말하는 것이며, 어떤 것이 마음속에 있지 않다고 말하는 것은 우리가 그것에 관한 생각을 갖고 있지 않다고 말하는 것이다. 하지만 우리는 실제로 마음속에 있는 마음의 작용과, 문자 그대로 마음속에 있지 않은 외부 대상을 포함하는 그 작용의 대상을 구별해야 한다.

둘째, 더 중요한 것은 로크·버클리·흄이 관념이 사고의 직접 대상이라는 이론이 그럴듯하게 보이도록 특별한 방법으로 '관념'이라는 낱말을 썼다는 것을 주목해야 한다는 것이다. 관념은 일상 언어에서는 상상한다, 생각한다, 파악한다는 것과 같은 것을 뜻한다.

> 통속적인 언어에서 알기 쉬운 말로 관념은 개념·파악·생각(notion) 같은 것을 의미한다. 어떤 것의 관념을 갖는다는 것은 그것을 생각하는 것이다. 뚜렷한 관념을 갖는다는 것은 그것을 뚜렷하게 생각한다는 것이다. 그것의 관념을 갖지 않는다는 것은 그것을 전혀 생각하지 않는다는 것이다(IP, 1. 1, 12면).

'관념'이라는 낱말을 이렇게 사용하는 데에는 이의가 없지만, 로크·버클리·흄처럼 그 낱말을 철학적으로 사용하는 것은 불필요하고 또 정당화되지도 않는다. "관념이라는 낱말의 철학적 의미에 따르면 그것은 우리가 사고나 개념이라고 부르는 마음의 행위가 아니라 사고의 어떤 대상을 뜻한다"(IP, 1. 1, 12면). 일단 사고의 대상을 관념이라고 언급하고, 거기다가 "마음 자체 안에 있는 관념은 생각하는 마음속 이외에서는 어떤 존재도 가질 수 없다"(IP, 1. 1, 13면)고 덧붙이면 관념 이론의 기본 견해가 되는 것이며, 이것은 바로 언어의 남용이다. 철학적인 뜻으로 사용되는 관념은 단순히 철학자들의 허구에 지나지 않는 것이다.

《상식의 원리에 따른 인간 마음에 관한 탐구》와 마찬가지로 이 책에서도 리드는 흄에 관한 공격의 고삐를 늦추지 않는다. 흄이 '지각'과 '인상'이라는 낱말을 쓴 것은 이보다 더한 언어의 남용이라는 것이다.

> …흄은 마음의 모든 작용에 지각이라는 이름을 붙이기 때문이다. 사랑은 지각이며, 미움도 지각이다. 욕망은 지각이며, 의지도 지각이다. 똑같은 규칙에 따라 회의·의심·명령도 지각이다. 이것은 어떤 철학자도 도입할 권위를 갖지 않은, 참을 수 없는 언어의 남용이다 (IP, 1. 1, 15면).

리드는 이제 '인상'이라는 낱말의 정확한 의미를 설명한다.

> 가장 넓은 의미에서 인상이란 외부 원인의 작용에 따라 어떤 수동적 주체에 산출된 변화다. 만약 우리가 자신의 능동적인 힘에 따라 그 자체로 어떤 변화를 일으키는 능동적 존재를 상정한다면, 이것은 결코 인상으로 부를 수 없다. 그것은 존재에 주어진 인상이 아니라 존재 자체의 행위나 작용이다. 이것으로부터 마음속에 산출된 어떤 결과에 대해서도 인상이라고 이름을 붙이는 것은 마음이 그 결과의 산출에서 전혀 작용하지 않는다고 상정하는 것이라고 생각된다. 만약 보고, 듣고, 바라고, 의도하기가 마음의 작용이라면, 그것들은 인상일 수가 없다. 만약 그것들이 인상이라면, 그것들은 마음의 작용일 수

없다(IP, 1. 1, 17면).

이제까지의 내용을 토대로 리드의 주장을 정리해 보자. 우리의 마음속에 있는 것은 마음의 작용뿐이며, 마음의 작용 대상이 마음속에 있지 않다는 것은 명백하다. 이것은 우리가 일상적으로 쓰는 언어에도 분명히 나타나는데, 우리가 일상 언어를 믿을 수 있는 것은 그 자체로 명백해서 정당화할 필요가 없는 상식적인 신념이 일상 언어의 구조 속에 드러나 있기 때문이다. 그러나 철학자들은 우리의 마음이 어떻게 마음 밖에 있는 것을 알 수 있으며, 기억의 경우와 같이 현재 존재하지 않는 것에 관한 사고가 어떻게 가능한지 보여 주기 위해 관념이라는 존재를 끌어들이고, 관념이라는 낱말을 대상을 뜻하는 것으로 사용함으로써 혼란을 더한다. 데카르트가 우리의 의식에서 확실성을 끌어내려고 한 이래 마음속에 있는 관념의 확실성 이외에 다른 모든 것이 그 지위를 상실하게 된다. 우리 마음이 사물을 직접 아는 것이 아니라 마음이 사물에 관해 갖는 관념의 매개에 의해서만 안다고 할 때, 관념이 관념이 아닌 것에 관한 사고를 매개할 수 없다는 것은 이미 버클리가 로크의 물질적 실체를 반박하는 논증에서 보여 준 바 있다. 데카르트와 로크가 관념이 실재와 연결된다는 것을 애써 유지하려 했다면, 버클리와 흄에서 이러한 연결은 끊어지고, 외적 실재와 무관한 자율적 실재로서 관념만 남게 된다(IP, 2. 7~13). 관념은 마음의 작용의 직접적인 대상이라는 지위에서 유일한 대상의 지위로 올라서게 되는 것이다. 급기야 흄에 이르러서는 생각하는 존재가 없이도 인상과 관념은 있을 수 있다. 마음은 관념의 다발에 불과하며, 산산조각이 난 마음은 일체의 능동성을 발휘할 여지가 없어지게 된다. 뉴턴의 자연 철학을 모델로 삼고 인간의 마음에 관한 새로운 학을 수립하려는 리드에게 이러한 회의주의는 묵과할 수 없는 것이다. 이것이 그가 관념 이론의 회의주의적 결과가 가장 일관되게 나타나 있는 흄의 철학을 집중적으로 거론하는 이유다. 물론 그러한 회의주의적 결과를 문제 삼는 것은 그가 마음의 본성을 능동적인 것으로 본다는 데 근본적인 이유가 있다.

회의주의를 제거하려면 그것을 낳게 한 전제를 격파하고, 인간의 마음의 능동적인 능력들에 관해 연구해야 할 것이다. 리드가 관념 이론의 전제를 공격하는 전략은 크게 두 가지다.

첫째, 관념은 철학자들의 권위 때문에 생각해 낸 허구에 지나지 않는다. 그 존재는 철학자들이 즐겨 사용하는 내성에 의해서도 발견되지 않으며, 추론에 의해서 증명된 적도 없다. 리드는 한 걸음 더 나아가 그들이 '관념'으로 대상을 의미하는 것은 잘못된 언어 사용임을 지적한다. '지각의 직접적인 대상은 마음속에 있는 관념'이라는 주장은 지각의 대상이 마음 바깥 세계에 있다는 자연스럽고 상식적인 신념과 모순되며, 확립된 우리의 언어 방식과도 모순된다. 우리는 관념을 갖지 않는다. 우리는 대상에서 관념을 얻지 않는다. 우리는 결코 관념을 생각하지 않는다. 대신에 우리는 사물을 지각하고, 감각을 느끼며, 상상한다. 관념 이론은 철학자들로 하여금 모든 언어가 기초로 삼는 원리들에 모순이 되는 언어를 발명하도록 한다(IP, 2. 14, 148면). 우리가 관념 이론을 받아들인다면 언어를 꼭대기에서 밑바닥까지 개혁해야 할 것이다. 이것은 사적이고 숨겨진 관념의 심적 세계를 공격함으로써 이와 대비되는 언어 사용과 일상 행위의 공적이고 실제적인 확실성을 부각시키고, 철학을 상식과 자연적 신념이 부활된 무대로 옮겨 놓으려는 리드의 전략이다.[8)]

둘째, 리드는 왜 관념 이론가들이 관념과 같은 이상한 실재물을 상상하게 되었는가 하고 묻는다. 그에 따르면 철학자들은 가설과 유추, 단순한 설명 같은 것을 좋아해서 실수하게 되는데(IP, 6. 8, 408~419면), 관념 이론은 마음속에 있는 생각을 물체 속의 운동에서 유추해서 생각한 결과라는 것이다. 즉 물리 세계에서 먼 거리에 미치는 작용이 없음(no action at a distance)을 관찰하고, 마찬가지로 마음도 오직 그것에 직접 현전하는 것과 작용을 주고받을 수 있다고 상정한다는 것이다. 지각이나 사고에서 마음은 그것의 대상과 인접해야 한다는 유추를 '인접성 논증'(The Contiguity Argument)[9] 이라고 부르자. 이 논증의 과정은 첫째, 어떤 것도 인접해 있지 않은 다른 대상과 직접 작용을 주거나 받을 수 없고, 둘째, 물리적 대상은 마음과 인접해 있지 않으며, 셋째, 마음은 직접 물리적 대상을 지각할 수 없다는 것이다. 물리적 대상의 최초 작용은 마음속에 있지 않으므로 직접 지각의 대상일 수 없다. 심지어 최초의 대상은 지각이 발생할 때 더 이상 존재하지 않을 수도 있다. 직접 지각되는 것은 마음과 인접해야 하며, 그것이 대상의 심상으로서 관념이다. 이처럼 직접 작용의 유추는 대상의 충격이 공기나 빛 같은 매질을 통해서 감각 기관에 받아들여진 뒤 뇌에서 지각이 발생한다는 역학적 모델에 의한 것이다. 리드는 지각에서 대상이 역학의 원리에 따라 마음에 작용한다는 것을 반대한다. 마음은 직접이든 간접이든 물체에서 충격을 받아들이지 않는다. 이 논증의 잘못의 원

8) Y. Michaud, "Reid's Attack on the Theory of Ideas", *The Philosophy of Thomas Reid*, ed., M. Dalgarno & E. Matthews(Dordrecht: Kluwer Academic Publishers, 1989), 11면 참조.

9) 이 유추는 IP, 2, 14, 138~146면에 논의되어 있으며, '인접성 논증'이라는 명칭은 S.V. Castagnetto, *Locke and Reid on Abstraction*(Doctoral Dissertation at Stanford University, 1986), 44면에서 빌려온 것이다.

천은 심적 현상의 설명이 물리적 현상의 설명과 유사하다는 가정이다.[10] 인접성 논증은 심적 사건이나 행위가 어떻게 먼 대상, 더 이상 존재하지 않는 대상, 결코 없었던 것을 갖느냐 하는 물음에 대해 관념을 끌어들이게 됨으로써 해결책처럼 보였다. 그러나 리드에게는 '먼 대상을 어떻게 지각하느냐' 하는 것 자체가 잘못된 질문이다. 관념 이론 이후에도 '우리 마음과 인접한 관념을 어떻게 지각하느냐' 하는 질문은 여전히 있다(IP, 2. 14, 147~149면)

리드는 추상 관념에 반대하는 명백한 논증을 제시하고 있지는 않다. 그는 일반적으로 관념을 부정하므로 추상 관념도 거부해야 한다고 말할 뿐이다.

> 나는 그 낱말의 통속적 의미나 철학적 의미 어디에서도 우리가 추상적이고 일반적인 관념을 갖는다고 타당하게 말할 수 없다는 것을 깨닫는다. 통속적 의미에서 관념은 사고이며, 어떤 대상을 생각할 때 일어나는 마음의 행위이다. 마음의 이 행위는 언제나 개별적인 행위이므로 이 의미에서 일반 관념이란 없다. 철학적 의미에서 관념은 마음이나 뇌 속에 있는 심상이다; 로크의 체계에서는 사고의 직접 대상이고, 버클리와 흄의 체계에서는 사고의 유일한 대상이다. 나는 이런 종류의 관념, 곧 추상적 일반 관념은 없다고 믿는다. 설령 실제로 그런 심상들이 마음이나 뇌 속에 있다 해도, 그것들은 일반적인 것일 수가 없다. 왜냐하면 실제로 존재하는 모든 것은 개별자이기 때문이다. 보편자들은 마음의 행위도 아니고, 마음속에 있는 심상도 아니다(IP, 5. 6, 298면).

10) 마음은 공간의 위치를 갖지 않으므로, 물리적 대상과 인접할 수 없다. 따라서 인접성 논증은 일종의 범주 착오를 일으키고 있는 것이다. 같은 책, 47면.

4. 지향적 대상으로서 공통 속성

일반어와 그 의미에 관한 리드의 견해는 존재하는 것은 단지 개별자들인데 거의 대부분의 낱말은 일반적이라는 말로 시작된다.

> 동시에 우리가 지각하는 모든 대상들은 개별자들이라는 것이 인정되어야만 한다. 감각, 기억 또는 의식의 모든 대상은 개별적 대상이다.… 나는 우리가 하늘 위에 있거나, 또는 땅 밑에 있거나, 아니면 땅 아래 물 속에 있는, 신이 만든 모든 피조물은 개별자라고 감히 말할 수 있다고 생각한다.… 그렇다면 모든 언어에서 일반어가 대부분을 차지하며, 고유명들은 아주 작고 미미한 부분을 차지하는 일은 어떻게 일어나는가?(IP, 5. 1, 263면)

첫째, 언어에서 고유명은 거의 필요없다. 우리가 고유명을 붙이기에 적합하다고 생각하는 대부분의 것들은 가까운 사람들에게 알려진 국지적인 것들이어서 같은 언어를 쓰는 사람들이라고 해도 똑같은 대상들에 친숙하지 않으므로, 대부분의 대상들이 모든 사람들이 알 이름을 가져야 할 필요가 없기 때문이다.

둘째, 우리는 개별 대상의 본질[11]을 알지는 못하지만, 그것의 속성에 관해서는 알 수 있다. 우리가 남에게 사물에 관한 지식을 전달할 수 있는 것은 오직 그런 속성들 때문이다. 모든 속성들은 다

11) 리드는 로크와 마찬가지로 본질을 실재적인 것과 명목적인 것으로 나눈다. 전자는 정의할 수 없고 단지 기술할 수 있을 뿐이며, 후자는 마음에 의해 형성되고, 그것의 기호인 일반어에 결합된 일반 개념이다. 따라서 여기서 본질은 실재적 본질을 가리키는 것으로 이해해야 한다. IP, 4. 1, 237면 참조.

수에 공통이라는 본성상 일반어에 의해 표현되어야 하며, 모든 언어에서 그렇게 표현된다.

셋째, 우리는 공통 속성들에 의해서 대상들을 유와 종으로 분류한다. 언어의 숭고한 목적은 현자들의 지혜와 과학에서 으뜸가는 정리들을 축적해서 미래 세대에 전달하는 것이며, 이것은 오직 일반어에 의해서만 이루어질 수 있다. 일반어가 없는 언어는 결코 있을 수 없다.

리드는 다수의 서로 다른 개별자들에 공통일 수 있는 속성들이 있으며, 그것을 보편자라고 부른다.

> 모든 속성은 고대인들이 보편자라고 불렀던 것이다. 그것은 다양한 개별자들에 공통이거나 또는 공통일 수 있다. 어떤 피조물에는 속하면서 다른 것들에는 속하지 않는 속성은 없다. 그리고 이것 때문에 모든 언어에서 속성은 일반어로 표현된다(IP, 5. 2, 270면).

하지만 다른 곳에서는 보편자가 존재하지 않는다고 말한다.

> 만약 한 원의 관념은 무엇인가 하고 묻는다면, 나는 그것은 한 원의 개념이라고 대답한다. 이 개념의 직접 대상은 무엇인가? 그것의 직접적이고 또 유일한 대상은 한 원이다. 그러나 이 원은 어디에 있는가? 그것은 어디에도 없다. 만약 그것이 한 개별자여서 실재적 존재를 갖는다면, 그것은 장소를 차지할 것이다. 그러나 그것은 보편자이므로 존재하지 않고, 따라서 아무런 장소도 차지하지 않는다. 그것은 그것을 생각하는 사람의 마음속에 있지 않을까? 그것의 개념은 마음의 행위로서 마음속에 있다. 그리고 통속적인 언어에서 사물이 마음속에 있다는 것은 사물이 생각되거나 상기되는 것을 의미하는

비유적 표현이다(IP, 4. 2, 252면).

만약 보편자가 존재하지 않는다면 다수의 개별자들에 공통일 수 있음으로 해서 보편자인 속성들이 어떻게 있을 수 있는가? 리드는 여기서 '존재한다'(exist)는 낱말의 의미를 '독립적으로 존재할 수 있다'는 의미라고 주장함으로써 해결책을 모색한다.

보편자들은 실재적 존재를 갖지 않는다. 우리가 존재를 보편자들에 속한 것으로 생각할 때, 그것은 시간이나 공간 속에 있는 존재가 아니라 어떤 개별자 속의 존재다. 그리고 이 존재는 보편자들이 진실로 그런 한 주체의 속성들이라는 것 이상을 의미하지 않는다. 보편자들의 존재는 단지 속성으로서 단정할 수 있음, 또는 한 주체에 속할 수 있다는 능력(predicability, or the capacity of being attributed to a subject)이다. 고대 철학에서 그것들에 주어진 '속성으로 단정될 수 있는 것'(predicables)이라는 이름은 그것들의 본성을 가장 옳게 표현하는 것이다(IP, 5. 6, 299면).

리드의 주장은 속성은 자연에서 발생할 수 있지만, 고립해서 발생하거나 독립적으로 발생하지는 않는다는 것이다. 하나의 속성이 발생할 때, 그것은 한정된 시공간의 위치를 가진 개별 실체에 의해 구체적으로 예시된다. 따라서 그 자체로 고려된 보편자로서 속성은 존재하지 않지만, 개별 실체에 의해 개체화된 것으로 고려된 속성은 존재한다. 이 견해에 의하면 그 자체로 고려된 속성과 예시된 것으로 고려된 속성은 구별되어야 한다.

이 종이의 흼과 흼 자체는 별개다. 이 두 언어 형식에 의해 의미된

> 개념들은 표현만큼이나 서로 다르다. 전자는 실제로 존재하는 개별 성질을 의미한다. 그것은 일반 개념은 아니지만 추상 개념이다. 후자는 일반 개념을 의미한다. 그것은 아무런 존재도 함축하지 않지만, 똑같은 의미에서 흰 모든 것의 속성으로 단정될 수 있는 것이다. 이 때문에 만약 누군가가 이 종이의 흼이 다른 종이의 흼이라고 말한다면, 모든 사람이 이것은 어리석다고 지각한다. 그러나 그가 두 종이가 다 희다고 말한다면, 이것은 참이며 완전히 이해된다. 흼의 개념은 어떤 존재도 함축하지 않는다. 그것은 우주 안에 있는 모든 것이 절멸된다 해도 마찬가지로 남아 있다(IP, 5. 3, 277면).

흼은 존재하지도 않고 존재할 수도 없지만, 생각되거나 지향될 수 있다. 우리는 여하한 개별 종이들에 관해서 생각하지 않고서도 두 장 이상의 흰 종이가 공통으로 갖고 있는 것을 생각할 수 있다. 보편자, 곧 공통 속성은 존재하지 않지만 지향될 수 있다는 것은 무엇을 의미하는가?

리드에서 개념(conception)이란 생각하는 마음의 행위를 의미하고, 이것은 마음의 모든 작용의 요소다. 개념은 단순 이해(simple apprehension)라고도 부르며, 어떤 대상에 관해 판단하지 않거나 어떤 태도를 취하지 않고서 단지 의식이 대상을 향하는 것을 말한다. 그런 의미에서 개념은 가장 기본적인 지향적 행위이다.[12)] 개념의 대상은 단순한 것이든 복잡한 것이든, 또는 개별적이든 일반적이든, 또는 감각적이든 추상적이든 그 종류에 상관없다. 우리가 어떤 종류의 대상을 어떤 식으로 인식하든 우리는 그것을 '생각한다'고 말한다. 리드는 '지향'(intentionality)이라는 말을 직접 쓰고 있지는

12) W. Alston, "Reid on Perception and Conception", Dalgarno & Matthews, 앞의 책(1989), 43면.

않지만, 그가 말하는 개념이 지향의 특징을 갖고 있다는 것은 명백하다.[13)]

> 내가 이 기능에 관해서 언급할 마지막 특성은 그것을 마음의 다른 모든 힘과 본질적으로 구별하는 것이다. 그것은 개념이 존재를 가진 것들에 관해서만 사용되지는 않는다는 것이다. 나는 내가 보았던 한 사람을 생각할 수 있는 것만큼이나 쉽고 뚜렷하게 날개 달린 말이나 켄타우로스를 생각할 수 있다. … 개념은 종종 존재하지도 않고, 존재했던 것도 아니며, 존재하지도 않을 대상들에 관해 사용된다. 그 대상이 뚜렷하게 생각된다 해도 존재를 갖지 않을 수도 있다는 것이 바로 이 기능의 본성이다(IP, 4. 1, 242면).

그러므로 지향한다는 것은 행위이며, 사고 대상을 향하기 위해 관념과 같은 매개물을 필요로 하지 않으며, 지향의 대상은 반드시 존재해야 할 필요도 없다.[14)] 리드는 지향적 행위인 개념을 그림 그리기로부터 유추해서 세 종류로 나눈다. 그림에는 상상화, 자연 대상이든 인공적 대상이든 실제로 본 실재적 대상을 그린 그림, 다른 사람의 그림을 모방한 그림이 있듯이 개념에도 세 가지가 있다. 첫째, 상상의 산물인 개념은 그 자체가 원본이다. 나머지 두 개념은 둘 다 사본으로서 원본과 그것들의 일치 여부에 따라 참 또는 거짓이 될 수 있다. 그 가운데 하나는 실제로 존재하는 개별자들의 개념이다. 마지막으로 보편자 개념은 개별자 개념과 달리 그림에 대한 그림 또는 사본에 대한 사본과 같다.

---

13) K. Lehrer, *Thomas Reid*(London and N.Y.: RKP, 1989), 132면 참조.

14) P. Cummins, "Reid on Abstract General Ideas", Barker & Beauchamp, 앞의 책(1976), 64면.

> 두 번째 종류는 화가가 전에 그려진 그림으로부터 모방하는 사본과 비슷하다. 내가 생각하기에는 그런 것들이 고대인들이 보편자라고 불렀던 것, 즉 많은 개별자들에 속하거나 속할 수 있는 것에 관해 우리가 갖는 개념들이다. 이것들은 사물의 종류와 종이다. … 어떤 원본들로부터 이 개념들은 형성되는가? 그리고 언제 그것들은 참이나 거짓이라고 불리는가?
>
> 나에게는 그것들이 모방하는 원본, 즉 생각된 것은 그 언어를 이해하는 다른 사람들이 똑같은 낱말에 붙이는 개념이나 의미로 생각된다(IP, 4. 1, 235면).

이것으로부터 세 가지 견해를 끌어낼 수 있다.

첫째, 사물들이 종류로 나누어지는 것은 자연에 의한 것이 아니라 사람들에 의해서다. 사람들은 어떤 속성들에서 일치하는 사물들을 분류하고, 분류된 사물들에 일반어로 이름을 붙인다.

둘째, 이러한 일반어가 그 목적에 부합하려면 일반어를 사용하는 사람들이 그 낱말에 똑같은 의미를 붙여야 한다. 그 공통의 의미가 개념 형성의 표준이며, 개념이 그 표준에 일치하느냐 여부에 따라 참이나 거짓으로 부른다.

셋째, 우리는 보통 낱말의 의미를 수학자들이 제시한 것과 같은 정의로부터 배우는 것이 아니라 대화에서 사용된 의미를 들음으로써 배운다. 우리는 일반어가 사용되는 것을 관찰함으로써 일종의 귀납에 의해 다른 사람들한테서 대부분의 일반어 의미를 배운다. 내가 일반어에 부여하는 의미는 다른 사람들이 그 낱말에 부여하는 의미를 모방하려는 것이므로, 그것은 남들의 개념에 대한 개념이라고 할 수 있다.

우리가 주목하고자 하는 것은 두 번째 견해다. 거기서 낱말의 의미는 생각된 것이며, 그 언어를 가장 잘 이해하는 사람들이 그것에 붙인 개념이다. 리드가 든 예를 보자면, 나의 중죄(felony) 개념은 그것과 관련된 법들을 이해하는 법률가와 재판관들이 갖는 그 낱말의 의미에 일치할 때 참이다. 이처럼 리드는 낱말의 의미 결정에서 전문가의 역할을 중시하는데, 퍼트남은 이것을 의미 분업 이론(the division of labour theory of meaning)이라고 부른다.[15] 여기에 따르면 일반어는 보편자로 불리는 일반 개념을 표현한다.

> 일반 개념은 언어와 추리를 위하여 형성된다. 우리가 그것으로부터 일반 개념을 얻게 되고, 그 일반 개념들이 일치하고자 하는 대상은 다른 사람들이 똑같은 낱말에다 결합시키는 개념이다. 그러므로 일반 개념들은 타당하며, 생각된 것에 완전히 일치한다. 이것은 똑같은 언어로 말하는 사람들은 많은 일반어들의 의미에서 완전히 일치할 수 있다는 것만을 함축한다(IP, 4. 1, 237면).

이처럼 일반 개념은 일반어의 기호이다.

> 낱말은 말하는 사람의 생각을 의미하지 않을 때에는 공허한 소리이다. 그리고 그것들을 일반적인 것이라고 부르는 것은 오직 그것들의 의미에서다. 말로 한 모든 낱말은 단지 소리로 고려해 보면 개별적인 소리다. 각 낱말은 그것이 의미하는 것이 일반적이기 때문에 단지 일반어라고 부를 수 있다. 만약 낱말이 뚜렷한 의미를 갖고, 뚜렷하게 이해된다면, 그것이 의미하는 것은 말하는 사람과 듣는 사람 모두의 마음에 의해 생각된다. 그러므로 말하는 사람과 듣는 사람의 마

15) H. Putnam, "Meaning and Reference", *Journal of Philosophy*, 70(1973), 699~711면. Lehrer, 앞의 책, 130면에서 재인용.

음속에 일반적인 것들에 관한 개념이 없다면 낱말은 일반적 의미를 가질 수 없다. 나는 그와 같은 것에 일반 개념이라는 이름을 붙인다. 그리고 일반 개념들은 개별 행위인 생각하는 마음의 행위가 아니라 일반적인, 생각된 대상으로부터 이 명칭을 얻는다는 것을 주목해야 한다(IP, 5. 2, 268~269면).

이제까지의 논의에서 우리는 리드에서 보편자, 공통 속성, 일반어의 의미, 그리고 일반 개념이 동의어로 쓰이고 있음을 알 수 있다. 문제는 일반 개념에 있다. 리드에서 개념은 마음의 행위나 작용이며, 보편자나 공통 속성, 일반어의 의미는 개념의 지향 작용의 대상이다. 그렇다면 일반 개념도 개념의 지향 대상이라는 말이 된다. 여기서 리드는 개념이 엄밀하고 가장 상식적인 의미에서, 대상을 생각할 때 마음의 행위나 작용을 뜻하지만, 때로는 비유적인 의미에서 생각된 대상을 나타내며, 우리가 이른바 일반 개념을 말할 때를 제외하고는 비유적인 의미로 거의 사용되지 않는다고 비켜나간다(IP, 5. 5, 290면). 리드는 마음의 행위는 언제나 개별적이므로, 일반성은 마음의 행위가 아니라 생각된 대상에 있다고 분명히 말하고 있다(IP, 5. 5, 291면 ; 5. 2, 273~274면 참조). 이것은 리드에서 '개념'이라는 낱말이 애매하게 사용되고 있는 대표적인 경우이다.

앞에서 우리는 다른 사람들이 어떻게 일반어를 개별자들에 적용하는지 관찰함으로써 귀납에 의해 대부분의 일반어 의미를 배운다고 말한 바 있다. 그러나 우리는 이것만으로는 일반 개념이 어떤 작용에 의해서 우리 마음속에 최초로 형성되는지 알지 못한다.

첫째, 한 주체를 그것의 알려진 속성들로 분해, 또는 분석하며, 각 속성에 하나의 이름을 붙인다. 그 이름은 그 속성을 의미할 것이며,

아무것도 더 의미하지 않을 것이다.

둘째, 많은 주체들에 공통인 하나 또는 그 이상의 속성들을 관찰한다. 철학자들은 전자를 추상 작용이라고 부른다; 후자는 일반화라고 부를 수 있다. 그러나 둘 다 보통 추상 작용이라는 이름에 포함된다….

그것에 의해 우리가 추상 개념을 형성하는 지성의 세 번째 작용은 그것들에 관해 우리가 추상 개념들을 형성한 일정한 수의 속성들을 하나의 전체로 결합시키고, 그 결합에 이름을 붙이는 것이다(IP, 5. 3, 274~275면).

개념 형성의 절차는 보편자의 일반 개념을 얻는 일반화 작용에 입력되는 개별 성질의 단순 개념에서 시작된다. 우리가 경험에서 최초로 마주치는 대상들은 복합적이고 뚜렷하지 않지만, 추상 작용에 의해서 단순하고 뚜렷한 요소로 분석된다. 추상 작용은 개별 성질들의 개념을 얻기 위해 그 성질들에 초점을 맞추는 마음의 능력이다. 보편자의 일반 개념은 다른 대상들이 어떤 공통 속성에서 일치한다는 것을 관찰하고 그 속성들을 하나의 전체로 결합시켜 거기에 이름을 붙일 때 비로소 얻어진다. 따라서 우리는 추상화하지 않고서 일반화할 수는 없지만 일반화하지 않고서 추상화할 수는 있다. 이와 같이 리드에서는 로크처럼 주어진 단순 관념이 추상 작용에 의해서 바로 일반적인 대상으로 산출되는 것이 아니라, 추상 작용과 일반화의 과정을 거쳐서 일반 개념이 얻어진다. 그에게 일반 개념은 인간 지성의 산물이다. 일반 개념의 형성에서 존재하지는 않지만 많은 대상들에 공통인 속성과 실제로 존재하는 개별 성질들을 구별하는 것이 필수적이며, 그런 점에서 개별 성질들은 추상 작용의 초점이며, 일반화의 토대라고 할 수 있다.[16] 개별자의 복합성은 보편자들이 존재하지 않음에도 불구하고 어떻게 우리가 보편적인 속성들을 생각할 수 있는지 설명하려는 그의 시도에서 결정적인 것이다.[17] 그리고 이것이 그가 실제로 주체에서 분리될 수 없는 속성들이 우리 개념에서는 분리될 수 있다고 강조하는 이유이다(IP, 5. 3, 275~276면).

5. 결론

영국 경험론자들의 추상 관념 이론에 대한 리드의 비판은 그들의 관념 이론의 잘못을 지적하는 것으로 시작한다. 로크에서 존재하는 것은 모두 개별자들이고, 사고의 직접적인 대상은 마음속에 있는 관념이므로, 어떤 관념도 보편적일 수가 없다. 관념 이론의 틀 안에서 추상 작용을 설명하려는 그의 시도는 실패할 수밖에 없다. 이 점에서 한 심상은 개별적이고 한정된 것이어야 하므로 결코 일반적이고 추상적일 수 없다는 버클리와 흄의 주장은 옳다. 그렇지만 버클리가 동일한 종류에 속하는 관념들에 관해서 말하는 것이나, 흄이 서로 유사한 관념들에 관해서 말하는 것은 모두 공통 속성, 곧 보편자의 개념을 가지는 것을 전제로 한 것이다. 버클리와 흄이 주장하는 개별 관념들로는 결코 보편자 개념을 설명할 수가 없다. 리드가 보기에 영국 경험론자들은 보편자가 실제로 존재한다(exist)는 것과 보편자가 있음(being)을 같은 것으로 보고, 보편자는 없다는 것을 증명하려 한 것이며, 관념을 직접적이거나 유일한 대상으로 여기는 그들에게 이것은 당연한 일이다.[18]

16) 같은 책, 137면.
17) Cummins, 앞의 책(1976), 68면.

이제 리드는 관념이라는 존재를 전제하지 않고 보편자 문제를 설명하고자 한다. 관념의 존재만 뺀다면 마음, 마음의 작용, 그리고 마음과 독립적으로 존재하는 대상 세계는 의심의 여지가 없다. 존재하는 것은 모두 개별자들이고, 우리가 사용하는 언어는 거의 대부분이 일반어로 되어 있다. 일반어는 우리가 사물을 분류하거나 정의하며, 추리하거나 의사 소통하는 것을 가능하게 해주며, 한마디로 우리의 지식에 필수적이라는 사실은 로크의 추상 관념 이론을 발생시킨 것과 동일한 문제 상황이다. 또한 일반어 사용 자체가 우리에게 추상 능력이 있다는 증거이며, 짐승들은 우리가 일반어를 사용함으로써 나타내는 모든 특징들을 보여 주지 못하므로, 추상 능력이라는 특별한 본성에서 인간과 뚜렷하게 차이가 난다(IP, 5. 5, 294면).

이러한 동일한 문제 상황에서 리드는 보편자가 독립적으로 존재하지는 않지만 지향적 대상으로서 있다는 해결책을 제시한다. 그에게 보편자는 공통 속성이고, 일반어의 의미이며, 또한 추상적 일반 개념이다. 일반어는 로크에서처럼 다수의 개별 사물들을 간접적으로(직접적으로는 일반어를 쓰는 사람의 마음속에 있는 관념을 의미함) 의미하는 것이 아니라 직접 보편자를 의미한다. 일반어를 일반적이게 하는 것은 그 자체가 일반적인 것, 곧 보편자인 것이다. 보편자는 실재 세계에는 속하지 않고, 명백한 인간 지성의 창안물이다. 리드는 추상 관념의 존재를 가정하면 한 속성이 여러 대상들에 공통인 문제를 설명할 수 없기 때문에 그 존재를 부정하지만, 일반성과 추상 능력에 관한 로크의 견해에는 근본적으로 찬성한다. 이 점은 그가 특별한 의미의 추상적 일반 관념을 인정하는 데서 잘

18) Castagnetto, 앞의 책, 100면 참조.

나타난다. 그는 플라톤이 애당초 관념을 사고의 지향 대상, 보편적인 사고의 대상의 뜻으로 썼음을 상기한다. 플라톤이 심적 행위의 대상에 존재를 부여한 독단만 우리가 받아들이지 않는다면, 추상적 사고의 일반적 대상으로서 플라톤적 의미의 관념이 갖는 이론적 유용성을 인정할 수 있다는 것이다. 관념이 존재성이 박탈된 플라톤적 의미에 국한된다면, 일반적이고 추상적인 관념이 있을 뿐만 아니라 모든 관념이 일반적이고 추상적이며, 로크가 관념에 관해 말한 것들 가운데 많은 것이 정당하고 참이다(IP, 4. 2, 247면 ; 5. 5, 292~293면). 리드는 실재론에 대해서는 보편자로서 그것을 예시하는 개별자들과 독립적으로 영원 불변하게 존재한다는 관념의 존재를 부정하고, 유명론에 대해서는 보편자가 있다고 주장함으로써 개념론의 모습을 보여 준다.

리드는 로크의 추상 관념 이론을 개선했지만 다음과 같은 문제점을 드러낸다.

첫째, 그의 이론의 핵심 용어인 일반 개념의 뜻이 애매하다. 리드는 마음의 행위는 언제나 개별적이므로 일반성은 마음의 행위가 아니라 생각된 것에 있다고 말한다. 그렇다면 일반성의 담지자인 일반 개념은 생각된 것이기도 하고, 일반적인 대상을 생각하는 행위이기도 하다. 비록 리드가 오직 비유적인 의미에서만 일반 개념이 생각된 대상을 뜻한다고 해명하지만, 엄밀한 의미에서는 일반어가 의미하는 것을 일반 개념으로 볼 수 없다.

둘째, 한 속성이 여러 대상에 공통으로 예시되어 있음을 발견하는 일반화 작용은 우리로 하여금 보편자를 지향하게 하는 행위일 수 없다. 공통으로 예시되어 있다는 사실 자체가 한 속성이 그렇게 존재할 수 있음, 즉 보편자라는 것을 전제하는 것이다.

셋째, 리드가 제시한 추상 작용과 일반화 작용이 우리가 일반 대상을 생각할 수 있게 하는 방식이라 해도, 그것이 보편자를 생각하는 모든 경우를 설명하는 것은 아니다. 리드가 말했듯이 존재하지 않는 보편자, 즉 개체에 의해 예시되지 않은 보편자가 있다. 그러한 속성들을 보편적인 것으로 생각함은 일반화 과정에 의존할 수 없다.[19]

마지막으로, 리드는 단지 보편자가 심적 행위의 대상일 수 있다고 보고, 세계의 일반적 특징들을 인식할 수 있게 하는 마음의 작용을 기술할 뿐, 어떻게 왜 그렇게 작용하는지 설명하지 못한다.

> 우리가 어떻게 보편자를 생각하느냐 하는 방식에 관해서 나는 무지를 고백한다. 나는 내가 어떻게 듣고 보고 기억하는지 모르며, 존재하지 않는 것들을 내가 어떻게 생각하는지 거의 알지 못한다. 우리의 모든 원초적 기능에서 작용의 구조와 방식은 이해할 수 없으며, 아마도 그것들을 만든 존재에 의해서만 완전히 이해된다고 나는 생각한다(IP, 5. 6, 300면).

이처럼 문제는 여전히 남아 있다. 리드의 견해가 갖는 의의는 자신의 독창적인 이론을 제시했다는 것보다는 관념 이론자들이 일반성 설명에 실패한 이유를 밝혀냈다는 데 있다. 그러나 그 과정에서 우리는 그가 다른 철학자들의 견해를 논박할 때 내성보다는 일상 언어의 사용 방식에 호소하는 것을 볼 수 있다. 아울러 그는 우리를 유동적이고 일회적인 관념의 사적 세계로부터 지속적이고 공적인 관찰에 개방된 일반 개념의 세계로 옮겨다 놓는다. 그에게 낱말의 의미는 더 이상 개인이 가진 낱말의 이해에 국한되지 않는다.

---

19) Cummins, 앞의 책(1976), 69면.

일반화에 의해 얻어진 의미가 언어를 배울 때 전이됨으로써 개념의 획득 과정이 공적인 과정이 된 것이다. 해킹이 말한 관념의 전성기와 의미의 전성기 사이에 개념의 전성기라는 것이 있다고 보는 것이 철학사적으로 더 정확하며, 그 자리에 칸트와 함께 리드가 놓여 있다는 말은 지나친 말이 아니다.[20] 리드의 관념 이론 비판은 인식론의 초점이 관념에서 개념으로 바뀌게 하는 데 공헌했으며, 그의 추상 관념 이론은 이러한 공헌의 직접적인 결과라고 할 수 있다.

20) Michaud, 앞의 책, 32면.

참고 문헌

참고 문헌

그렐링, A.C., 《철학적 논리학 입문》, 이윤일 옮김(서울: 자유사상사, 1993).

남경희, "플라톤의 후기 존재론 연구", 《철학 연구》, 19(1984), 105~138면.

라이헨바하, 한스, 《과학의 발전과 함께 새로운 철학이 열리다》, 김회빈 옮김(서울: 새길, 1994).

러셀, B., 《철학의 문제들》, 박영태 옮김(서울: 서광사, 1989).

로제, J., 《과학 철학의 역사》, 최종덕 · 정병훈 옮김(서울: 한겨레, 1986).

벌린, I., 《계몽 시대의 철학》, 정병훈 옮김(서울: 서광사, 1992).

올스턴, W.P., 《언어 철학》, 곽강제 옮김(서울: 민음사, 1992).

이태수, "추상", 《철학과 현실》, 1990 봄, 327~335면.

케니, A., 《데카르트의 철학》, 김성호 옮김(서울: 서광사, 1991).

코플스톤, F., 《중세철학사》, 박영도 옮김(서울: 서광사, 1988).

하레, R., 《과학 철학》, 민찬홍 · 이병욱 옮김(서울: 서광사, 1985).

해킹, I., 《왜 언어가 철학에서 중요한가》, 선혜영 옮김(서울: 서광사, 1987).

Aaron, R.I., "Hume's Theory of Universals", *Proceedings of the Aristotelian Society*, 42(1941~1942), 117~140면.

————, *The Theory of Universals*(Oxford: Clarendon Press, 1952).

————, *John Locke*(Oxford: Clarendon Press, 1955).

Acton, H.B., "George Berkeley", *The Encyclopedia of Philosophy*, 제1권 (N.Y.: Macmillan, 1967), 295~304면.

Alexander, P., *Ideas, Qualities and Corpuscules – Locke and Boyle on The External World*(Cambridge: Cambridge Univ. Press, 1985).

Alston, W., "Reid on Perception and Conception", *The Philosophy of Thomas Reid*, ed., M. Dalgarno & E. Matthews(Dordrecht: Kluwer

Academic Publishers, 1989), 35~48면.

Armstrong, D.M., *Berkeley's Writings*(N.Y.: Collier, 1965).

————, "Meaning and Communication", *Philosophical Review*, 80 (1971), 427~447면.

Armstrong, R.L., *Metaphysics and British Empiricism*(Lincoln: Nebraska Univ. Press, 1970).

Arnauld, A.(1662), *The Art of Thinking: Port Royal Logic*, trans., J. Dickoff(N.Y.: The Bobbs-Merrill Co., 1964).

Atherton, M., "The Coherence of Berkeley's Theory of Mind", *Philosophy and Phenomenological Research*, 43, No. 3(1983), 389~399면.

Atkinson, R.F., "Hume on Mathematics", *Philosophical Quarterly*, 10(1960), 127~137면.

Aune, B., "Image Thinking", *The Encyclopedia of Philosophy*, 제8권(N.Y.: Macmillan, 1967), 100~104면.

Ayer, A.J., *British Empirical Philosophers－Locke · Berkeley · Hume · Reid and J.S. Mill*(London: RKP, 1952).

Ayers, M.R., "Locke's Doctrine of Abstraction: Some Aspect of Its Historical and Philosophical Significance", R. Brandt ed., *John Locke: Symposium Wolfenbüttel* 1979(Berlin: Walter de Gruyter, 1981), 5~24면.

Bennett, J., *Locke · Berkeley · Hume－Central Themes*(Oxford: Clarendon Press, 1971).

Berkeley, G.(1707~1708), *Philosophical Commentaries*, A.A. Luce & T.E. Jessop, ed., *The Works of George Berkeley*(전9권), 제1권(Thomas Nelson and Sons Ltd, 1949).

Berkeley. G., *First Draft of the Introduction to the Principles*, 제2권

(1708).

Berkeley, G., *An Essay Toward a New Theory of Vision*, 제1권(1709).

———, *A Treatise Concerning the Principles of Human Knowledge*, 제2권(1710).

———, *De Motu*, 제4권(1721).

———, *Alciphron or The Minute Philosopher*, 제3권(1732).

———, *The Analyst*, 제4권(1734).

———, *Siris*, 제5권(1744).

Bracken, H.M., "Innate Ideas – Then and Now", *Symposium at the American Philosophical Association*(Minnespolis, 1966), 334~346면.

Castagnetto, S.V., *Locke and Reid on Abstraction*(Doctoral Dissertation at Stanford Univ., 1986).

Chappell, V., "The Theory of Ideas", A.O. Rorty ed., *Essays on Descartes' Meditations*(Berkeley: Univ. of California Press, 1986), 177~198면.

Collins, J., *The Continental Rationalists – Descartes · Spinoza · Leibniz*(Milwaukee: The Bruce Publishing Co., 1967).

———, *The British Empiricists – Locke · Berkeley · Hume*(Milwaukee: Bruce Publishing Co., 1967).

Cummins, P.D., "Berkeley's Likeness Principle", *Journal of the History of Philosophy*, 4(1966), 63~69면.

Cummins, P., "Reid on Abstract General Ideas", *Thomas Reid: Critical Interpretation*, ed., S.F. Barker & T.L. Beauchamp(Philadelphia: The Univ. City Science Center, 1976), 62~76면.

Dancy, J., *Berkeley – An Introduction*(Oxford: Basil Blackwell Ltd., 1987).

Dawson, E.E., "Locke on Number and Infinity", *Philosophical Quarterly*,

9(1959), 302~308면.

Descartes, R., (1641), *Meditations on First Philosophy*, E.S. Haldane and G.R.T. Ross trans., *The Philosophical Works of Descartes*(전2권), 제1권 (Cambridge: Cambridge Univ. Press, 1931).

Descartes, R., *Objections and Replies*, 제2권(1641).

————, *The Principles of Philosophy*, 제1권(1644).

————, *Notes directed against a certain Programme*, 제1권(1647).

Doney, W., "Cartesianism", *The Encyclopedia of Philosophy*, 제2권(N.Y.: Macmillan, 1967), 37~42면.

Flew, A., *An Introduction to Western Philosophy – Ideas and Argument from Plato to Popper*(Thames and Hudson, 1989).

Gibbson, J., *Locke's Theory of Knowledge and Its Historical Relations* (Cambridge: Cambridge Univ. Press, 1968).

Givner, D.A., "Scientific Preconceptions in Locke's Philosophy of Language", *Journal of the History of ideas,* 23(1962), 340~354면.

Grave, S.A., "The Theory of Ideas", *Thomas Reid: Critical Interpretation,* ed., S.F. Barker & T.L. Beauchamp(Philadelphia: The Univ. City Science Center, 1976), 55~61면.

Heath, P.L., "Concept", *The Encyclopedia of Philosophy*, 제2권(N.Y.: Macmillan, 1967), 177~180면.

Hospers, J., *An Introduction To Philosophical Analysis*(London: RKP, 1967).

D. Hume(1739), *A Treatise of Human Nature*, ed., P.H. Nidditch, 제2판 (Oxford: Clarendon Press, 1978).

————(1777), *Enquiries concerning Human Understanding and concerning the Principles of Morals*, ed., P.H. Nidditch, 제3판(Oxford:

Clarendon Press, 1975).

Jessop, T.E., "Berkeley's Philosophy of Science", *Hermathena*, 97(1963).

Johnston, G.A., *The Development of Berkeley's Philosophy*(N.Y.: Russell & Russell Inc, 1965).

Kantonen, T.A., "The Influence of Descartes on Berkeley", *The Philosophical Review*, 43(1934), 483~500면.

Keeling, S.V., *Descartes*(Oxford: Oxford Univ. Press, 1968).

Kenny, A., "Descartes on Ideas", *Descartes: A Collection of Critical Essays*, W. Doney ed.(Notre Dame: Univ. of Notre Dame Press, 1967).

Kraus, J.L., *John Locke–Empiricist, Atomist, Conceptualist and Agnostic* (N.Y.: Philosophical Library, 1968).

Kretzmann, N., "History of Semantics", *The Encyclopedia of Philosophy*, 제7권(N.Y.: Macmillan, 1967), 358~406면.

————, "The Main Thesis of Locke's Semantic Theory", *Philosophical Review*, 77(1968), 175~196면.

Laird, J., *Hume's Philosophy of Human Nature*(London: Metheun & Co., 1932).

Landesman, C., "Locke's Theory of Meaning", *Journal of the History of Philosophy*, 14(1976), 23~35면.

Lehrer, K., *Thomas Reid*(London and N.Y.: RKP, 1989).

Linnell, J. & Doney, W., "Discussion: Locke's Abstract Ideas", *Philosophy and Phenomenological Research*, 16, No. 3(1956), 400~409면.

Locke, J.(1690), *An Essay concerning Human Understanding*, ed., P.H. Nidditch(Oxford: Clarendon Press, 1975).

Luce, A.A., *Berkeley's Immaterialism*(London: Thomas Nelson & Sons Ltd., 1945).

Mackie, J.L., *Problems from Locke*(Oxford: Clarendon Press, 1976).

Meyers, R.G., "Locke, Analyticity and Trifling Propositions", *The Locke Newsletter*, 10(1979), 83~96면.

Michaud, Y., "Reid's Attack on the Theory of Ideas", *The Philosophy of Thomas Reid*, ed., M. Dalgarno & E. Matthews(Dordrecht: Kluwer Academic Publishers, 1989), 9~34면.

Mound, C., *Hume's Theory of Knowledge*(London: Macmillan, 1937).

Myhil, J., "Berkeley's De Motu - An Anticipation of Mach", S. Pepper, K. Ashenbrenner, and B. Mates ed., *George Berkeley*(Univ. of California Publication in Philosophy, 1957), 141~157면.

Najm, S.M., "Knowledge of the Self in Berkeley's Philosophy", *International Philosophical Quarterly*, 6(1966), 248~269면.

Nathanson, S., "Locke's Theory of Ideas", *Journal of the History of Philosophy*, 11(1973), 29~41면.

Nathanson, S., "Locke's Uses of the Theory of Ideas", *The Personalist* (1978. 7), 241~256면.

Nelson, J.O., "Innate Ideas", *The Encyclopedia of Philosophy*, 제4권(N.Y.: Macmillan, 1967), 196~198면.

O'Connor, D.J., *John Locke*(Harmondsworth: Penguin Books, 1952).

――――, "Locke", D.J. O'Connor ed., *A Critical History of Western Philosophy*(N.Y.: The Free Press, 1964), 204~235면.

Pappas, G.S., "Hume and Abstract General Ideas", *Hume Studies*, 3, No. 1(1977), 17~31면.

――――, "Abstract General Ideas in Hume", *Hume Studies*, 15, No. 2(1989), 339~352면.

Park, D., *Complementary Notions: A Critical Study of Berkeley's Theory of Concepts*(Hague : Martinus Nijhoff, 1972).

Pitcher, G., *Berkeley*(London : RKP, 1977).

Price, H.H., "Image Thinking", *Proceedings of The Aristotelian Society New Series*, 제52권(1952), 135~166면.

Price, K.B., "Hume's Analysis of Generality", *Philosophical Review*, 59, No. 1(1950), 58~76면.

Putnam, H., "Meaning and Reference", *Journal of Philosophy*, 70(1973), 699~711면.

Pycior, H.M., "Mathematics and Philosophy : Wallis, Hobbes, Barrow and Berkeley", *Journal of the History of Ideas*, 48(1987), 265~286면.

Reid. T.(1764), *An Inquiry into the Human Mind on the Principles of Common Sense*, ed., Timothy Duggan(Chicago and London : The Univ. of Chicago press, 1970).

————(1785), *Essays on the Intellectual Powers of Man*, ed., A.D. Woozley(London : Macmillan, 1941).

————(1788), *Essays on the Active Powers of Man, in Account of The Life and Writings of Thomas Reid*, ed., D. Stewart(Charlestown : Samuel Etheridge, Jr., 1813~1814), 509~679면.

Rome, S.C., "Berkeley's Conceptualism", *Philosophical Review*, 55(1946), 680~686면.

Ryle, G., "John Locke on the Human Understanding", C.B. Martin and D. M. Armstrong ed., *Locke and Berkeley*(N.Y. : Doubleday and Co., 1968) 14~39면.

Schouls, P.A., *The Imposition of Method – A Study of Descartes and Locke* (Oxford : Clarendon Press, 1980).

Scruton, R., *From Descartes To Wittgenstein – A Short History of Modern*

Philosophy(London: RKP, 1982).

Smith, N.K., *The Philosophy of David Hume*(London: Macmillan, 1941).

Tienson, J., "Hume on Universals and General Terms", *Nous*, 18(1984), 311~330면.

Trusted, J., *An Introduction to the Philosophy of Knowledge*(London: Macmillan, 1981).

Urmson, J.O., "Ideas", *The Encyclopedia of Philosophy*, 제4권(N.Y.: Macmillan, 1967), 118~121면.

———, *Berkeley*(Oxford Univ. Press, 1982)

Warnock, G.J., *Berkeley*(Notre Dame Univ. Press, 1982).

Weinberg, J.R., *Abstraction, Relation, and Induction*(Madison: The Univ. of Wisconsin Press, 1965).

Wenz, P.S., "Berkeley and Kant on the analytic and synthetic a priori", *Berkeley Newsletter*, 5(1981), 1~5면.

Williams, B., "Rationalism", *The Encyclopedia of Philosophy*, 제7권(N.Y.: Macmillan, 1967), 69~75면.

———, "R. Descartes", *The Encyclopedia of Philosophy*, 제2권(N.Y.: Macmillan(1967), 344~354면.

Wittgenstein, L., *Philosophical Investigations*, trans., G.E.M. Anscombe(Oxford: Basil Blackwell, 1953).

Wolfram, S., "On The Mistake of Identifying Locke's Trifling–Instructive Distinction with the Analytic–Synthetic Distinction", *The Locke Newsletter* 9(1978), 27~53면.

Woozley, A.D., *Theory of Knowledge*(London: Hutchinson Univ. Library, 1949).

———, "Universals", *The Encyclopedia of Philosophy*, 제8권(N.Y.:

Macmillan, 1967), 194~206면.

Yolton, J.W., *A Locke Dictionary*(Oxford: Blackwell Publishers, 1993).

Zabeeh, F., *Hume: Precursor of Modern Empiricism*(Hague: Martinus Nijhoff, 1960).